国家社会科学基金项目·经济学系列

国际比较项目难点问题研究

张迎春　著

本书为国家社会科学基金项目（14BTJ001）的阶段性成果
本书由青岛大学资助出版

科　学　出　版　社

北　京

内 容 简 介

　　国际比较项目是联合国统计委员会发起的一项国际性统计活动，目前由世界银行组织实施。其目的是测算、比较各国实际的经济规模、人均水平和贫困问题，并为国际组织决策、政策监测和评估提供数据参考。自1968 年设立至今，参与其中的经济体已增加至 190 个，影响力空前。但国际比较项目的理论体系与方法并不完善，存在若干亟需突破的难点问题。本书就其中的教育、建筑、机械设备、住房服务领域的国际比较问题进行深入分析。

　　本书适读对象为统计学专业学生与教师、国际比较领域研究人员、国际比较项目相关工作人员及对本书感兴趣的其他人员。

图书在版编目（CIP）数据

国际比较项目难点问题研究/张迎春著. —北京：科学出版社，2016

ISBN 978-7-03-048315-7

Ⅰ. ①国… Ⅱ. ①张… Ⅲ. ①经济比较–研究 Ⅳ. ①F014.9

中国版本图书馆 CIP 数据核字（2016）第 108738 号

责任编辑：徐 倩 / 责任校对：彭珍珍
责任印制：徐晓晨 / 封面设计：蓝正设计

科 学 出 版 社 出版

北京东黄城根北街 16 号
邮政编码：100717
http://www.sciencep.com
北京京华虎彩印刷有限公司 印刷
科学出版社发行　各地新华书店经销

*

2016 年 5 月第 一 版　　开本：B5（720 × 1000）
2016 年 5 月第一次印刷　　印张：12 1/2
字数：240 000

定价：72.00 元
（如有印装质量问题，我社负责调换）

前　　言

国际比较项目（international comparison program，ICP）作为世界银行组织实施的、全球最大的统计活动，虽然发展迅速，但也存在诸多问题。从社会现实来看，虽然参与 ICP 的经济体众多，但 ICP 的结果数据一直饱受争议。例如，参加经济体达 190 个之多的 2011 年一轮国际比较，其结果数据于 2014 年发布后，引起多方质疑，其中关于中国的结果数据是官方不认可的。从理论研究来看，虽然 ICP 自 1968 年创立后取得了较大发展，但目前 ICP 的调查框架、基本类购买力平价（purchasing power parities，PPP）的计算方法、PPP 的汇总方法、PPP 的时空推算、国际比较的难点领域等，尚未定论，ICP 的理论体系仍在调整阶段。

本书着重研究 ICP 的若干难点领域。在研究思路的设计上，本书充分考虑了权威性、前沿性和实用性，即以国际机构在全世界范围内推行的研究成果为依托，进行方法的重点与难点分析，尽力将中国参与国际比较时可能遇到的问题揪出，并寻找对策。

一、本书的主要内容

本书的具体内容分为两大部分。第一部分是破题：国际比较项目难点问题总论。第二部分是细究：若干难点领域国际比较方法前沿、重难点、改进与对策研究，该部分为重点内容。

（一）破题：国际比较项目难点问题总论

本部分的目的是"破题"，内容安排呈现递进式，由"国际比较项目"衍生出"难点问题"，再遴选出研究极其薄弱的具体问题。ICP 的目的是测算、比较各国实际的经济规模、人均水平和贫困问题，作为国际经济统计体系的重要组成部分，ICP 在有关国际组织分析研究、决策、政策监测和评估中的应用有扩大的趋势。不容忽视的是，ICP 在改进的过程中，其本身也存在一些非常关键的难点问题，对 ICP 的结果产生了很大影响。

1. 世界银行关注的十大研究难点领域

ICP 从 1968 年开始执行以来，在理论创新和改革中不断向前推进，在实践探索和研究中不断破解技术难题。受各国政策制度、经济、社会及文化条件等诸多因素的影响，ICP 在实施过程中，其许多方法技术问题长期得不到有效解决。2011 年一轮 ICP 在认真总结和吸收前几轮经验教训的基础上，详细列出了在国内生产总值（gross domestic product，GDP）支出分类和 PPP 测算过程中难度较大的十大技术方法问题，即调查框架的设计、机械设备建筑项目的国际比较、住房支出项目问题、政府公共服务产出度量、金融服务处理、净出口与居民境外净购买项目的处理、汇总和链接方法问题、贫困 PPP 测算、非基准年 PPP 数据的推算、国内地区间的 PPP。

2. 本书研究重点内容的遴选

世界银行专家共同关注的研究难点，是值得进一步研究与探讨的，因此，本书以此为研究总范围，从中进行选择。本着避免重复，兼顾研究时限的原则，剔除的难点领域是：调查框架的设计、住房支出项目问题、金融服务处理、汇总和链接方法问题、贫困 PPP 测算、非基准年 PPP 数据的推算、国内地区间的 PPP、净出口与居民境外净购买项目的处理。选中的难点领域是：机械设备建筑项目的国际比较、住房支出项目和政府公共服务产出度量，其中政府公共服务产出度量只关注教育服务产出的度量问题。

（二）细究：若干难点领域国际比较方法前沿、重难点、改进与对策（重点）

对于选中的国际比较难点领域，本书有针对性地将内容设置为国际前沿剖析、重难点识别、方法试算及改进和对策分析四个层面。具体为教育、建筑、机械设备、政府服务、住房服务难点领域的国际比较方法研究。

1. 教育国际比较方法国际前沿、试算及改进

教育服务是缺乏显著经济意义价格的典型非市场项目，因缺乏产出测算的基础，ICP 一直采用"投入"代替"产出"的成本投入法来计算教育产出值；但各国劳动生产率存在的巨大差异，使各国按成本投入法计算的教育产出值在 ICP 中不具有可比性。本书详细剖析了欧洲联盟（European Union，EU）（以下简称欧盟）和经济合作与发展组织（Organization for Economic Co-operation and Development，OECD）联合创立的教育产出法（以下简称 EU-OECD 教育产出法），并探索 ICP 中全球教育产出比较的实现方法，尝试性地将 EU-OECD 教育产出法用于中国省际教育产出值的比较，以探寻中国目前统计数据质量及与国际接轨的水平。

实证分析表明，与成本投入法计算的教育产出值相比，大部分国家通过 EU-OECD 教育产出法计算出的教育值会降低；同一区域内，运用 EU-OECD 教育产出法测算的国家教育水平间的差异明显降低，极端值得以消除，而运用成本投入法计算的教育产出值由各国投入成本决定，存在教育领域投入越多，教育值就

越大的缺陷。就现有的中国统计数据质量及统计方法来看，将用于国际教育比较的 EU-OECD 教育产出法尝试性地用于省际教育产出比较是可行的，并且会高估以成本投入法计算的政府教育产出。

教育国际比较方法改进的建议有以下三点。①根据实际教学时间调整全日制学生数量的可操作性。②完善或更改国际学生评估项目（programe for international student assessment，PISA）缺失值的预测方法。③参考其他国际测评项目的数据信息，如 OECD 关注教师专业发展和学校教学的国际教学调查（teaching and learning international survey，TALIS）项目；调查高等教育学生学习情况的高等教育学习成果评价（assessment of higher education learning outcomes，AHELO）项目；对 16~65 岁成人进行能力评估的国际成人能力测评（programme for the international assessment of adult competencies，PIAAC）项目等。

2. 建筑国际比较方法国际前沿、问题与对策

在国际比较过程中，由于建筑业存在较强的地域性、民族性及结构复杂性，使得其必须采用特有的、专门性的国际比较方法，且其研究异常困难，一直被视为国际比较的"顽疾"。本书重点剖析 OECD、欧盟、独立国家联合体（以下简称独联体）、世界银行常用的国际比较方法，以寻找中国可能存在的问题与对策。

OECD-Eurostat 方法、独联体（commonwealth of independent states，CIS）方法、建筑项目组成（basket of construction components，BOCC）方法、2011 年一轮 ICP 的建筑国际比较方法，各有利弊，主要集中在建筑规格品的同质性问题、价格差异及产品质量调整问题、数据协调问题等。我国建筑国际比较主要受制于以下三点：建筑业对外开放程度及市场化程度不高；建筑项目规模分化与发达国家存在差异；建筑项目招标中，围标、串标现象影响正常价格水平的获取。

3. 机械设备国际比较方法国际前沿、问题与对策

机械设备的比较在 ICP 中是一大难题，本书通过 2005 年和 2011 年两轮 ICP 使用的机械设备国际比较方法的对比分析，试图寻找比较的重点与难点，从而得出中国参与该项目国际比较的启示。

以 2005 年为基期的一轮机械设备国际比较中，存在的问题主要包括对二手设备的忽视、提交的数据类型各异、问卷缺乏对来源地等的描述等问题。以 2011 年为基期的一轮的机械设备国际比较进行了新的尝试，采用价格因素法（price factor method，PFM）计算 PPP。但该方法存在需改进的地方，如产品清单的制定、设备产品价格数据的质量保证、产品的代表性与可比性的平衡、进行多边比较和 PPP 汇总方法等。对我国来说，在机械设备国际比较方法过程中，建议选择跨国大品

牌、采用产品结构描述（structured product description，SPD）表等。

4. 住房服务国际比较方法国际前沿与问题

不仅中国，世界各国和国际组织在住房服务国际比较领域的工作实践或理论研究都极其薄弱。目前，影响力稍强的是世界银行的研究，但未形成定论，也未取得相应的效果，如世界银行在 2011 年一轮国际比较结果中，未能发布住房服务的相关结果。因此，本书侧重于剖析住房服务国际比较方法本身，并尝试性地指出其可能存在的问题。

住房服务国际比较方法主要包括住房服务支出的估算方法和住房服务 PPP 估算方法。住房服务支出的估计方法主要是租金法和用户成本法。其中，租金法适用于市场化程度较高的国家；用户成本法适用于市场化程度不高的国家。住房服务 PPP 的估算方法，主要是 SPD 类方法与物量法。SPD 类方法使用的租赁调查问卷要求参与国具有较高的市场化程度，很多国家不能完成所有的调查项目，因此不能收集到估算 PPP 所需的住房服务支出数据。物量法的缺点是不够准确，优点是对市场化程度没有明确要求。针对中国房屋租赁业尚不发达、房屋类型多样的情况，如何取得合理的平均租金数据和不同类型房屋支出权重数据等，是亟须解决的问题。

二、成果的学术价值和应用价值

（一）学术价值

本书直接以联合国、欧盟、世界银行的难点领域国际比较方法为研究蓝本，侧重于比较不同方法的差异及原因分析，指出中国参与难点领域国际比较面临的难点、问题及对策。经研究发现，任何一种形式的难点领域国际比较方法，目前皆没有定论，甚至有的尚未搭建基本的方法框架，因此，该领域亟需世界上更多专家更加深入的研究。希望本书可以为更多学者切入该领域研究提供帮助。

1. 弥补不足：中国缺少对 ICP 难点领域国际比较方法的系统研究

中国在若干难点领域国际比较方法上的研究是零碎的，且多从"国民经济核算"角度进行。例如，蒋萍和金钰使用荷兰的方法计算了中国的教育产出；罗良清等利用模糊综合评价法、马尔可夫一步转移矩阵的数学模型及熵权双基点法对教育产出进行质量调整；胡皓研究了服务产出核算的若干问题，其中包括教育、非正规服务、一般政府服务等；艾伟强对医疗服务进行了全口径分类下的产出核算方法探讨等。本书的视角为"国际比较"，且系统性更强，较好地弥补了中国在该领域的不足。

2. 借鉴权威：以联合国、欧盟、世界银行难点领域国际比较方法为蓝本

本书以联合国、欧盟、世界银行的国际比较方法为蓝本，侧重于对最新进展的剖析、不同方法的对比，目的是把握该领域的国际前沿，保证研究成果的权威性。例如，EU-OECD 教育产出法、OECD-Eurostat 建筑国际比较方法、CIS 建筑国际比较方法、BOCC 建筑国际比较方法、政府服务国际比较方法等。

本书侧重于描述这些国际组织难点领域国际比较方法的最新进展及其对比分析，并将有些方法在中国进行了试算。

3. 本土化分析：难点领域国际比较在中国可能遇到的问题及对策

研究发现，有些难点领域国际比较方法尚没有定论，有的甚至尚未搭建基本的框架，具有很大的研究空间。因此，在本土化的研究过程中，可以做两个方面的深入研究：一是研究这些方法如何适应中国国情，配合国际组织的难点领域国际比较的工作；二是研究中国国情给这些方法带来的挑战，引导国际组织的难点领域国际比较的工作。本书侧重于第一个方面的研究，在研究过程中，引发了对第二个方面问题的思考，希望更多学者介入第二个方面的研究。

（二）应用价值

1. 为同行研究提供参考：提供良好的切入点

本书对若干难点领域国际比较的研究，以联合国、欧盟、世界银行的难点领域国际比较方法为蓝本，侧重于对最新进展的剖析、不同方法的对比，较好地把握了该领域的国际前沿。同时发现，有些难点领域国际比较方法尚没有定论，有的甚至尚未搭建基本的框架，具有很大的研究空间。因此，本书可为同行提供良好的研究切入点。

2. 为统计部门提供借鉴：缓解中国面对 ICP 的被动局面

中国在世界上的位置、影响力是特殊的，必须谨言慎行。中国参与国际比较不能一直处于被动状态，况且"讲清真实情况，才是大国所为"。因此，本书非常注重实用性。在本土化研究部分，侧重于中国在若干难点领域国际比较工作中需

要注意的事项，可为统计及相关部门提供借鉴。

三、致谢

感谢以下成员的辛苦付出：陆倩倩、曹剑锋、刘丽杰、姚芳斌、陈艳芳、韩晓庆、李娴、郑甜、肖丽丽、裴凯、侯园园、李岗、李玲、王春云、卞连生、陈慧、盖路、刘月、牛瑞雪、于长诰、阎海洋、袁伟萍、曾繁华、张飞、张金方、管琪、麻新培。

鉴于主题的困难性、人财物的有限性，书中难免存在疏漏之处，敬请读者不吝赐教。

张迎春

2016 年 1 月

目 录

第 1 章 ICP 的难点问题总论

本书中所指的国际比较，皆为目前由世界银行组织实施的 ICP。ICP 最早是由联合国统计委员会发起的一项国际性统计活动，其主要内容是通过比较不同国家之间一组商品和服务项目的价格水平，以支出法 GDP 的若干基本分类作为权数，计算出一国单位货币与指定的基准货币（如美元）的比值，即 PPP，并以此作为货币转换因子，测算、比较各国实际的经济规模、人均水平和贫困问题。ICP 国际统计活动作为国际经济统计体系的重要组成部分，在有关国际组织分析研究、决策、政策监测和评估中的应用有扩大的趋势。

不容忽视的是，受各国政策制度、经济、社会及文化条件等诸多因素的影响，ICP 在实施过程中，许多方法技术问题长期得不到有效解决，余芳东[①]对此进行了系统论述。本书归纳并引述为：调查框架的设计、非贸易品的国际比较、PPP 构建及其时空推算和其他难点问题。

1.1　第一类难点：调查框架的设计

取得兼顾代表性和可比性商品和服务的全国年平均价格，并满足测算 PPP 的需要，既是全球性 ICP 的难题，也是 ICP 所要实现的最终目标。在 2011 年一轮 ICP 调查框架中，为保证各国价格调查数据的可比性，实行了"四个统一"。一是统一采价目录。由全球和区域组织在充分讨论和征求各国意见的基础上，统一制定采价目录。其中，居民消费项目包括全球核心目录和区域目录；而机械设备采价目录、建筑品采价目录、政府典型职务工资目录、住房调查目录则只包括全球核心目录。二是统一采价范围。要求在现有居民消费价格指数（consumer price index，CPI）调查组织体系中设计采价点抽样方案，保证采集的价格数据代表全国水平。三是统一采价时间。参加调查的所有国家和地区统一在 2011 年按不同的调查频率开展调查，保证采集的价格数据代表全年的平均水平。四是规定统一使用以 1993 年国民经济核算体系（the system of national accounts，SNA）定义概念为基础的 GDP 支出 155 项基本分类。其中，居民消费 110 类，固定资本形成总额 21 类，政府消费 18 类，存货变化 4 类，净出口 2 类。在设计价格调查框架时，

---

① 余芳东. 2011 年新一轮国际比较项目（ICP）方法改进[J]. 统计研究，2011，（01）：11-16.

要充分考虑采价点和规格品的代表性。

1.1.1 统一采价目录

ICP 要求合理抽选覆盖全国的地区分布、采价点分布、销售类型分布，满足计算全国平均价格的需要。在地区分布上，要求包括全国范围。在采价点分布上，要求覆盖城市地区和农村地区，每一地区至少要选择三个采价点，保证采价点分布具有地区代表性。在销售类型分布上，要求考虑九种不同规模、适合不同消费群体、分布在不同区域、不同属性的采价点类型，即大型商店、中小型商店、集贸市场、街头摊贩、批发和折扣店、专卖店、私营服务供应商、公共和半公共服务部门、在线网店等。采价点销售类型分布应尽可能均衡合理，避免造成商品价格过高或过低的系统性偏差。

ICP 要求参加的国家和地区提供采价点抽样框架、采价点地区分布、城乡分布、销售类型分布和调查频率等详细信息，作为审核国家调查数据代表性、评估数据国际可比性和测算贫困 PPP 的依据。

1.1.2 对规格品标注"重要或不重要"

ICP 要求对每一规格品（主要是居民消费品和服务）做出"重要或不重要"的标注，作为计算基本分类下一级 PPP 的权重，以协调不同可比性和代表性规格品的价格偏差问题等。ICP 的采价目录根据对比国家的市场情况来制定，既要采集对国内市场有代表性的规格品价格，又要采集对国内市场没有代表性的其他对比国家的规格品价格，以用于不同国家之间价格的比较。ICP 的采价目录和采价点远远超出了 CPI 的调查范围。在实际中，非代表性商品价格与代表性商品价格之间偏差较大，或偏高或偏低，在测算 PPP 时需要通过统计赋权的办法，减少非代表性商品价格对比较结果的影响，避免形成系统性偏差。在 2011 年一轮 ICP 价格调查中，要求参加的国家和地区对所有采价的产品统一标注"重要或不重要"，作为在测算 PPP 时统计赋权的依据。判断产品重要性与否的主要标准是产品在支出基本分类中所占的比例。其他参考标准有以下三点。第一，是否包含在 CPI 目录中？如果是，视为重要；如果否，则视为不重要。第二，经验判断。第三，专家咨询。

1.1.3 对采价范围的约定

ICP 要求在每一基本分类下采集至少一种全球核心目录和若干种区域目录的规格品价格，既满足全球价格数据链接的需要，又满足反映地区价格水平的需要。

每一基本分类需要采价的产品数目各不相同，具体取决于基本分类中所含产品的异同性和价格的差异程度。从以往的调查数据看，地区价格差异较小、标准差为0%～5%的基本分类（如水、电、气等），需要采价的产品数目要少些，一般为2～3种；地区价格标准差为10%～20%的基本分类（如大米），需要选择较多的采价产品，通常为10种以上；地区价格标准差为25%～35%的基本分类（如服装和药品类），需要采价的产品数目最多，一般为25种以上。2011年一轮居民消费采价目录包括三种类型的产品：只是区域目录的产品；区域目录和全球核心目录重叠的产品；只是全球核心目录的产品。

另外，ICP 推荐使用住户调查和 CPI 价格调查数据，收集按城市和农村划分的支出权数资料，作为估算城市平均价格、农村平均价格、全国平均价格及城乡价格差异系数的基础信息。

1.2　第二类难点：非贸易品的国际比较

1.2.1　机械设备、建筑项目的国际比较

长期以来，机械设备和建筑项目的不可比是 ICP 的一大难题。2011 年一轮 ICP 分别对机械设备、建筑项目价格调查及其 PPP 计算方法进行了重大改进。

1. 关于机械设备

在前几轮 ICP 活动中，机械设备与居民消费品一样，直接采集市场价格进行比较。主要问题是：在不同国家采集相同型号、品牌、技术标准的机械设备的价格异常困难；相同类型的机械产品，受技术质量因素影响大，差价很大；同一品牌型号的产品，受进出口关税、运输成本、利润率等因素影响，不同进口国之间差价也很大。机械设备价格数据质量难以把握。

2011 年，ICP 进行了两个方面的改进。一是在规格品选择上，采用欧洲统计局和 OECD 的比较方法，选择跨国公司生产的面向全球市场的国际性机械设备，增强机械设备价格的国际可比性。在七项机械设备支出基本分类下选择了 190 种代表规格品，作为全球统一的机械设备采价目录。二是对没有相应型号和品牌的机械设备价格，采用价格因素法，利用现有统计信息，把出口国相同型号和品牌的价格推算成进口国的市场购买者价格。在推算过程中，要综合考虑产品的进出口关税、国际运费、保险费、仓储费、商业利润、安装费等价格影响因素，把出口国的机械设备价格转换成出口离岸价格、进口国到岸价格，最后推算成进口国市场购买者价格，从而间接取得国际可比的机械设备价格数据。简单地说，通过综合考虑各种价格影响因素，计算价格调整系数，把出口国相同型号和品牌机械

设备的出厂价格推算为进口国的购买者价格，其实质是汇率调整法通过增加利润率、税率等因素，把汇率转换成某种机械设备近似的市场购买者价格比率。

　　2. 关于建筑项目

　　建筑国际比较最大的问题是建筑项目因国家和时期而异，其价格因设计和建造特色而各不相同，没有统一的建筑标准，无法采集到可比的建筑项目价格数据。在前几轮 ICP 活动中，各区域采用的方法不尽相同。欧盟和 OECD 采用"工程量清单"（basket of quantities，BOQ）法，亚太、非洲等地区采用以建筑材料价格、劳动成本和建筑设备租赁费为基础的 BOCC 法。这些方法的主要问题有以下三个方面：一是标准建筑项目清单法对多数国家来说采价成本高且很困难，不能在全球推广使用；二是 BOCC 法因组成样本的价格对建筑项目的整体代表性不强，组成项目的权数无法准确取得，而且只反映建筑项目的投入价格，而不是产出价格，影响 PPP 结果的准确度；三是区域间因建筑项目比较方法不同，导致数据的不可比及全球结果链接的困难。

　　2011 年一轮 ICP 采用了投入产出表调整法进行各国建筑项目的国际比较，并且计算 PPP 尽量利用现有统计信息，简化数据收集。投入产出表调整法的基本思路：一是在建筑业投入产出表基础上，抽选几种建筑业的投入产品作为采价的共同"篮子"。建筑产品选择的标准是在多数国家建筑活动中普遍使用、在建筑增加值中所占比例高、简单易懂的建筑产品和服务，包括建筑材料、建筑设备租赁和建筑劳动成本三个组成部分。二是以建筑业投入产出表中各类组成部分的投入成本为权数，对各国之间建筑投入产品的价格比率进行加权平均，汇总成建筑业中间投入的 PPP。三是利用生产账户所提供的建筑业利润率、间接成本等价格因素信息，将中间投入的 PPP 调整成建筑业产出的 PPP。投入产出表调整法方法的好处是：简单易行，把建筑业价格数据、PPP 数据与国民核算数据结合起来，增强数据的匹配性。不足之处是：该方法依赖于建筑业投入产出表，对尚未编制投入产出表的国家无法使用；可以取得按建筑业投入类型划分的数据，而无法取得按住宅建筑、非住宅建筑和公共工程建筑类型划分的 PPP 数据。为此，对没有投入产出表的国家采用 BOCC 法进行比较，并且在确定建筑项目投入品篮子时要考虑住宅、非住宅和公共工程不同建筑类型的投入产品，以便取得按不同建筑类型划分的 PPP。

1.2.2　住房支出项目问题

　　在国民经济核算中，居民用于住房的消费支出包括两个部分：实际房租支出和自有住房的虚拟房租支出。因各国自有住房的虚拟房租计算方法不同导致国际比较数据不匹配，从而导致住房支出项目的 PPP 和实际支出数据出现偏差。住房支出国际比较需要解决的难点包括两个方面。一是自有住房支出权数的估算问题。在房租市场比较完整的发达国家，比照相似住房类型的实际房租来虚拟自有住房的房租支出，它需要各种类型住房的房租资料。对发展中国家来说，房租市场发展不充分，特别是农村地区绝大部分传统性的自有住房，几乎从不出租，无法应用比照法来虚拟。鉴于问题的复杂性，一些国家不进行自有住房虚拟房租支出核算，住房支出往往被低估。二是住房支出项目 PPP 测算问题。与其他服务项目一样，住房支出项目的 PPP 通过对比国之间房租的比较而取得。但在实际中，出租房屋类型不仅对本国自有住房的代表性不充分，而且在国家之间不可比。相应地，简单比较房租取得的 PPP 数据缺乏国际可比性和本国代表性。2005 年一轮 ICP 在区域层面测算住房支出项目，测算方法有租金法、物量法和类比法三种不同方法；在全球层面利用经住房质量调整的物量指标进行地区链接。2011 年一轮 ICP 进行了相应的改进，统一了住房支出项目的核算方法和 PPP 估算方法。

（1）对自有住房比例规模小、确定同类市场房租依据不足的国家，采用成本法核算自有住房支出，以改进支出法核算数据的国际可比性，提高支出核算数据质量。具体核算方法为：自有住房虚拟支出等于中间消耗（如自有住房的维护费和修理费、保险费、净额等）、其他产品税（如自有住房服务税关联地产税等）、固定资本消耗（以现价计算的自有住房，不包括土地）、净营业盈余（按当年住房存量市场价值计算的回报盈余）等各项之和。

（2）设计全球统一的实际房租调查问卷表，收集各国房租数据。2011 年一轮 ICP 调查制定了全球统一的房租调查问卷表，收集了出租房屋的类型（传统型建筑现代型建筑）、位置（城市、农村）、住房套数、间数（卧室、客厅、餐厅、卫生间等）、使用面积、住房设施（水、电、卫生设备、集中供暖系统等）、出租的和自住的住房比例、房租等信息，为计算各国间可比的平均房租提供了基础信息。

（3）利用物量法来估算虚拟的自有住房支出项目 PPP，验证采用平均房租法计算的 PPP 数据。物量法是在上述房租问卷调查的基础上，通过计算住房数量指标（如使用面积房间数等）和质量指标（如配有水、电、室内卫生间、中央空调等设施）合成的物量指数，间接计算自有住房支出项目的 PPP。其目的为：一是评估房租法和物量法计算的 PPP 数据之间的匹配性；二是链接不同区域之间的住房支出项目 PPP 数据。

1.2.3　政府公共服务产出的度量

根据 1993 年 SNA 概念框架，政府消费支出包括政府为居民服务的公共教育服务、医疗服务及公共消费支出。按政府部门和公共部门的总投入来核算，包括职员工资报酬、中间消耗、营业总盈余、生产税净额等构成项目。其中，中间消耗、营业总盈余和生产税净额项目通过类比法取得相应的 PPP，不做专门调查；职员工资报酬通过比较政府职务工资来测算 PPP。在 2011 年一轮 ICP 活动中，考虑到发展中国家政府服务的质量和产出效率差异较大，亚太地区、非洲地区和西亚地区对政府服务项目进行了生产率调整，提高了政府服务项目数据的可比性，而其他区域则没有做相应的调整；在全球层面，选择代表所在区域的 75 个国家政府职务工资数据作为区域链接因子，没有进行相应的生产率调整。因此，在区域间，政府消费支出项目的数据是不可比的。

2011 年一轮 ICP 的解决办法是，制定全球统一的政府职务报酬问卷调查表和政府支出问卷调查表，并要求提供详细的政府职务薪酬和就业方面数据，用来统一调整和比较各国政府消费支出，以改进全球数据的可比性问题。其中，政府职务报酬问卷调查涵盖政府部门、医院及学校等公共部门 44 个典型的政府职务工资；政府支出问卷调查包括中央政府和地方政府的日常支出和资本支出；政府职务薪酬和就业数据的结构指标包括 GDP、总人口、学龄人口等一般性指标，政府经常性支出指标，政府工资指标，以及公共部门、政府部门就业指标等。依据这些结构性指标，计算相应的工资比例、单位 GDP 公共部门薪酬比例及就业比例等相对指标，对不同国家政府服务产出的生产率进行粗略调整，取得大体可比的政府服务项目的 PPP 数据。

1.3　第三类难点：PPP 构建及其时空推算

1.3.1　汇总和链接方法问题

ICP 按地理分布特征、消费习惯、经济发展程度，将全球 180 多个国家和地区划分为六个区域：欧盟和 OECD 成员国、亚太地区、非洲地区、独联体国家、拉丁美洲地区及西亚地区。先进行区域内的比较，然后链接成全球性的比较结果。国际比较方法的主要问题有以下两个方面。一是各区域之间 PPP 汇总方法不统一。在前几轮比较中，OECD 和欧盟采用由 Elteto、Koves 和 Szulc 分别提供的指数计算方法（以下简称 EKS 法），其他区域采用国家产品虚拟（country product dummy，CPD）法。考虑到各区域所使用的 PPP 汇总方法比较成熟，2011 年一轮 ICP 将延续这一做法，区域层面 PPP 汇总方法不做统一。ICP 办公室建议各区域采用 CPD 法测算基本分类一级的 PPP，采用 G-EKS 法（即加权的 EKS 法）汇总基本分类上一级的 PPP。各区域应该考虑应用具有可加性的 PPP 汇总方法，为经济结构分析提供有用信息。

二是区域间 PPP 链接方法问题。2011 年一轮 ICP 采用环国法，即在每一区域选择若干个国家或地区作为桥梁，将各区域的 PPP 结果链接成全球性的结果。这种链接方法受环国支出结构和价格水平的影响较大，导致全球性的结果在一定程度上出现偏差，从而使 PPP 结果在区域间不匹配，形成区域间比较结果的系统性偏差。2011 年一轮 ICP 将全球核心产品目录法链接区域 PPP 结果。具体步骤如下：首先，制定统一的全球核心产品目录，要求所有区域和所有国家采集价格数据，以此作为区域间 PPP 结果链接的基础；其次，利用各国提供的全球核心采价目录价格数据和 GDP 支出基本分类数据，以及区域组织提供的基本分类一级 PPP 数据，采用加权的 CPD 法把区域的 PPP 结果链接成全球性结果，把以地区货币表示的区域 PPP 调整为统一用美元表示。

采用全球核心产品目录法链接全球 PPP 结果的好处：一是它基于所有国家可比的产品价格比较，避免环国链接法因受环国价格水平和支出结构的影响而造成全球结果的系统性偏差；二是更好地保持区域比较结果在全球结果中的稳定性和固定性。但该方法有以下三点不足之处：一是大大增加了各国 ICP 采价的规格品数目，加重调查负担；2011 年亚太地区居民消费部分采价目标包括全球目录和地区目录，需要采价的产品总数目约为 1125 种，比 2005 年增加了 469 种；二是各国要采集相当数量的非代表性规格品价格，这不仅增加了调查的难度，而且因各国对非代表性规格品理解的偏差、调查误差等问题，可能降低价格数据的可比性和匹配性；三是在全球链接时，规格品价格的样本规模十分庞大，"奇异"价格数据比例增大，对全球核心产品目录价格数据准确性的鉴定难度加大。

1.3.2　贫困 PPP 测算

计算贫困 PPP，为监测千年发展目标进程提供统计依据，是 2011 年一轮 ICP 的目标之一。在前几轮 ICP 中，受调查基础资料的限制，贫困 PPP 无法真正考虑贫困人群的消费支出和价格水平，只能用居民消费支出项目的 PPP 来替代，从而影响了对各国贫困发生率和贫困人口规模的估算。为了测算贫困 PPP，在 ICP 中需要解决的问题有以下两点：一是确定作为计算贫困 PPP 的消费支出权数；二是取得贫困人群购买的采价点和城乡分布的抽样点，收集反映贫困人群生活消费的价格水平。2011 年一轮 ICP 调查框架充分考虑用于贫困分析目的的核心数据，如地理分布（城市、郊区、集镇、农村）和采价点类型分类等因素，贫困分析的产品目录也加到了区域采价目录中。这样可以利用 ICP 价格调查基础数据，结合住户调查的支出权数来测算真正反映贫困人群消费结构和价格水平的 PPP。

1.3.3　非基准年 PPP 数据的推算

ICP 通常是每隔 5 年或 6 年分阶段执行，为满足用户对连续年份数据的需求，需要推算两个基准年之间的中间年份的 PPP 数据。世界银行和国际货币基金组织根据 GDP 增长率和通胀率进行总量外推，每年更新各国的 PPP 数据。新兴市场和发展中国家因经济发展速度快、经济结构和价格水平变动大，总量外推法的推算误差很大。在 2005 年一轮 ICP 结束之后，亚太地区和非洲地区进行了非基准年 PPP 数据推算的试点工作。利用缩减信息法，即缩小调查地区范围、缩减采价目录，利用现有统计资料，将 2005 年的 PPP 数据更新到 2009 年。目前，此项工作基本结束，并公布了更新结果。这一试验研究对非基准年 PPP 数据的推算方法进行了有益探索，积累了实际经验。

1.3.4　国内地区间的 PPP

有关国际组织一直鼓励各国把 ICP 活动和国内 CPI 工作结合起来，在现有统计资料基础上，充分利用 ICP 专业知识、方法技术等资源来完善 CPI 调查过程，测算国内地区间的价格水平差异，为各国政府行政决策提供更多有益的统计信息，以此作为促进发展中国家统计能力建设的重要内容，作为提升 ICP 方法应用价值的主要途径。在 2005 年一轮 ICP 结束以后，亚洲开发银行在菲律宾成功地开展了应用方法测算国内地区差价指数的试点工作，并取得了显著效果。

1.4　其他难点问题

1.4.1　金融服务处理

金融服务项目的 PPP 采用类比法，即通过其他项目采集的相关服务价格来计算，不做专门采价。这一领域的问题是：各国对金融服务支出项目的核算方法不同，需要加以统一。在 1993 年 SNA 中，允许使用两种方法来处理间接衡量的金融中间服务（financial international services indirectly measured，FISIM），一是把 FISIM 作为行业的中间投入，不计入 GDP；二是把 FISIM 作为最终消费支出，计入 GDP。2011 年一轮 ICP 要求所有国家把 FISIM 作为最终消费支出来处理，计入 GDP。

1.4.2　净出口、居民境外净购买项目的处理

净出口项目的 PPP 简单地采用汇率来替代，问题有以下两点：对进出口贸易中的运输成本是否要进行调整；居民境外净购买支出是否分摊到其他相应的基本支出分类中。2011 年一轮 ICP 明确规定，由于运输成本在进出口贸易总额中所占比例很小，不做调整。在许多国家，居民境外净购买支出已分摊到其他相应的消费支出项目中，统一处理为零，以保证国家间的居民消费支出数据协调一致。

1.5　本书研究重点内容的遴选

世界银行专家共同关注的研究难点是值得进一步研究与探讨的，因此，本书以此为研究总范围，从中进行选择。本着避免重复，兼顾研究时限的原则，剔除的难点领域是：调查框架的设计、住房支出项目问题、金融服务处理、汇总和链接方法问题、贫困 PPP 测算、非基准年 PPP 数据的推算、国内地区间的 PPP、净出口与居民境外净购买项目的处理。而选中的难点领域是：机械设备建筑项目的国际比较、住房支出项目和政府公共服务产出度量，其中政府公共产出度量只关注教育服务产出的度量问题。

第2章　教育国际比较方法国际前沿、试算与改进

2.1　教育国际比较文献综述及研究思路

2.1.1　文献综述

政府教育服务包含在 ICP 三大特殊领域之一的一般政府服务内，被列为"不可比"领域。作为"服务"而非"产品"，非市场教育服务产出在用货币形式表示教育服务消费者获得的教育消费成果时出现了难度，国内外许多研究人员对教育服务产出核算进行了长期探索，并取得了一些实质性进展。

1. SNA 中教育服务产出核算方法的进展

SNA1993 中指出，"由政府单位或非营利机构生产的非市场货物和服务的产出价值是根据他们生产中发生的总费用来估计的"，这种核算产出的方法称为成本投入法，也称成本费用法。由该方法可以得出，教育服务产出是一定时期内从事教育活动所发生的成本。其中，教育成本包含教职工的工资与薪金（实物与现金报酬）、固定资产（校舍、教学、实验场地和一定价值限定的教学设备）和中间消耗（非耐用性货物与服务投入）等（罗良清，2003）。

成本投入法将"投入"作为教育产出值的统计对象，核算结果再准确，反映的也不是产出值，应从方法论及方向上加以改进。目前的 SNA2008 虽然没有对教育的物量指标提出好的实践做法，仍使用成本投入法核算教育产出值，但澄清了产出物量变化不同于投入物量变化的事实。SNA 2008 的第 15.118 条指出，对于保健和教育等个人服务来说，在实践中一般使用教育产出物量法计算教育产出值，并且产出指标应充分反映数量和质量的变化，这说明了从产出角度进行教育服务产出核算的生命力。

2. ICP 中计算教育服务产出的方法进展

在 2005 年之前，ICP 按照 SNA1993 中教育产出核算的思路，使用政府雇员工资报酬，即教育投入成本计算教育 PPP 及教育产出，这暗含了劳动生产率一致的错误假定。基于此，2005 年一轮 ICP 提出对亚太、非洲及西亚等非 OECD 国家及地区的非市场政府服务项目进行劳动生产率调整，其余地区仍采用典型职务工

资直接比较法，以提高数据的可比性，但对于全球层面的比较，没有进行相应的生产率调整，从而使得政府教育服务在区域间仍不具有可比性。2011 年一轮 ICP 为进一步提高全球数据的可比性，制定了全球统一的政府职务报酬问卷调查表、政府支出问卷调查表，并提供了更为详细的政府雇员工资报酬及就业方面的数据，以调整各国消费支出，再通过结构性指标，调整各国教育服务生产率，得到大致可比的政府项目 PPP 数据（余芳东，2011）。

成本投入法无论如何改进，反映的始终是投入而非产出，它是以错误概念为研究对象的。如何从产出入手计算出参与比较国的实际教育产出值是 ICP 亟待解决的问题。

2006~2007 年，EU-OECD 特别小组对非市场服务进行系统分析，从产出入手，为 OECD 国家设计出了一套基于质量调整基础上的数量测度教育产出定向方法，开拓了教育国际比较的新思路。2008 年，EU-OECD 实施了此方法，根据全日制学生个人实际教育支出及 PISA 测评数据计算教育产出。

教育产出定向方法针对的仅是 OECD 国家，非 OECD 国家缺乏相关数据，不能直接使用该方法。为解决非 OECD 国家的教育产出核算问题，在 2010 年 TAG 会议上，根据欧盟提出的教育产出法及非 OECD 国家的实际情况，专家针对性地提出了数量指标和质量指标调整及估测方法。在 2011 年 TAG 会议上，Alon Heston 利用教育产出法，根据 59 个欧洲及非洲国家的具体数据，计算出各国教育产出值。

3. 世界各国对教育产出核算方法的改进

1995 年，荷兰统计局提出从"产出"角度出发估算教育产出。1998 年，OECD 尝试使用了类似的"产出法"计算教育产出，在联合国国民核算专家会议上指出，产出法使用学生小时数或学生人数作为测量指标，来反映一段时间内学校传递给学生的知识和技能总量。其中，学生小时数指标既能反映教师的教学时间，又能反映学生这一消费群体的参与程度，但该指标反映不出教学质量的变化与不同。2000 年，荷兰统计局提出用毕业生人数及升级人数反映教育水平的质量差异。考虑到当学生数量增加到一定程度、教师队伍规模减少到一定程度时，教学质量就会降低的现实情况，意大利提出使用学生与教师人数之比作为质量调整系数。这两种质量指标只能近似地反映产出，对于拥有大规模学生数量的国家，高校课堂的拥挤效应仍得不到反映。

国内学者意识到从产出入手测量教育产出的紧迫性，并着手进行教育产出法的理论与实证研究。高艳云（2001）主张教育服务产出指标应从教学活动和行政管理活动两个方面进行衡量，使用加权平均法求取教育服务产出值，通过构造转换函数对学生数量进行质量调整。蒋萍（2003）认为，荷兰政府统计局的教育产出物量测算法中，反映质量变化的升级人数与毕业生数指标是从产出指标本身寻找的，不能反映教育质量的变化，并认为师生比作为质量调整系数相对来说更加适合。罗良清和王静（2004）认为，OECD 仅通过学生考试分数作为产出质量的衡量标准不足以让人信服，并提出使用消费者效用方法——模糊综合评价法、马尔可夫一步转移矩阵的数学模型及熵权双基点法对教育产出进行了质量调整。胡皓（2011）构造了综合指标评价体系，从班级人数、教师教学科研水平及学校资源禀赋三个方面对教育产出进行了质量调整，并使用广东某高校的数据进行了实际应用。胡学峰（2010）在对产出指标进行质量调整时采用分类调整方法，对同一单位内的教育产出使用班级人数与教师质量进行质量调整，对不同单位的教育产出则根据办学条件及科研成果进行质量调整，这与胡皓的做法基本相同。对国内文献进行总结后得出，国内学者赞成产出法核算教育产出值，而对教育产出的质量调整问题，倾向于建立一个由学生、教师、学校等多因素构成的综合指标评价体系。

综上所述，可将教育产出计算的方法归结为以下三类。

（1）将"投入成本"作为教育产出价值的"成本投入法"。这种传统的非市场产出价值核算方法，从本质上来看，使用了错误的核算对象，因此核算再准确，反映的也不是教育产出，需从方向与方法上加以改进。在现代统计技术快速发展及海量数据出现的情况下，该方法必将被产出法所取代。

（2）基于综合指标质量调整体系的"产出物量测算法"。该方法除了使用学生小时数的产出指标外，还试图设计一套全面的质量指标调整体系，对教育产出进行质量调整，从而保证了从产出的角度测算教育产出值。但该方法存在以下两个问题：首先，指标调整体系较为复杂，涉及各阶段学校的科研情况、教师队伍素质、学校教学条件等 37 个指标，获取数据难度大；其次，因在各国教师素质、学校教学条件的评定上，各国使用标准不同，该方法不能用于国际比较。

（3）基于 PISA 国际测评调整的"教育成果测度法"。该方法是由 TAG 会议专家针对 ICP 教育比较提出的，是一种用货币形式表示的经质量调整的数量产出法，即将各国学生获取政府教育服务知识量转化为政府实际教育产出，该方法已在欧盟及 OECD 国家和地区实施，具有较大的发展潜力。但在各国现有的数据条件下，教育产出法尚不能在全球实施。

2.1.2　研究思路

政府教育服务是缺乏显著经济意义价格的典型非市场项目，因缺乏产出测算的基础，ICP 中一直采用"投入"代替"产出"的成本投入法计算教育产出值；而各国劳动生产率存在的巨大差异，使各国按成本投入法计算的教育产出值在 ICP 中不具有可比性。2010 年，EU-OECD 从"产出"入手计算 OECD 国家教育产出值，使国际间政府教育服务的比较成为可能。EU-OECD 教育产出法仅局限于 OECD 国家使用，其他区域仍采用各自的方法计算教育产出值。为实现教育国际比较，ICP 迫切需要寻找一种准确衡量各国教育产出值的统一方法，以增强国家之间教育的可比性。

基于 ICP 教育国际比较存在的难题，本章从"产出"入手，探究 ICP 中计算教育产出值及教育 PPP 的统一方法，具有一定的学术价值及现实意义：首先，作为 ICP 发展的难点及重点问题之一，探究该问题在学术领域具有前沿性；其次，解决政府教育服务一直"不可比"的难题，实现教育国际比较，为各国教育产出核算提供新思路。

据此，本章详细剖析了 EU-OECD 教育产出法，探索 ICP 中全球教育产出比较的实现方法，尝试性地将 EU-OECD 教育产出法用于中国省际教育产出值的比较。

2.2　EU-OECD 教育产出法述评

欧盟统计局及 OECD 从产出入手，提出新颖的教育 PPP 方法，用于计算并比较 OECD 成员国的政府教育产出，这种方法称为 EU-OECD 教育产出法。本节在阐释教育产出的含义的基础上，将详细审视 EU-OECD 教育产出法，用具体数据说明 EU-OECD 教育产出法的教育国际比较实现过程，并对 EU-OECD 教育产出法与成本投入法的产出结果进行对比、分析及评价。

2.2.1　EU-OECD 教育产出法的基本内容

EU-OECD 教育产出法提供了值得推荐与研究的教育产出核算思路，其最大的贡献在于：创造出用货币形式表示且经质量调整的数量产出法，即将各国学生获取的政府教育服务知识量转化为政府实际教育产出值。这是对成本投入法测算政府教育服务产出的巨大变革，改变了具体的测算对象。成本投入法将政府教育服务所付出的生产成本作为政府教育服务产出，并非政府教育的实际产出。

1. 非市场教育服务产出定义

对非市场教育服务产出定义的理解是把握 EU-OECD 教育产出法的前提。非市场教育服务产出在不同领域有不同的解释：SNA 中规定，"非市场教育服务产出是指，以货币形式表示的一定时期内教育服务生产单位按免费或经济意义不显著的价格向教育消费者所提供的教育消费成果"；联合国核算专家会议中定义"教育服务产出为在一段时间内，政府教育传授给学生知识和技能总量"；EU-OECD 手册对教育产出定义为"学生接受到的教育服务的数量，涉及每一种类型或水平教育服务的质量调整"。以上三种定义具有一致性，均以政府的教育成果作为研究对象。三种定义的主要区别是，前两种定义是从教育服务的提供者角度衡量教育成果的，而 EU-OECD 教育产出法是从教育服务的消费者角度衡量教育成果的。从教育消费者角度测量教育产出是 EU-OECD 教育产出法的重要着眼点，也是创新点。鉴于教育服务产品的特殊性，教育服务者传递给学生的知识、技能与学生实际接受的知识、技能不能画等号，如同一班级学生的成绩会存在显著性差异一样。因此，EU-OECD 教育产出法直接以教育服务接受者——学生作为研究对象，用货币形式将学生接受政府教育服务的知识总量表示为各国教育产出值，即将表现政府教育服务产出知识量这一实物量指标，通过人均教育服务单位价格，转化为便于统一与比较的价值量指标，这正是 EU-OECD 教育产出法的基本思想所在。

2. EU-OECD 教育产出法的三类指标

根据 EU-OECD 教育产出法计算政府教育服务实际产出的基本思想，计算实际政府教育产出值，需要三类指标数据。第一类是数量指标，反映接受政府教育的学生数量；第二类是质量指标，反映学生的知识及技能水平；第三类是货币转换指标，反映将知识量转化为货币形式的学生人均单位教育成本。其中，第二类指标是体现 EU-OECD 教育产出法特色的指标，且该指标需要的信息相对较为复杂。第三类指标在实际计算时需要使用第二类指标进行质量调整，所以，其往往细分为质量调整前的人均单位教育成本和质量调整后的人均单位教育成本。

假设某国家 A，其政府教育服务产出值的计算公式如下：

$$E_A = P_A \times Q_A \times q_A \tag{2.1}$$

其中，E_A 表示政府教育产出值；Q_A 表示 A 国政府教育的学生数量，是第一类指标，即数量指标；q_A 反映 A 国学生的知识及技能水平，是第二类指标，即质量指标；P_A 表示 A 国学生人均单位教育成本，是将学生知识量货币化的转换指标，是第三类指标。

显然，能够得到三类指标的具体数值，即可得到一国的政府教育服务产出值。

2.2.2　EU-OECD 教育产出法中三类指标的获取

获取反映产出的有效数量指标、质量指标及货币转换指标是 EU-OECD 教育产出法的关键，也是计算教育 PPP 及教育产出的关键。

1. 第一类指标的获取

1）第一类指标的数据来源

第一类是数量指标，反映接受政府教育的学生数，从各国官方教育数据库中获得。EU-OECD 教育产出法从联合国教科文组织-经济合作与发展组织-欧盟统计局（UNESCO-OECD-Eurostat，UOE）数据库获得数量指标数据。UOE 数据库有两大优点：第一，数据更具准确性，数据为接受政府教育服务的实际学生数量而非名义学生数量；第二，UOE 数据库中可直接获取按国际教育标准分类（international standard classification of education，ISCED）不同水平的学生数量。各国无论采用何种数据库，需注意以下三点。

第一，学生数量仅为接受政府服务的实际学生数量，私人教育服务的学生数量不包含在内。各国政府提供的教育服务是否存在生产率上差异的比较是教育国际比较的目的，所选数据库中，若包含了私人教育服务的学生数量，参照前一年中政府教育服务的全日制学生数量与总全日制学生数的比率，将私人教育服务的学生数量从总量中剔除。

第二，学生数量指当期学生数量。当期数据缺失时，根据基期学生数量及人口增长率求当期学生数量。也就是说，基准年为 t，从数据库中获取最新全日制学生数量的年份为 $t-1$，根据 $t-1$ 年的学生数量及 $t-1 \sim t$ 年的人口增长率，推出 t 年全日制学生数量。

第三，获取按 ISCED 教育水平分类的学生数量。ISCED 是为便于国际比较而编制的第一个框架，旨在将不同教育系统下的教育数字转化为具有国际可比性的统一类别。伴随着 ISCED 的发展与成熟，越来越多的国家开始以 ISCED 为指导，改进教育分类，以便于本国教育资料与国际其他国家进行比较。EU-OECD 教育产出法中参加国均采用 1997 年的 ISCED（以下简称 ISCED-97）对教育水平进行分类。ISCED-97 中定义了七种教育水平和 25 个教育领域。在实际应用时，部分参加国缺乏分类基础数据，在使用过程中 ISCED-97 的详细分组系统受到了限制。EU-OECD 对 ISCED-97 的分类进行合并与整理，新的分组如表 2.1 所示。

表 2.1　OECD 产出法中的教育水平分类

ISCED 0	ISCED 1	ISCED 2	ISCED 3+4	ISCED 5+6
学前教育	小学教育	初中教育	普通高中与大专教育	高等教育第一和第二阶段（和其他无类别的教育）

2）第一类指标的求取

第一类指标——数量指标是一国教育产出值"量"的反映，为消除各国总人口差异造成影响，用于国际比较的数量指标公式如下：

$$v_i = \left(\frac{Q_{S_i}}{P_i} \right) \div \left[\prod_{i=1}^{n} \left(\frac{Q_{S_i}}{P_i} \right) \right]^{1/n} \tag{2.2}$$

其中，v_i 表示国家 i 的数量指标；n 表示国家数目；Q_{S_i} 表示国家 i 的全日制学生总量；P_i 表示国家 i 的人口总量。

获取某 A 国 2010 年第一类指标的相关数据，见表 2.2。

表 2.2　A 国数量指标的获取及计算

行序号	数量指标相关数据	值
1	全日制学生数量/人	2 612 698
2	总人口数量/人	10 883 000
3	欧盟 27 个成员国全日制学生数量占人口总量的比例/%	20.6
4	数量指标	116.4

根据式（2.2）可计算出 A 国数量指标为 116.4，设欧盟 27 个成员国的平均数量指标为 100，说明 A 国接受政府教育服务的相对学生数量高于欧盟 27 个成员国的平均水平，A 国的教育服务在"量"上具有绝对优势。

当各国的单位教育成本及知识量相等时，数量指标值越大，教育产出就越大，即学生数量存在绝对优势的国家，其教育产出值就越大。为反映教育服务各国生产率的变化，除了数量指标外，必须使用反映学生知识及技能水平的质量指标。

2. 第二类指标的获取

1）第二类指标的数据来源

第二类指标是质量指标，反映学生的知识及技能水平，数据具有一定的获取难度。目前，EU-OECD 教育产出法借鉴了一个权威国际测评项目的结果数据，该项目就是 PISA，它是由 OECD 统筹的学生能力国际评估计划，测试学生们能否掌握参与社会所需的知识与技能；测评对象为接近完成基础教育的九年级学生，测评内容包含学生的科学、数学、阅读能力及其他社会技能；测评每三年进行一次，从 2000 年开始至今已进行了五次测评。PISA 测评具有其他测评无法比拟的优点：测评内容丰富翔实，包括对学生阅读能力、数学水平及科学素养的测评；测评中包含对学生及其家庭的人口数据调查，便于在分析中控制非教学因素的影响；测评具有全球代表性，兼具长远发展前景，从最初的 43 个参加国发展到 2013 年的 67 个参加国，是目前世界上最有影响力的国际学生学习评价项目之一。表 2.3 为 PISA 自实施以来的参加国数目及主要测评领域。

表 2.3　PISA 测评概况

年份	参加国及地区统计/个	主要测评领域
2000	43	阅读
2003	41	数学

续表

年份	参加国及地区统计/个	主要测评领域
2006	58	科学
2009	73	阅读
2012	67	数学

用 PISA 成绩数据作为质量指标的数据来源，面临诸多挑战：第一，缺失 PISA 数据的国家如何处理；第二，如何消除学生个人、家庭、社会环境对教育成果的影响；第三，如何解决质量指标覆盖不全面的问题。对此，EU-OECD 教育产出法也给出了相应的解决办法。

（1）对于缺乏 PISA 数据的国家，EU-OECD 教育产出法使用该国所在区域内 PISA 的平均值作为该国 PISA 的估计值。若该国所在区域无参与 PISA 测评的国家，则假设该国与所有 PISA 参加国的平均分数一致。

（2）为纠正家庭及社会环境对 PISA 分数的影响，EU-OECD 教育产出法在综合考虑各国学生经济、社会、文化地位差别的基础上，调整 PISA 值，将调整后的 PISA 值称为经济、社会、文化地位（economic, social, and cultural status, ESCS）修正分数。对于学生自身素质和能力存在的先天性差别，EU-OECD 教育产出法假定各国学生个人素质和能力无显著差别以消除其影响。

（3）受 PISA 测评年龄的限制，EU-OECD 教育产出法仅就 ISCED 1 和 ISCED 2 水平下的教育产出进行质量调整。除其他教育水平质量指标获取具有难度外，仅使用这两种水平的数据是因为这两种水平数据相加，构成了大部分参与国学生数量的 40%～50%。因此，EU-OECD 教育产出法的质量调整尚不完全，初等高级教育、高等教育水平的质量调整尚待研究。

2）质量指标的计算

以衡量一国学生知识和技能为主的质量指标是反映一国教育水平高低的重要因素，质量指标越高，意味着学生知识及技能水平越高，该国的教育产出也就越大。质量指标的理论公式如下：

$$q_{ij} = \frac{s_{ij}}{s_{gi}} \tag{2.3}$$

其中，q_{ij} 表示 i 国 j 测评年份的质量指标；s_{ij} 表示 i 国 j 测评年份 ESCS 修正分数总值；$\bar{s}_{gi}$ 表示 j 测评年份区域内 ESCS 修正分数总值的总平均值。ESCS 修正分数综合考虑各国学生在经济、社会、文化地位上的差别，是 PISA 分数的调整数据。

选取 A 国 2003 年、2006 年及 2009 年测评的 PISA 分数，如表 2.4 所示，计算 A 国质量指标的前提是求取各测评领域 ESCS 修正分数，分两步计算。

表 2.4　A 国质量指标的获取、调整与计算结果

指标	行序号	年份	A 国		说明
ESCS 修正前的 PISA 分数	1	2006	数学	520	PISA 2006
	2		科学	510	PISA 2006
	3		阅读	501	PISA 2006
	4	2009	数学	515	PISA 2009
	5		科学	507	PISA 2009
	6		阅读	506	PISA 2009
经 ESCS 修正后的 PISA 分数	7	2006	数学	517	1 行×15 行
	8		科学	503	已知（从 PISA2006 表中获取）
	9		阅读	494	3 行×17 行
	10		总值（平均值）	505	7～9 行平均值
	11	2009	数学	512	5 行×15 行
	12		科学	500	6 行×16 行
	13		阅读	499	已知（从 PISA2009 表中获取）
	14		总值（平均值）	504	11～13 行均值
修正/未修正 ESCS 分数比率	15	2003	数学	0.994 3	已知（从 PISA2003 表中获取）
	16	2006	科学	0.986 3	8 行/2 行
	17	2009	阅读	0.986 2	13 行/7 行
未经分组的质量指标值	20	2003	—	1.035 823	已知（从 PISA2003 表中获取）
	21	2006	—	1.028 691	12 行/490.629 9（欧盟 27 个成员国的几何平均值）
	22	2009	—	1.023 632	16 行/492.078 2（欧盟 27 个成员国的几何平均值）

　　第一，各测评领域 ESCS 分数比率。各测评领域 ESCS 分数比率为 ESCS 分数与 PISA 分数的比值。在 EU-OECD 教育产出法中，直接获取的 A 国 ESCS2006 以科学为主要测评领域的 ESCS 修正分数为 503，PISA2006 原始分数为 510，科学这一科目的 ESCS 分数比率为 0.9863；同理，ESCS2003 以数学为主要测评领域 ESCS 分数比率为 0.9943，ESCS2009 以阅读为主测评领域的 ESCS 分数比率为 0.9862。

　　第二，计算各年份 ESCS 分数。所求年份的 ECSC 分数值等于各测评领域的 ESCS 分数比率与该领域内的 PISA 分数的乘积。例如，ESCS 科学分数比率为 0.9863，PISA2009 为 507，调整后科学的 ESCS 分数为 500。各领域 ESCS 分数及比率数据见表 2.4 中的 2～18 行。

由式（2.3），求得 2003 年、2006 年和 2009 年 A 国质量指标分别为 1.036、1.029 和 1.024。数据显示，A 国 15 岁以下学生的知识及技能水平略高于欧盟 27 个成员国的平均水平。

3. 第三类指标的获取

1）第三类指标的数据来源

第三类是转化指标，反映将实物量指标转化为价值量指标的学生人均单位教育成本。EU-OECD 教育产出法中该指标是各国政府教育总成本与接收政府教育服务学生总数量的比值。这两类数据均来源于 UOE 数据库，具体为实际教育消费（actual individual consume of education，AICE）数据和按 ISCED 划分的全日制学生总量数据。

各国获取 AICE 数据，除遵循第一类数据获取的几点要求外，还应特别注意 ISCED 5+6 水平的高等教育支出值。一般情况下，高等教育支出值中包含两个部分——教育支出和科研支出；而教育国际比较的对象是各国教育支出的比较，不包含科研支出。根据科研支出数据及研究与试验发展（research and development，R&D）的相关数据，计算科研支出占高等教育支出份额的调整系数，将科研支出从高等教育支出数据中剔除。

2）第三类指标的计算

人均单位教育成本作为将数量值变为价格值的转化指标，将衡量学生知识与水平的教育产出值以"货币化"的形式表示出来。也就是说，人均单位教育成本是本国货币表示的 AICE 总值与本国全日制学生总量的比值。国家 i 的人均单位教育成本指标的理论公式为

$$c_i = \left(\frac{\text{AICE}_i}{Q_{S_i}} \right) \div \left[\prod_{i=1}^{n} \left(\frac{\text{AICE}_i}{Q_{S_i}} \right) \right]^{1/n} \tag{2.4}$$

其中，AICE_i 表示 i 国使用统一欧元表示的单位 AICE 值；Q_{S_i} 表示国家 i 的全日制学生总量。

A 国 2010 年的汇率、AICE 及学生数量计算人均单位教育成本指标，如表 2.5 所示。

表 2.5　A 国人均单位成本指标获取与计算结果

行序号	与成本相关数据	数值
1	按本国货币计算的学生单位 AICE	8 513
2	汇率（每欧元代表的本国货币）	1.00
3	按欧元计算的学生单位 AICE	8 513

续表

行序号	与成本相关数据	数值
4	欧盟 27 个成员国全日制学生按欧元计算的 AICE	4 905
5	人均单位教育成本指标	173.6

根据表 2.2 中学生总量数据及表 2.5 中 AICE 数据，由式（2.4）计算可得出 A 国的人均单位教育成本指标，为 173.6，远高于欧盟 27 个成员国的平均单位成本。

由 A 国的初始数量指标 116.4，单位成本指标 173.6 及质量指标 1.036，可初步断定：A 国教育产出值远高于欧盟 27 个成员国的平均水平。上述三类指标仅可粗略地比较出各国教育水平的相对差异，为比较各国教育水平的绝对差异，EU-OECD 教育产出法中有计算教育产出绝对值及教育 PPP 的相应方法。

4. 其他相关数据的获取与调整

为提高教育国际比较的可比性，EU-OECD 教育产出法还获取了各国的人口总量与汇率数据。人口总量数据是指按 GDP 定义的国家经济区域内年均常住人口量，它是绝对学生数量转化为相对学生数量的数据基础；各国汇率是由欧洲中央银行或国际货币基金组织编译的日市场率或中央利率的年平均利率，汇率会将各国获取的 AICE 数据统一转化为欧元形式。人口总量与汇率数据从各国自身的数据库中获取。

2.2.3 EU-OECD 教育产出法中教育国际比较的实现

1. 教育国际比较实现的基本步骤

教育国际比较是通过计算各国教育 PPP 得以实现的，分四步计算。第一，计算各国人均单位教育成本，即第三类指标。第二，计算各国实际人均单位教育成本，即第二类和第三类指标的乘积，它是计算教育 PPP 的基础数据。第三，计算教育 PPP，常用指数包含 Laspeyres 指数、Paasche 指数及 Fisher 指数。第四，使教育 PPP 获得传递性，OECD 选择 EKS 法是基于两点考虑的：一是欧洲国家经济发展水平相当、消费模式相近；二是 EKS 法可使各国教育 PPP 获得传递性，便于各国政府教育产出值的直接比较。第五，各国政府教育服务产出的国际比较。EU-OECD 教育产出法将各国学生名义教育成本与教育 PPP 的比值作为各国政府教育实际教育产出，用于比较各国教育水平间的实际差距。

2. 人均单位教育成本的计算

人均单位教育成本的理论公式为

$$C_{ij} = \text{AICE}_{ij} / Q_{ij} \qquad (2.5)$$

其中，C_{ij} 表示 i 国第 j 类教育阶段的人均单位教育成本；AICE_{ij} 表示 i 国第 j 类教育阶段的学生实际教育消费成本；Q_{ij} 表示 i 国第 j 类教育阶段的全日制学生总量。全部数据均为按 ISCED 分阶段的当期教育数据；学生总量为接受政府教育服务的学生数量；AICE 不包含高等教育支出中的科研支出。

3. 分水平质量指标的计算

1）质量指标赋权方法

质量指标赋权方法用于求取非测评年、分水平质量指标。质量指标赋权方法有以下特点。第一，体现了"分水平"的思想。对已有质量指标分水平赋予权重，目标群体为 ISCED1 和 ISCED2 水平的学生群体。第二，赋权时秉持"先近后远"原则。已知测评年份距离学生实际测评年份越近，赋予的权重越大；已知测评年份距离学生实际测评年份越远，赋予的权重越小。

以 2004 年 ISCED1 和 ISCED2 水平的质量指标权重为例，说明 EU-OECD 教育产出法赋权的主要思路。首先，明确 PISA 的测评对象是九年级学生，则 2004 年，九年级学生参与 PISA2004 测评，八年级学生参加 PISA2005 测评，以此类推，一年级学生参与 PISA2012 测评。其次，由"先近后远"的赋权原则，距离 PISA2012 最近且可获得的 PISA 测评为 PISA2009，即 2004 年一年级学生测评成绩最接近 PISA2009，一年级学生在 PISA2009 上赋予 3/3 的权重，在 PISA2003 和 PISA2006 上赋予零权重。另一种情况需要根据已知的两个测评赋权重，如参与 PISA2008 年测评的五年级学生可在 PISA2006 和 PISA2009 上赋值，由于离 PISA2009 更近，五年级学生在 PISA2009 上赋予 2/3 的权重，在 PISA2006 上赋予 1/3 权重。据此得到了其他年级学生在 PISA2003、PISA2006 和 PISA2009 的赋权情况，如表 2.6 所示。

表 2.6　2004 年和 2005 年 ISCED 分水平 PISA 分数权重分配

年级	2004 年权重				2005 年权重			
	测评年份	PISA2003	PISA2006	PISA2009	测评年份	PISA2003	PISA2006	PISA2009
1	2012	0	0	3/3	2013	0	0	3/3
2	2011	0	0	3/3	2012	0	0	3/3
3	2010	0	0	3/3	2011	0	0	3/3
4	2009	0	0	3/3	2010	0	0	3/3
5	2008	0	1/3	2/3	2009	0	0	3/3
ISCED1	0	0	1/15	14/15	ISCED1	0	0	15/15
6	2007	0	2/3	1/3	2008	0	1/3	2/3

年级	2004 年权重				2005 年权重			
	测评年份	PISA2003	PISA2006	PISA2009	测评年份	PISA2003	PISA2006	PISA2009
7	2006	0	3/3	0	2007	0	2/3	1/3
8	2005	1/3	2/3	0	2006	0	3/3	0
9	2004	2/3	1/3	0	2005	1/3	2/3	0
ISCED2	0	3/12	8/12	1/12	ISCED2	1/12	8/12	3/12

综上所述可得 2004 年 ISCED1 中 PISA2006 权重为 1/15，PISA2009 权重为 14/15；ISCED2 中 PISA2003 权重为 3/12，PISA2006 权重为 8/12，PISA2009 权重为 1/12；2005 年 ISCED1 中 PISA2009 权重为 15/15；ISCED2 中 PISA2003 权重为 1/12，PISA2006 权重为 8/12，PISA2009 权重为 3/12。

2）分水平质量指标的计算

由 ISCED 分水平 PISA 权重数据及未分水平质量指标值，计算分水平的质量指标：

$$q_{\text{ISCED1}} = \sum_{j=1}^{3} W_j \times q_{ij} \tag{2.6}$$

其中，W_j 表示 PISA2003、PISA2006 和 PISA2009 的权重数据；q_{ij} 表示某国 i 各年未分水平质量指标。由式（2.6）、表 2.4 及表 2.6 中的质量指标相关数据，可计算出 2004 年和 2005 年分水平质量指标，如表 2.7 所示。

表 2.7　A 国 2004 年与 2005 年分水平质量指标

年份	ISCED1	ISCED2
2004	1.024 0	1.030 1
2005	1.023 6	1.028 0

质量指标赋权方法解决了质量指标中的缺失值求取问题，探索出分水平质量指标的求解方法，使各年份分水平质量指标调整成为可能。

4. 分水平实际单位教育成本的计算与调整

按 ISCED 教育水平分类的单位教育成本为各种水平下的教育总支出与对应水平下学生总量的比值。具体计算过程如下。

第一，研究成本的剔除。R&D 数据使用的具体方法如下。①获取分水平教育成本数据。利用 A 国分水平教育成本及 AICE 数据，计算出各个水平教育成本的比例，其中，ISCED5+6 水平下，21.4%的单位教育成本比例中包含教育成本和研究成本两部分。②计算研究成本的比例。A 国 R&D 统计资料中研究成本占 ISCED5+6 单位成本的比例为 33.8%。③去除研究成本在单位教育成本中的比例。将 A 国 33.8%的研究成本从单位成本总比例 21.4%中扣除，则 ISCED5+6 中教育成本实际比例为 14.2%（21.4%×66.2%）。④根据新的比例数据，调整各教育水平支出比例。例如，ISCED5+6 单位成本为 15.3%，15.3%=14.2%/（9.4%+24.4%+12.7%+32.1%+14.2%），如表 2.8 中的第四列所示。⑤计算分水平教育支出。A 国 AICE 为 222.42 亿欧元，根据调整后的各教育水平支出比例，即可求得 ISCED 分水平的教育支出，见表 2.8 中的第五列。

表 2.8　分水平教育总支出的调整及计算

教育水平	公共教育及私人教育的支出/亿欧元	各水平支出比例/%	调整后的支出比例/%	调整后的支出/亿欧元
ISCED0	19.94	9.4	10.1	22.47
ISCED1	51.85	24.4	26.3	58.43
ISCED2	27.02	12.7	13.7	30.44
ISCED3+4	68.35	32.1	34.6	77.03
ISCED5+6	45.62	21.4	15.3	34.05
总值	212.78	100.0	100.0	222.42

第二，分水平单位教育成本的计算及调整。根据调整后的 ISCED 分水平的教育支出数据和 ISCED 分水平的全日制学生量数据，计算出 ISCED 分水平下单位教育成本。为增加教育产出值的可比性，体现各国教育质量的差异，可使用 ISCED1 和 ISCED2 水平下的质量指标调整分水平单位教育成本。获取的 ISCED1 和 ISCED2 水平下的质量指标为 1.0236，调整后的数据见表 2.9 中的第五列，经质量调整后的单位教育成本是计算国家间教育 PPP 的基础数据。

表 2.9　分水平单位教育成本的调整及计算

教育水平分类	全日制学生数量/人	调整后的支出/亿欧元	质量调整前的单位教育成本/（欧元/人）	质量调整后的单位教育成本/（欧元/人）
ISCED0	428 515	22.47	5 244	5 244
ISCED1	737 909	58.43	7 918	7 736
ISCED2	306 042	30.44	9 945	9 716
ISCED3+4	769 368	77.03	10 013	10 013
ISCED5+6	370 885	34.05	9 181	9 181
总值	2 612 698	222.42	8 513	8 513

5. 教育国际比较中 PPP 的具体计算

EU-OECD 教育产出法使用教育 PPP 实现国际比较，需要计算各国教育基本类双边 PPP。用到的指数包含 Laspeyres 指数、Paasche 指数及 Fisher 指数。因 Fisher 指数本身不具有传递性，所以使用 EKS 法以使教育 PPP 获得传递性。

1）Laspeyres 指数的计算

Laspeyres 指数是根据基国支出权重，即 AICE 进行加权的价格比率的算术平均数。

$$L_{j/h} = \sum_{i=1}^{k} \left(\frac{P_{ij}}{P_{ih}} \right) \times \frac{W_{ih}}{\sum_{i=1}^{k} W_{ih}} \qquad (2.7)$$

其中，h 表示基国；j 表示伙伴国；P_{ij} 和 P_{ih} 分别表示产品 i 在 j 国和 h 国的价格，在教育这一比较项目里，指的是每种 ISCED 水平的单位全日制 AICE；W_{ih} 表示产品 i 在基国 h 中的支出权重，即按 ISCED 分水平的 AICE 占总 AICE 份额；W_{ij} 表示产品 i 在伙伴国 j 中的支出权重；k 表示存在于两国间的产品数量。

2）Paasche 指数的计算

Paasche 指数是根据基国支出权重，即 AICE 进行加权的价格比率的调和平均数。

$$P_{j/h} = \sum_{i=1}^{k} \frac{W_{ij}}{\sum_{i=1}^{m} W_{ij}} \bigg/ \left(\frac{P_{ij}}{P_{ih}} \right) \qquad (2.8)$$

一般来说，在计算 Paasche 指数时，不能通过式（2.8）直接计算出来，而是通过由 j 作为基国，h 作为伙伴国的 Laspeyres 指数的倒数进行求解，即

$$P_{j/h} = 1 \big/ L_{h/j} \qquad (2.9)$$

3）Fisher 指数的计算

取 Laspeyres 指数与 Paasche 指数的几何平均数，即可求出 Fisher 指数。

$$F_{j/h} = \sqrt{L_{j/h} \times P_{j/h}} = \sqrt{L_{j/h} \big/ L_{h/j}} \qquad (2.10)$$

4）EKS 公式的使用

如果两国间因数据缺失使得 Fisher 指数无法求取，那么可经第三国连接，间接估计 Fisher 指数。EKS 公式是使 Fisher 指数获得传递性的方法，EKS 不是某种类型的指数或 PPP，它是一个能使不具有传递性的双边指数强行具有传递性的方法，使任何指数公式都可用于双边比较。

假设有国家 j、h、l，定义国家 h 相对于国家 j 的双边 PPP 为 PPP_{jh}，定义经由国家 l 桥接后得到的国家 h 相对于国家 j 的间接 PPP 为 $_lPPP_{jh}$。

$$_lPPP_{jh} = PPP_{jl} / PPP_{hl} \qquad (2.11)$$

2.2.4　EU-OECD 教育产出法与成本投入法的对比分析

1. 数据获取及计算

基于 EU-OECD 教育产出法，Heston 利用获取的 2005 年一轮 ICP 的 30 个非洲国家及 29 个欧洲国家的相关数据，使用 EU-OECD 教育产出法与成本投入法计算出了 59 个国家的教育产出指标。其中，获取的数据包括初级教育、中级教育、高等教育、学前教育和成人教育的学生注册数，前三类教育的学生注册数分别表示为 R_{iP}, R_{iS}, R_{iT}；初级教育的出席率为 R_{iPA}；初级、中级及高等教育三类公立教育的政府支出份额，分别为 ES_{iP}、ES_{iS}、ES_{iT}；部分非洲国家参与 PISA 测评、东南非洲教育质量监测联盟（southern and eastern Africa consortium for monitoring education quality，SACMEQ）评估及国际数学与科学趋势研究项目（trends international mathematics and science study，TIMSS）测评数据 Q_i；59 个国家 15 岁以下人口所占总人口比例 Age_i 与 GDP。

计算的数值包含各国调整后 GDP；以成本投入法计算的教育产出值；以 EU-OECD 教育产出法计算的未经质量调整的教育产出值；以 EU-OECD 教育产出法计算的质量调整后的教育产出值；15 岁以下的人口比例数据，用于比较非洲与欧洲国家数量指标差异。

欧洲以英国为参照国，非洲以南非为参照国，将参照国的取值定为 100，以此求得各国 GDP 及教育产出值的相对值，如表 2.10 所示。其中，ED_0 是各国用成本投入法计算的教育产出值的相对值；ED_1 是各国用 EU-OECD 教育产出法计算的未经质量调整的教育产出值的相对值；ED_2 是各国用 EU-OECD 教育产出法计算的质量调整后的教育产出值的相对值。

表 2.10　EU-OECD 教育产出法与投入成本法下的 59 个国家教育产出相对值

国家	GDP/亿美元	ED_0	ED_1	ED_2	15 岁以下人口比例/%
安哥拉	0.112	6.4	121.6	25.5	43.2
贝宁	0.044	9.7	109.7	22.4	47.5
博茨瓦纳	0.381	78.9	149.7	30.5	40.6
布基纳法索	0.036	7.5	55.1	11.2	47.6
布隆迪	0.059	6.8	23.9	4.9	47.1
喀麦隆	0.063	12.1	96.1	19.6	42.7
佛得角	0.090	41.5	146.2	29.8	43.6
中非	0.021	5.2	59.8	12.2	43.4
乍得	0.055	28.6	108.0	22.0	47.7

国家	GDP/亿美元	ED_0	ED_1	ED_2	15 岁以下人口比例/%
刚果	0.115	26.5	104.5	21.3	42.5
科特迪瓦	0.050	5.9	19.5	4.0	46.4
埃塞俄比亚	0.018	3.1	85.5	17.4	47.0
冈比亚	0.022	44.1	90.5	18.5	45.3
加纳	0.038	13.0	89.5	18.2	41.9
肯尼亚	0.044	18.2	125.9	25.7	42.8
莱索托	0.045	40.0	151.6	30.9	39.6
马达加斯加	0.032	21.4	106.9	21.8	45.0
毛里塔尼亚	0.054	11.8	94.2	19.2	46.2
毛里求斯	0.318	90.9	66.3	13.5	25.7
莫桑比克	0.024	6.3	118.1	24.1	42.9
纳米比亚	0.144	52.9	142.7	29.1	42.9
尼日尔	0.020	2.7	49.9	10.2	48.0
卢旺达	0.026	10.8	137.0	27.9	43.0
塞内加尔	0.053	10.1	80.7	16.4	44.9
塞拉利昂	0.025	13.5	163.4	33.3	41.5
南非	0.268	62.8	131.4	26.8	32.5
斯威士兰	0.139	32.1	143.0	29.1	45.6
多哥	0.028	10.3	91.7	18.7	46.1
乌干达	0.032	61.7	150.6	30.7	51.1
赞比亚	0.037	16.9	142.9	29.1	47.6
奥地利	1.079	131.4	89.7	97.2	16.7
比利时	1.016	141.2	102.7	113.7	17.5
保加利亚	0.296	93.5	75.2	78.0	15.6
克罗地亚	0.420	89.0	81.2	83.7	18.0
塞浦路斯	0.774	123.8	94.8	97.6	23.5
捷克	0.642	109.7	90.6	99.7	16.5
丹麦	1.065	148.0	102.3	114.8	18.5
芬兰	0.964	126.5	111.8	122.1	18.2
法国	0.938	127.2	97.3	108.4	18.8
德国	0.966	73.5	87.8	96.7	15.7
希腊	0.807	111.2	91.9	87.0	15.2

续表

国家	GDP/亿美元	ED_0	ED_1	ED_2	15 岁以下人口比例/%
匈牙利	0.538	112.0	90.5	99.9	16.9
冰岛	1.128	211.2	131.2	137.1	23.3
爱尔兰	1.204	162.9	120.3	114.3	21.8
意大利	0.879	95.4	80.9	86.5	14.2
拉脱维亚	0.418	126.0	96.9	99.6	17.3
立陶宛	0.446	126.8	107.9	113.9	19.3
马耳他	0.646	75.4	92.9	95.7	20.3
荷兰	1.099	128.6	100.6	105.1	18.4
挪威	1.505	144.9	112.2	114.6	20.0
波兰	0.430	101.5	105.2	111.3	19.0
葡萄牙	0.633	86.0	89.3	93.6	17.1
罗马尼亚	0.297	69.1	86.5	88.2	18.4
斯洛伐克	0.503	98.0	102.0	94.5	19.5
斯洛文尼亚	0.728	106.1	89.4	107.6	16.5
瑞典	1.013	170.7	102.4	111.3	18.4
瑞士	1.124	122.4	88.7	94.0	17.1
土耳其	0.247	46.7	118.4	112.3	29.1
英国	1.000	100.0	100.0	100.0	19.0
非洲均值	0.080	25.1	105.2	21.5	43.7
欧洲均值	0.786	115.8	97.9	102.7	18.6

资料来源：Heston A. 2011. Education Memo Draft.5th Technical Advisory Group Meeting

2. EU-OECD 教育产出法与成本投入法的对比结果分析

通过对表 2.10 中数据的对比分析，可以得到如下结论。

1）未经质量调整的教育产出值将歪曲实际教育产出值

非洲国家用 EU-OECD 教育产出法计算得到的未经质量调整的教育产出相对值（均值为 105.2），远大于成本投入法计算的教育产出相对值（均值为 25.1）；欧洲国家则与之相反，成本投入法得到的教育产出值（均值为 115.8）大于 EU-OECD 教育产出法计算的未经质量调整的教育产出相对值（均值为 102.7）。学生在总人口中所占的比例起了决定性作用，非洲国家 15 岁以下人口比例平均为 43.7%；欧洲国家的为 18.6%，仅是非洲国家的一半。从而，仅使用第一类与第三类指标计算的教育 PPP 会歪曲一国教育产出的实际情况，高估学生人口比例占优势国家的教育水平。非洲国家教育产出值高于欧洲国家的教育产出值，这与2005年一轮ICP报告中欧洲教育产出值（115.8）高于非洲国家的教育产出值（25.1）的事实相悖。

2）各国教育产出值数值普遍降低

与成本投入法计算的教育产出值相比，大部分国家经EU-OECD教育产出法计算的教育值会降低。在表2.10中，用EU-OECD教育产出法计算得出的教育产出值经质量指标调整后，30个非洲国家的教育产出相对值为21.5，低于成本投入法计算的25.1；29个欧洲国家的教育产出相对值为102.7，也低于成本投入法计算的115.8；EU-OECD教育产出法计算的教育产出值比成本投入法低11%～15%；经过EU-OECD教育产出法计算的教育值比成本投入法计算的教育值大的国家有23个，即有接近2/3的国家经EU-OECD教育产出法计算的教育值低于成本投入法计算的教育值。统计结果见表2.11，其中，ED_2为EU-OECD教育产出法求得的教育产出值；ED_0为成本投入法求得的教育值。

表2.11　两种方法下的教育产出值比较统计表　　　　　　（单位：个）

区域	$ED_2 > ED_0$	$ED_2 < ED_0$
非洲	16	14
欧洲	7	22
合计	23	36

3）同一经济区域的国家间教育水平的差异明显降低

在同一区域内，经EU-OECD教育产出法计算的国家教育水平间的差异明显降低，极端值得以消除。图2.1中，实线表示使用EU-OECD教育产出法计算的58个国家的教育产出相对值，而虚线表示成本投入法计算的各国教育产出相对值。序号为1～30的是非洲国家，序号为31～58的是欧洲国家。从图2.1中可以直观地看出，虚线波动明显大于实线，即按成本投入法计算的各国教育值差异大，并存在一些极端值。经过EU-OECD教育产出法的计算后，极端值得以消除，使得大部分非洲国家的教育值在25附近上下波动，欧洲国家的教育值在100附近上下波动。

表2.12为分别按EU-OECD教育产出法和成本投入法计算的教育产出值离散程度的比较，数据显示，EU-OECD教育产出法使得各国间的教育值差异降低程度的大小。其中，欧洲的教育极差值由164.5变为36.8，标准差也由178.0变为68.0；非洲国家的教育极差值由83.2变为30.7，标准差由128.1变为42.3。

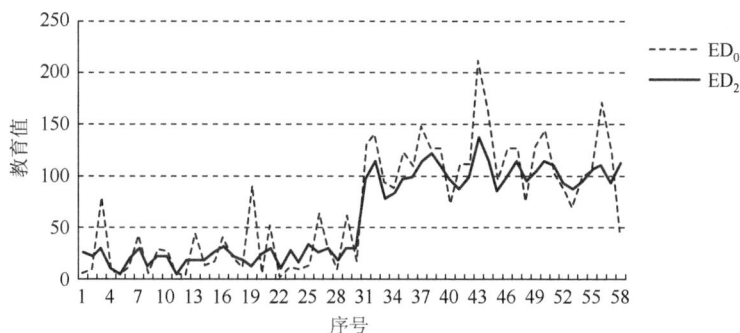

图 2.1　两种方法下的教育产值曲线图

表 2.12　两种方法教育产出值离散程度比较

地区	产出值	极大值	极小值	极差	标准差
欧洲	ED_2	114.8	78.0	36.8	68.0
	ED_0	211.2	46.7	164.5	178.0
非洲	ED_2	33.5	2.8	30.7	42.3
	ED_0	90.9	2.7	83.2	128.1

4）EU-OECD 教育产出法不易受极端值的影响

在教育领域投入越多，得到的教育产出值就越大，成本投入法计算的教育产出值就越易出现极端值。以冰岛为例，如果按成本投入法计算教育产出值，冰岛教育产出值高达 211.2，远高于其他国家和地区。据冰岛统计局的数据显示，2011年 1～9 月，冰岛政府对小学教育投入约为每个学生 132.1 万冰岛克朗（约 11 445美元）。如果教育投入成本高，则以成本投入法计算的教育产出值就高，会偏离实际值。EU-OECD 教育产出法计算冰岛的教育产出值为 131.8，接近于区域内平均教育产出值。同一区域内国家的经济、政治及人文环境相差不大，尤其是人均 GDP水平差距不大，同一区域的各国教育产出值的差距也不会太大。冰岛以 EU-OECD教育产出法计算的教育产出值更能反映出该国的实际教育水平。

EU-OECD 教育产出法从"产出"入手，计算并比较了各国教育产出值，在ICP 中实现了从"无"到"有"的跨越式进展；突破了传统的成本投入法，计算结果更接近各国实际的教育产出值，在一定程度上解决了政府服务性商品的国际比较难题，实现了国际教育比较方法的创新与完善。

2.3　ICP 中教育国际比较实现的途径分析

EU-OECD 教育产出法从产出入手计算教育产出值的思想，为国际教育比较开辟了新思路。非 OECD 国家缺乏产出法要求的数据，如 PISA 数据、AICE 数据，因此，目前仍采用劳动生产率调整的成本投入法计算教育产出值。ICP 如何在不同核算方法下比较各国教育的产出？方法有两种：一是在各国现有的教育产出核算方法下，寻找能同时使用 EU-OECD 教育产出法和成本投入法的"桥梁"国家或地区，从而实现全球教育产出比较；二是非 OECD 国家根据现有数据，在 EU-OECD 教育产出法基础上进行改进，从而真正从产出入手计算与比较各国教育产出值。

2.3.1　成本投入法与 EU-OECD 教育产出法的链接

现阶段，EU-OECD 国家采用 EU-OECD 教育产出法计算教育产出值，其他国家使用劳动生产率调整的成本投入法计算教育产出值。为实现教育产出的国际比较，寻求同时使用 EU-OECD 教育产出法与成本投入法的"桥梁"国家或地区是解决该问题的方法之一。

1. 成本投入法的基本思路

本章从数据基本构成要素、政府雇员报酬的获取路径和政府雇员报酬的计算三个方面介绍成本投入法，以获取对成本投入法的初步认识。

1) 数据基本构成要素

成本投入法的关键在于明确其核算对象，即明确政府教育职业分类及各职业部门投入成本的构成要素，从而得到具有国际可比性的各国政府教育支出数据。

首先，对于政府教育职业分类，《全球国际比较项目方法手册》规定：教育职业分类由全球办公室（Global Office，GO）确定，所有国家使用统一的政府职业目录，以提高全球数据的可比性。表 2.13 为全球统一的标准政府职业目录，计算教育基本类 PPP 时需包含与教育有关的所有职业的成本，并求其不加权的几何平均值。成本投入法计算的教育服务劳动者生产报酬不仅包含提供直接教育服务的教师队伍（表 2.13 中 301~305）的劳动报酬，还包含为学生提供医疗服务、公共服务及其他社会工作者（表 2.13 中职业 106、201~212 及 216）的劳动报酬，他们作为学校的工作人员，也是教育投入成本的一部分。

其次，教育成本的基本构成要素为雇员报酬。雇员报酬由现金和实物组成，具体组成包含以下四个部分：①现金形式的工资总额，包含基本工资和其他形式的津贴，如住房津贴、交通津贴、家庭津贴等；②实物形式的福利，如免费或补助提供的住房、就餐、交通补贴、医疗费用补贴等；③实际社会缴款，是政府部门为保证其工作人员的社会福利而支付的金额，如养老金、疾病保险、事故保险、伤残保险等；④虚拟社会缴款，是政府向没有参加或建立基金、储备金或其他社会保障制度的人员直接支付的社会福利。虚拟缴款要根据国民经济核算中相应的虚拟部分进行计算。

表 2.13　标准政府职业目录

医疗服务	公共服务	教育服务	国防服务
101 医生（科室主任）	201 财务部门主管	301 幼儿教师	401 陆军：步兵战士
102 医生（20 年工龄）	202 公务员（三级）	302 小学教师	402 陆军：步兵团团长
103 医生（10 年工龄）	203 公务员（四级）	303 中学教师	403 海军：二等兵
104 护士长	204 计算机操作员	304 大学讲师	404 海军：护卫舰舰长
105 手术室护士	205 簿记员（出纳）	305 大学	405 空军：战士（地勤）
106 护士	206 数据录入员	—	406 空军：飞行员（中校）
107 护工	207 秘书（非医院）	—	—
108 理疗师	208 电话接线员	—	—
109 实验室助理	209 邮递员	—	—
110 医院院长	210 电工	—	—
111 秘书（医院）	211 大楼保安	—	—
112 厨师（医院）	212 清洁工	—	—
113 社区卫生员	213 警察	—	—
—	214 监狱看管	—	—
—	215 消防员	—	—
—	216 社会工作者	—	—
—	217 城市规划师	—	—
—	218 土木工程师	—	—
—	219 制图员	—	—
—	220 建筑工人	—	—
—	221 司机	—	—
—	222 农业科技人员	—	—
—	223 图书管理员	—	—
—	224 数据库管理员	—	—
—	225 网站管理员	—	—
—	226 保镖（保卫高级官员）	—	—

资料来源：ICP 手册 2005

2）政府雇员报酬的获取路径

ICP 中常遇到的一对矛盾是可比性与代表性的矛盾，即当某种可比性商品在 A 国具有代表性时，在 B 国可能会缺乏代表性，因此，很难在国际比较的双方中找到既有代表性又有可比性的商品。为保证国际比较的顺利进行，一般会牺牲一部分代表性商品，而选取具有可比性的商品。同样地，教育这一特殊商品服务也不例外。政府雇员报酬的获取路径包含两种，一种是从各国政府的工资册中取得，另一种是从政府的公务员工资级别标准表中获得。从各国政府工资册中获取的雇员报酬能充分说明本国教育支出的实际情况，具有很好的代表性，但各国在所选职业的各种等级、类别和组成工资等级的小级别上，雇员分布大不相同，因此，从工资册中获取的雇员报酬在各国间不具有可比性。而通过政府的公务员工资级别标准表获得的各国教育支出，在统一各种口径之后，虽然代表性不高，但是可使各国雇员报酬具有可比性。综合考虑之后，成本投入法选用公务员工资级别标准表计算分类教育支出。

3）政府雇员报酬的计算

由于政府雇员报酬以政府工资等级规定的基本工资为基础，而雇员基本工资的确定遵循公务员工资级别标准表。表2.14为2005年公务员工资级别标准表的一部分，表中纵向的P、T、W三级表示工资等级，与教育或技能水平相对应，其中，每一等级又分别有四个类别，选取职业中的众数作为代表性类别；表中横向数字表示每个类别分七小级，所属级别由职工的工龄决定。以职业代码302小学教师为例进行说明，若某国小学教师的分布情况是，15%为T2、25%为T3、35%为T4、20%为P1、5%为P2，则具有代表性的类别按众数原则来看应为T4。若该职业工龄是5年，每小级代表12个月，则具有5年工龄、类别为T4的职工基本工资为54 300，可作为本国302小学教职工的代表性基本工资。在类别分布上若出现双峰情况，如T3和T4各占30%，则基本工资为二者的算术平均数，即（46 800+54 300）/2，为50 550。

表2.14 公务员工资级别标准表

等级	P				T				W			
	P4	P3	P2	P1	T4	T3	T2	T1	W4	W3	W2	W1
1	88 900	76 800	66 100	53 600	47 900	41 200	35 500	31 100	34 700	31 300	28 400	25 700
2	91 400	78 800	67 900	55 000	49 500	42 600	36 700	32 100	35 700	32 300	29 200	26 500
3	93 900	80 800	69 700	56 400	51 100	44 000	37 900	33 100	36 700	33 300	30 000	27 300
4	96 940	82 800	71 500	57 800	52 700	45 400	39 100	34 100	36 800	34 300	30 800	28 100
5	98 900	84 800	73 300	59 200	54 300	46 800	40 300	35 100	36 900	35 300	31 600	28 900
6	101 400	80 800	75 100	60 600	55 900	48 200	41 500	36 100	37 000	36 300	32 400	29 700
7	103 900	89 000	76 900	62 000	57 500	49 600	42 700	37 100	37 100	37 300	33 200	30 050

资料来源：ICP手册2005

一般来说，雇员报酬中的其他部分项目与工资等级密切相关，在雇员基本工资确定之后，将其他报酬规定为基本工资的百分比，求取雇员报酬。根据标准政府职业目录确定教育产出核算对象，根据公务员工资级别标准表中获取所有职业的雇员报酬数据，并计算出所有职业没有加权的雇员报酬平均值，确定最终的投入成本，即为本国教育的投入成本，以此作为计算和比较各国教育产出值的依据。

2. "桥梁"国家或地区的选取

明确EU-OECD教育产出法及成本投入法的基本思路后，选取"桥梁"国家或地区以实现国家或地区教育产出的链接与比较。在 2010 年 TAG 会议上通过提案，将拉丁美洲的五个国家定为区域间教育比较的链接"桥梁"。

"桥梁"国家或地区的选择范围是非 OECD 国家或地区，条件是具备 EU-OECD 教育产出法所需的全部数据，其中 PISA 测评数据是 EU-OECD 教育产出法的关键数据，能获取可用的 PISA 数据是选取"桥梁"国家或地区的首要条件。而具有 PISA 数据的国家除 EU-OECD 国家外，还有 17 个国家或地区，可作为"桥梁"国家或地区的初选。按 ISCED 分水平的数量及单位成本数据是选取"桥梁"国家或地区的重要条件，可以选出 10 个作为可能的"桥梁"国家或地区，包括巴西、哥伦比亚、巴拿马、秘鲁、乌拉圭在内的五个拉丁美洲国家，中国香港、印度尼西亚、新加坡、泰国四个亚洲及环太平洋国家或地区，以及突尼斯一个非洲国家。具体如表 2.15 所示。

表 2.15 可获数据国家或地区统计表

国家或地区	分水平的学生数	分水平的教育支出	教育支出比例/%	研究支出调整	经 ESCS 调整的 PISA
巴西	*	*	*	无	2009 年数据可得
中国香港	*	存在估测值	*	无	2009 年数据可得
哥伦比亚	*	*	*	无	2009 年数据可得
印度尼西亚	*	*	*	无	2009 年数据可得
巴拿马	*	存在估测值	*	无	2009 年数据可得
秘鲁	*	存在估测值	*	无	2009 年数据可得
新加坡	不完全数据	*	*	无	2009 年数据可得
泰国	不完全数据	*	*	无	2009 年数据可得
突尼斯	不完全数据	*	*	无	2009 年数据可得
乌拉圭	*	*	*	无	2009 年数据可得

*表示数据可得

数据来源：Heston A. Education Memo Draft. 2011. 5th Technical Advisory Group Meeting

表 2.15 中的部分缺失值，可根据比率数据求取。例如，新加坡、泰国、突尼斯这三个国家按 ISCED 分水平的学生量数据不完整，这三个国家没有任何关于 ISCED0 的数据，但已知 ISCED0 和 ISCED1 学生数量的平均比率为 1:4，可求出 ISCED0 的学生数量。

中国香港、印度尼西亚、新加坡、泰国等亚洲地区或国家存在 ISCED 分水平数据不完整及数据不可得等问题，最终经过筛选，将拉丁美洲地区作为链接 EU-OECD 国家与其他非 OECD 国家的"桥梁"。

3. 教育国际比较的实现

起"桥梁"作用的拉丁美洲地区，根据 EU-OECD 教育产出法可计算出本区域的教育产出值，求取与 EU-OECD 区域间的教育 PPP；根据成本投入法计算出本区域的教育产出值，求得与其他非 OECD 国家级地区间的教育 PPP；根据 EKS 公式，即可将全部国家及区域链接。

2.3.2　非 OECD 国家的 EU-OECD 教育产出法的建立

在 2005 年一轮国际比较之前，非 OECD 国家采用典型职务工资直接比较法比较各国的教育产出值，各国处于不同的经济发展阶段，劳动生产率差异很大，典型职务工资直接比较法因此失效；2005 年一轮国际比较后，亚太地区运用柯布-道格拉斯生产函数估算劳动力系数和资本产出系数，对各国雇员报酬进行生产率调整与比较（余芳东，2008）。在全球层面，为改进全球数据的可比性问题，2011 年一轮 ICP 采用制定全球统一的政府职务报酬问卷调查表和政府支出问卷调查表，要求提供较为详细的政府职务报酬和就业数据，成本投入法得到不断完善。

以投入代替产出的成本投入法，不论如何改进完善，反映的始终是教育投入而非教育产出，是以错误概念为研究对象的。非 OECD 国家间不具有系统的 UOE 数据库，可比性数据少，不能完全照搬 EU-OECD 教育产出法。本书在 EU-OECD 教育产出法的基础上，综合分析 TAG 专家学者对非 OECD 国家教育产出核算的意见，归纳出适用于非 OECD 国家关于指标选取、调整、预测及教育 PPP 计算的方法，试图从产出入手计算非 OECD 国家的教育产出值。

1. 三类指标数据来源的选择

选择三类指标数据来源时应注意：第一，数据的准确性，选取该国最准确的数据，以确保所选数据的质量；第二，数据的国际可比性，充分考虑国际比较的特殊性，选择具有国际可比性的数据指标。本章就数量、质量及单位成本指标分别予以说明。

1）第一类指标数据的选取

数量指标数据可分为两类：第一类为学生注册人数；第二类为学生实际出席人数。学生注册人数获取容易，从各国的教育管理信息系统（education management information system，EMIS）中即可获取，但受辍学、逃课、迟到等一系列因素的影响，从 EMIS 中获取的数据和实际数据之间往往存在偏差。实际出席人数数据的获取成本高，需经调查取得，但能保证数据的质量；两类数据的差异较大，当差异超过 5% 时，应根据具体情况对数据进行核对与整理，选取与实际情况最相符的数据。

表 2.16 为 10 个发展中国家的注册人数及实际出席人数数据，二到四列为出席率与注册率的相关数据，五到七列为出席人数与注册人数相关数据。由这六列数据得出：①调查各国的 EMIS 和 DHS 数据间存在较大差异，EMIS 和 DHS 调查

数据差别超过 10% 的国家有 9 个，其中，越南的出席率和注册率差异为 47%，其他 8 个国家的数据差异大于 10%，低于 25%；②调查的大部分国家的注册人数高于出勤人数。除印度尼西亚和坦桑尼亚外，其他所有国家基于 EMIS 的相关差异率均为负值。

表 2.16　注册率与出席率调查数据及调整结果

国家	注册率 EMIS/%	出席率 DHS/%	注册率/ 出席率/%	注册数 EMIS	出席数 DHS	差异率/%	调整后的 出席人数	调整后的 差异率/%
孟加拉国	93.0	79.6	13	15 020	12 467	−17	12 728	−13
科特迪亚	53.7	52.2	2	1 474	1 304	−11	1 421	−4
埃及	93.5	85.5	8	7 340	6 531	−11	6 731	−8
印度尼西亚	100.9	95.3	6	25 185	29 527	17	23 588	−6
莫桑比克	62.9	59.9	3	2 318	1 842	−21	2 243	−3
纳米比亚	74.2	78.6	−4	283	226	−21	298	5
尼日利亚	62.1	62.0	0	13 211	12 030	−9	13 299	1
卢旺达	71.1	71.9	−1	1 046	910	−13	1 058	1
坦桑尼亚	47.7	53.8	−6	3 105	3 444	11	3 492	12
越南	96.1	96.3	0	8 498	4 487	−47	8 494	0

资料来源：Feroz S. 2010. Measuring educational participation：analysis of data quality and methodology based on ten studies. UNESCO institute for Statistics

经对比分析，两类数据之间具有显著差异，分析产生数据差异的原因，得出相应的调整方法。①调整调查样本容量，降低数据间的差异。越南注册与实际出席人数间的差异最大，注册人数为 850 万，DHS 调查的实际出席数为 400 万，差异约为 47%；而注册率和出席率一致，均约为 96%。产生数据差异的原因在于，DHS 调查主要关注的是实际出席率，而忽略人口比例对出席人数的影响。表 2.16 中，使用新的人口比例后，二者间差异接近 0。②按年龄分层抽样选取调查样本，降低数据间的差异。不同年龄阶段学生的出席率不同，中级学生出席率高，低级和高等教育学生出席率往往较低；若仅选择某一年龄阶段学生的出席情况估计学生的总出席情况，必会低估或高估学生实际出席的状况。调查时应采用分层抽样技术，抽取不同年龄段人口进行调查。该方法可以降低两类数据的差异。表 2.16 按年龄分层处理后，八个国家的两类数据间的差异均在 10% 以下。③调查疏漏信息，选取数据来源。如果注册率与出席率的差异是由调查时的疏漏引起的，仅记录上周出席率，遗漏了部分本周出席数据，那么在这种情况下，注册人数数据信息更准确。

由此可见，各国注册人数不一定是本国学生的实际数量，各国应根据具体情况对数据进行调整与选择，选取来源最准确的数据作为最终数据。

2）第二类指标数据的预测

PISA 具有最广泛的测评领域，最全面的教育水平及最多的 PPP 项目参加国，并具有根据学生的 ESCS 差别对原始分数调整的 ESCS 修正分数，因此能更好地评估教学质量。非 OECD 国家建议使用 PISA 测评作为质量指标的数据来源。

目前 PISA 测评仍未遍及全球，世界上 2/3 以上的国家缺乏 PISA 数据。教育政策和数据中心（Education Policy and Data Center，EPDC）指出，缺失 PISA 测评数据的国家应根据所在区域内参加国的成绩（或本国其他测评成绩）及区域的经济状况预测本国的 PISA 值。EPDC 建议采用回归插补法计算 PISA 预测值，对各区域进行差别处理，预测大致分为三类。

（1）含 TIMSS，国际阅读素养进步研究（progress in international reading literacy study，PIRLS）测评数据的国家和地区的 PISA 预测。上述类别的测评和 PISA 测评的内容大致相同，可使用任何一种国际评估值估计 PISA 值。

$$PISA_i = \alpha + \beta T_i + \gamma S_i + \delta E_i + \varepsilon \qquad (2.12)$$

其中，$PISA_i$ 表示国家 i 的 PISA 评估预测值；α 表示常数项；T_i 表示国家 i 在另一个评估测试中的分数，如 TIMSS 或 PIRLS 测评；S_i 表示国家 i 的正规学校系统的一系列有效指标，如每位学生支出、中学毛注册率、小学毕业率、复读比例、教师学生比等；E_i 表示一组反映国家 i 的经济发展水平和人口统计特点的变量，包含人均 GDP、人均家庭消费支持、15 岁以下人口比例、城市人口比例等；ε 表示随机误差项。

（2）含 SACMEQ 评估的撒哈拉以南非洲国家的 PISA 预测。已知博茨瓦纳 TIMSS2007 八年级数学测验分数，南非 PIRLS2006 测验分数，由式（2.12）求得两国的 PISA 预测值：博茨瓦纳为 393.57，南非为 298.60。并且该地区 13 个国家的 SACMEQ 评估值已知，见表 2.17，则根据所知数据可求得其他 11 个国家的 PISA 预测值[1]。

$$\frac{PISA_B^*}{SACMEQ_B} = Index_B \qquad (2.13)$$

$$\frac{PISA_{SA}^*}{SACMEQ_{SA}} = Index_{SA} \qquad (2.14)$$

$$Index_X = mean(Index_B, Index_{SA}) \qquad (2.15)$$

$$PISA_X^{**} = SACMEQ_X \times Index_X \qquad (2.16)$$

---

[1] 本章后面内容中的 PISA 预测值，带"*"标志的代表显著性水平为 5% 的预测值；带"**"标志的代表显著性水平为 1% 的预测值。

根据式 (2.13)、式 (2.14),求得 $\text{Index}_B = 0.77$,$\text{Index}_{SA} = 0.61$,则 $\text{Index}_X = 0.69$,其余 11 个国家的 PISA 预测值,见表 2.17。

表 2.17 SACMEQ 分数初始值及 PISA 预测值 (单位:分)

国家	SACMEQ 分数初始值	PISA 预测值
毛里求斯	584.60	403.81
肯尼亚	563.30	389.10
塞舌尔	554.30	382.88
莫桑比克	530.00	366.10
坦桑尼亚	522.40	360.85
斯威士兰	516.50	356.77
博茨瓦纳	512.90	393.57
乌干达	506.30	349.72
南非	486.20	298.60
莱索托	447.20	308.90
马拉维	432.90	299.02
赞比亚	432.20	298.54
纳米比亚	430.90	297.64

资料来源:教育政策与数据中心

(3) 无任何国际评估国家 PISA 的预测。根据包括地理区域及其他宏观水平变量在内的一系列预测变量,对 PISA 进行回归预测。以中国为例,中国虽未正式参与 PISA 测评,但上海于 2009 年以一个城市的身份参加了测评,且选取了 11 个省份作为试测区进行 PISA 测评。因此,可根据这些测评结果及地理区域特点对 PISA 值进行估测。

$$\text{PISA}_i^* = \alpha + \gamma S_i + \delta E_i + \theta R_i + \varepsilon \qquad (2.17)$$

式 (2.17) 中,代表地理区域的 R_i 变量取代了式 (2.12) 中的 T_i;根据不同区域特点建立不同的模型,得到各国家和地区的 PISA 预测值;代表地理区域特点的 R_i 变量不能与成绩数据直接挂钩,根据式 (2.17) 预测的各国 PISA 值带有更大的主观性。

3) 单位教育成本的获取

EU-OECD 教育产出法从 UOE 数据库及 SNA 数据库中取得分水平的 AICE 作为单位教育成本,非 OECD 国家不能直接获取分水平单位教育成本。根据 TAG 专家及其他学者的建议,本章归纳了计算分水平教育单位成本的三种思路。

思路一为直接获取法,即从各国政府数据库或其他数据库中获取单位成本数据,首选教育单位成本数据为政府部门数据库中的个人教育消费支出。数据缺失时，则参照营利性私立收费学校的标准对每个学生收取的单位课时学费。按照同质商品价值相等的原理可知，相同的学生知识及技能，私人教育和政府教育服务的单位支出价格相差不大；同时，营利性私立收费学校的个人教育消费支出数据获取难度小。

思路二为间接计算法，单位成本价格是政府总支出成本与学生数的比值，即虚拟单位成本价格=(中间消耗+固定资本消耗+劳动者报酬)/学生总量。其中，固定资本消耗是指虚拟固定资产折旧。

思路三是回归函数法，通过建立人均教育单位成本关于 PISA 分数的回归函数来求取。某 A 国的回归函数可记为 PA（$PISA_{Ai}$）。回归函数法将学习成果与单位教育成本挂钩，从产出角度衡量单位成本，此时的单位成本等价于单位产出。但该回归函数存在三点问题：①仅使用 PISA 值确定单位小时成本是否可信；②非线性函数不易确定；③数据匮乏。PISA 分数的非普遍性，获取每个国家的 PISA 值仍存在较大难度。

鉴于回归函数法的实施难度，在获取非 OECD 国家的单位教育成本时，主要利用前两种思路。在实际选择中，根据各国实际情况，应选取数据来源最为准确的方法。

2. 三类指标数据的有效调整

三类指标数据不具备有效性：一是数量指标非有效指标，这会扩大或缩小教育产出值；二是非 OECD 国家的 PISA 预测值存在偏差，使得教育产出值不准确；三是根据区域发展水平及其他因素预测出的 PISA，没有考虑各国学生的经济、政治及文化背景，没有考虑家庭教育对学生成绩的影响，可能高估或低估政府的教育产出值。为此，调整所得的数量指标和质量指标，确保教育产出值贴近真实值。

1）数量指标的有效调整

无论是注册人数数据，还是实际出席人数数据，都不是政府教育服务的有效人数数据。所谓有效数据是指接受政府教育服务的学生实际人数，没有知识量增加的那部分学生数量不应计入其内。使用学生接受教育服务的实际时间调整接受政府教育服务的学生数。

$$调整的学生人数 = 学生人数 \times \frac{实际学习时间}{名义学习时间}$$

其中，名义学习时间指 EMIS 中获取的学习时长；实际学习时间指有效学习时长。

在教学设备匮乏、教师缺勤、学生旷课等各种因素的影响下，学生每年接受教育的实际时长远低于官方规定的教学时长。假设某国小学生一个学期的课时长规定为 480 个小时，实际上，部分学生、教师由于生病等原因缺席，导致实际学习时长变为 400 个小时，此时，实际接收教育服务的学生人数变为原来的 83%。

此外，还存在实际教学时长高于名义学习时间的情况，这种情况的发生往往是因为学校为提高学生的学习成绩，延长了实际教学时长。

实际教学时间获取途径包含以下三种。①考勤记录数据。根据考勤记录中的数据，扣除因缺席延误官方规定的年课时数；缺席数据包含学生缺席和教师缺勤两部分。②课堂观察计算课堂损耗时间。部分国家的课堂损耗时间高达 50%，课堂损耗时间不容忽视，通过进行定点教室观察、校园观察、对教师及校长的访谈等，分别获得学生、教师在学习任务、课堂活动方面花费的有效时间。因调查成本较大，一般进行抽样调查。③大型录像带研究。美国国家教育统计中心（National Center for Education Statistics）曾资助美国、德国、日本三个国家在 1995 年和 1999 年进行大型录像带研究，该方法的优点是可直观、详尽地反映课堂教学过程，但适用范围小。

使用实际学习时长对数量指标进行调整，保证了获取数量指标的准确性与有效性，在条件允许的情况下，各国应增加考勤记录数据的统计及相关调查，以获取最有效的指标值。

2）质量指标调整

因预测方法的局限性，预测的 PISA 值偏离实际值，常用调整方法主要是分组平均值法与系数调整法。

（1）分组平均值法。该方法可为减少预测误差，避免缺失估计值，使每一组内的 PISA 值相同。与 PISA 测评结果具有强相关性是分组变量选择的依据，可供选择的变量有 GDP、家庭人均消费、注册率等。例如，按 GDP 大小将国家划分成 5~8 组，求出各组的 PISA 平均值，作为本组内所有国家的 PISA 预测值。

（2）系数调整法。通过提高或降低预测方程中的系数，达到提高或降低 PISA 值的目的。通过调整式（2.12）中的 β 与 δ 系数，预测 PISA 值。

δ 系数表示经济社会发展程度，且为正，代表 PISA 值与经济发展程度呈正比关系，即国家富裕程度越高，学生分数越高。西亚、北非等地区的石油产出国通过石油资源拉动 GDP 增长和非教育发展的结果，使 PISA 预测值被高估。通过系数调整法，将石油生产国的 GDP 变量系数设为负值，调节其过高的预测值。

一国的成人教育水平过高，会高估 PISA 预测值，这就需要通过 β 系数进行调整。与其他产品的生产与服务过程不同，教育服务的生产过程与服务过程具有统一性，使得教育服务创造出的增加值不仅包含教师的劳动成果，还包含家庭的劳动贡献。因 EU-OECD 教育产出法衡量的是政府教育服务价值，若成人受教育水平过高，教师付出较少，政府提供的服务价值就会相对较少。对于成年人平均受教育水平越高的国家，应使其 β 系数越大，以降低 PISA 值。

数量指标与质量指标的调整方法，在一定程度上能解决非 OECD 国家使用 EU-OECD 教育产出法计算教育产出值的困难，保证了从产出入手计算教育产出值。同时，这些方法也进一步完善了 EU-OECD 教育产出法，能更准确、更有效地反映各国教育产出实际值。

3. 分水平数据获取问题

EU-OECD 教育产出法采用按 ISCED 分水平数据使教育 PPP 更加准确，但就非 OECD 国家目前的数据状况来看，获取分水平数据的难度较大，若强制性地使用分水平教育相关数据，会导致计算的各国教育产出值的误差增大。分别使用分水平和未分水平进行教育产出法模型拟合，表 2.18 为模型拟合的结果，结果显示，分水平后估计学生数量的均方误差由分水平前的 0.023 增大为 0.387。因此，使用 EU-OECD 教育产出法时，不能强制性地使用按 ISCED 分水平的数据，若测评国家没有分水平的教育相关数据，则应使用未经分水平的学生数及政府支出数据，这样会减少误差，提高教育产出值的准确性。

表 2.18　学生数独立变量估计结果

项目	R^2	方差	均方误差	学生数量对数平均值
各国分水平学生数量对数值 ——独立变量估计结果	0.862	−14.47	0.387	−2.677
各国学生数量总量对数值 ——独立变量估计结果	0.998	−1.365	0.023	−1.684

资料来源：Heston A. 2011. Estimating education volumes an example from 2005 ICP-proposed data collection responsibilities for 2011ICP. 5th Technical Advisory Group Meeting

4. 教育 PPP 的计算

在 2005 年一轮 ICP 中，非 OECD 国家使用扩展的 CPD 法来计算基本类 PPP，非 OECD 国家在使用产出法计算教育 PPP 时，也可采用扩展 CPD 法计算教育 PPP。本书从 CPD 法基本思路及其原始模型出发，将加权国家产品虚拟（weighted country product dummy，WCPD）法与 EU-OECD 教育产出法相结合以计算教育 PPP 的值。

1）CPD 法基本思路及其原始模型

CPD 法的基本思路是利用最小二乘法或多元回归方法计算所有国家基本类 PPP。CPD 法的原始模型为

$$p_{ij} = k \times \alpha_i \times \beta_j \times \varepsilon_{ij}, \ i = 1,2,\cdots,c; j = 1,2,\cdots,n \tag{2.18}$$

$$\alpha_1 = \beta_1 = 1 \tag{2.19}$$

其中，k 表示常数；i 表示国家，数目为 c；j 表示产品，共 n 项；ε_{ij} 表示随机误差项。α_1 表示一国产品 j 与参照国产品 j 的价格比率，即 p_{ji}/p_{j1}，根据 PPP 的定义可知，α_i 即为 PPP；β_i 表示一国两产品的价格比率，即 p_{ji}/p_{1i}；$\alpha_1 = \beta_1 = 1$ 的含

义为：国家 1 的产品 1 成为参照品，所有其他产品的价格都是参照该价格。因此，国家 1 就作为 PPP 的参照国。

对式（2.18）和式（2.19）两边取对数得

$$\ln p_{ij} = \ln k + \ln \alpha_i + \ln \beta_j + \varepsilon_{ij} \tag{2.20}$$

$$\ln \alpha_1 = \ln \beta_1 = 0 \tag{2.21}$$

$$\ln k = \ln p_{11} \tag{2.22}$$

引入两虚拟变量 x_{ij}、y_{ij}（取值为 1 或 0），式（2.20）变为

$$\ln p_{ij} = \ln k + \ln \alpha_2 \times x_{j2} + \ln \alpha_3 \times x_{j3} + \cdots + \ln \alpha_c \times x_{jc} + \ln \beta_3 \times y_{3i} + \cdots + \ln \beta_n \times y_{ni} + \varepsilon_{ij} \tag{2.23}$$

可以根据多元回归的思想求取未知参数。

令 $X = [x_{j2}, x_{j3}, \cdots, x_{jc}, y_{2i}, y_{3i}, \cdots, y_{ni}]$，$a = [\ln \alpha_2, \ln \alpha_3, \cdots, \ln \alpha_c, \ln \beta_3, \cdots, \ln \beta_n]$，$Y = \ln p_{ij}$，则式（2.23）变为 $Y = Xa + \varepsilon$，由线性代数的知识可解出 $\alpha = (X^{\mathrm{T}} X)^{-1} X^{\mathrm{T}}$，其中，$\alpha_i$ 为各国 PPP。

但在 CPD 简单模型中，对各系数赋予了相同的权重，这在经济上是不恰当的。若所有参与国的基本分类包括了所有产品和交易的种类，那么，以支出为权重的加权 CPD 法将提供"一个合理的目标指数"，CPDW 法应运而生。产品权重是各产品在一国的支出份额，因此，对每个国家而言，对产品权重求和后都等于 1，从而确保每个国家有相等的权重，这与国家规模无关。

权重模式非常重要，假设权重为支出份额，令 e_{ij} 表示国家 i 在产品 j 上的支出份额，那么权重 W_{ij} 可表示为

$$W_{ij} = \frac{e_{ij}}{\sum_j e_{ij}} \tag{2.24}$$

则在加权条件下，国家 i 和国家 k 的 PPP 的最小二乘估计值为

$$a_{ik} = \prod_{j=1}^{n} \left(\frac{p_{jk}}{p_{ji}} \right)^{\frac{e_{ij}}{\sum_j e_{ij}}} \tag{2.25}$$

2）CPDW 法在教育产出法中的应用

EU-OECD 教育产出法用学生知识量的教育产出衡量国家间教育服务水平的高低。利用 CPDW 法的基本原理，同时对各变量赋予新的含义，改造后的方程如下：

$$\ln R_{ij} = \ln k + \ln \alpha_i + \ln \beta_j + \varepsilon_{ij}, \quad i = 1, 2, \cdots \cdots c; j = 1, 2, \cdots, n \tag{2.26}$$

其中，k 表示常数项；i 表示国家，数目为 c；j 表示教育水平，共 n 项；ε_{ij} 表示随机误差项；$\ln R_{ij}$ 表示每一国家每种教育水平学生注册人数或出席人数的对数值。α_i 表示一国教育水平为 j 与参照国教育水平为 j 的数量比率，即 R_{ji}/R_{j1}，根

据 PPP 的定义可知，α_i 即为 PPP；β_j 为一个国家的两种教育水平的数量比率，即 R_{ji}/R_{j1}；以每种教育水平经过 PISA 质量调整后的政府支出数据作为权重。公式仍表示为式（2.24），则在加权条件下，国家 i 和国家 k 教育 PPP 的最小二乘估计值为

$$E_{ik} = \prod_{j=1}^{n} \left(\frac{R_{jk}}{R_{ji}} \right)^{\frac{e_{ij}}{\sum_j e_{ij}}} \tag{2.27}$$

总之，非 OECD 国家在使用 EU-OECD 教育产出法时，需遵循以下原则：选取最能反映国家实际水平的指标数据；缺乏某一指标值，可根据本区域内其他国家的已知指标进行预测；为获取更准确的数量指标，用学习时间对学生数量进行调整，以获取最有效的指标值；不强行使用本国缺失数据，如分水平数据的获取，否则会增大测量误差，影响计算结果的准确度。

2.4　EU-OECD 教育产出法在中国省际的试用

中国目前仍以成本投入法计算政府教育产出，各省教育产出值实际是各省在教育上的投入。EU-OECD 教育产出法计算的教育产出值的方法，可否用于中国省际教育产出的比较？比较结果能否有效地反映各省教育水平的高低？本书将进行尝试分析。

2.4.1　中国省际教育比较的可行性分析

若要将教育 PPP 用于省际教育产出值的计算与比较，首先应准确理解教育 PPP 的内涵。ICP 中 PPP 的作用是，作为货币转化因子求取各国实际国内生产总值，扣除了通货膨胀对国内生产总值的影响。据此，地区间的教育 PPP 可作为货币转换因子求得各地区实际教育水平或教育产出，消除各地区通货膨胀对教育产出的影响；若以全国平均水平为基期的各省份教育 PPP 大于 1，则表示本地区人民币的购买力弱于全国平均水平，即实际教育产出值比名义教育产出低。反之，若教育 PPP 小于 1，表示本地区人民币的购买力强于全国平均水平，即实际教育产出值比名义教育产出高。

使用 EU-OECD 教育产出法进行中国省际教育比较，需获取三类指标数据：第一类为计算数量指标的分水平在校学生数量数据；第二类为计算质量指标的各省份 PISA 测评数据或其他可替代的成绩水平数据；第三类为计算单位教育成本指标的分水平教育收入数据。其中，第一类与第三类指标数据容易获取，可由历年教育统计年鉴获得；而第二类指标的 PISA 数据，我国目前仅公布了浙江省、

上海市及全国的平均水平。

1. 数量指标的获取与计算

参照 EU-OECD 教育产出法，根据式（2.2）可知，衡量各省份教育产出水平的数量指标数据为分水平在校学生数量数据及总人口数据。中国教育部数据库中存在的每 10 万人口各级学校平均在校生数这一指标数据，简化了数量指标的计算过程。各省份的数量指标是各省份每 10 万人口中总在校生数与全国每 10 万人口中总在校生数的比值。表 2.19 的二到六列数据为各省份的每 10 万人口各级学校平均在校生数，第七列数据为二到六列数据的汇总结果。根据第七列数据，即各省份每 10 万人口中总在校生数及全国每 10 万人口中总在校生数，即可求出各省份教育产出的数量指标值。按数量指标大小对各省份进行排序，从表 2.19 中的第八列数据可以看出，河南的数量指标值在全国最高，而上海排名在全国最末。这主要由在校学生人数所占人口总数的比例决定，比例越大，数量指标值越高。

表 2.19　各地区教育数量指标值

地区	高等教育/人	高中阶段教育/人	初中阶段教育/人	初等教育/人	学前教育/人	在校人数总值/人	数量指标
全国	2 253	3 495	3 779	7 403	2 554	19 484	100.0
北京	5 613	2 104	1 541	3 468	1 587	14 313	73.5
天津	4 329	2 441	2 017	3 992	1 740	14 519	74.5
河北	2 006	3 427	2 989	7 521	2 550	18 493	94.9
山西	2 202	4 134	4 597	7 756	2 296	20 985	107.7
内蒙古	1 920	3 330	3 202	5 685	1 813	15 950	81.9
辽宁	2 712	2 797	2 734	4 956	1 970	15 169	77.9
吉林	2 807	2 874	2 736	5 239	1 676	15 332	78.7
黑龙江	2 409	3 034	3 193	4 892	1 465	14 993	77.0
上海	3 556	1 430	1 870	3 175	1 929	11 960	61.4
江苏	2 824	3 312	2 683	5 205	2 764	16 788	86.2
浙江	2 218	3 134	2 838	6 317	3 436	17 943	92.1
安徽	2 007	3 858	4 195	7 446	1 961	19 467	99.9
福建	2 200	3 924	3 134	6 664	3 572	19 494	100.1
江西	2 212	3 392	4 504	9 727	3 261	23 096	118.5
山东	2 191	3 257	3 600	6 718	2 524	18 290	93.9
河南	1 901	4 026	4 976	11 620	3 001	25 524	131.0
湖北	2 991	3 597	3 563	6 588	2 313	19 052	97.8

续表

地区	高等教育/人	高中阶段教育/人	初中阶段教育/人	初等教育/人	学前教育/人	在校人数总值/人	数量指标
湖南	2 054	3 032	3 293	7 463	2 492	18 334	94.1
广东	1 978	4 384	4 588	7 873	2 948	21 771	111.7
广西	1 688	3 756	4 356	9 262	3 129	22 191	113.9
海南	2 079	3 984	4 516	8 810	2 410	21 799	111.9
重庆	2 522	3 983	4 125	6 776	2 921	20 327	104.3
四川	1 904	3 623	4 060	7 207	2 623	19 417	99.7
贵州	1 254	3 178	6 146	11 749	2 523	24 850	127.5
云南	1 520	2 905	4 460	9 215	2 360	20 460	105.0
西藏	1 446	2 141	4 531	9 792	1 386	19 296	99.0
陕西	3 378	4 865	4 013	6 790	2 752	21 798	111.9
甘肃	2 041	4 237	5 021	8 597	1 688	21 584	110.8
青海	1 082	3 720	3 968	9 092	2 380	20 242	103.9
宁夏	1 912	4 308	4 734	10 163	2 353	23 470	120.5
新疆	1 521	3 292	4 469	8 785	2 980	21 047	108.0

资料来源：中华人民共和国教育部网站

2. 人均单位成本指标计算

1）人均单位教育成本计算

EU-OECD 教育产出法人均单位教育成本为个人实际消费总支出数据与全日制学生总量的比值。与之相似，中国各省份的人均单位教育成本是各省份教育经费总支出与各省份在校生总人数的比值。其中，各省份教育经费总支出数据（也称为总收入）从中国教育经费统计年鉴中直接获取，见表 2.20 中第八列数据。各省份在校生总人数可根据每 10 万人口各级学校平均在校生数与各省份人口总数数据间接求取，求取过程分为两步。第一，将每 10 万人口各级学校平均在校生数的相对数数据转化为各级学校平均在校生数绝对数数据，将《2011 年中国统计年鉴》中 2010 年各省份年末人口数据及每 10 万人口各级学校平均在校生人数做乘法。表 2.20 中的二到六列数据即为各级学校平均在校生数绝对数。第二，根据各级学校平均在校生数绝对数，求各省份在校生总人数，见表 2.20 中的第七列。根据收集、计算的各省份总教育支出及在校总人数求出各省份教育单位成本，表 2.20 中，第八列数据与第七列数据的比值即为各省份的人均单位教育成本。

表 2.20　各地区人均教育单位成本指标的计算结果

地区	高等教育/万人	高中阶段教育/万人	初中阶段教育/万人	初等教育/万人	学前教育/万人	总在校人数/万人	教育经费总支出/万元	单位成本/元	第三类指标
全国	3 000.1	4 795.5	5 420.5	10 207.8	3 056.3	26 480.2	192 711 970.7	7 982.8	100.0
北京	121.5	46.3	34.6	73.0	30.9	306.4	11 756 480.3	38 364.3	480.6
天津	57.1	35.9	28.8	53.3	23.0	198.0	3 374 394.2	17 038.5	213.4
河北	140.2	262.1	226.0	522.6	171.7	1 322.5	7 368 428.2	5 571.7	69.8
山西	76.1	159.9	178.7	303.3	74.0	792.0	4 511 253.9	5 695.9	71.4
内蒙古	46.5	88.5	83.1	145.9	38.8	402.9	4 149 859.4	10 299.7	129.0
辽宁	116.8	126.9	128.9	221.1	84.5	678.2	6 807 868.6	10 038.8	125.8
吉林	74.6	80.8	82.7	144.8	34.4	417.3	3 893 330.2	9 329.4	116.9
黑龙江	93.8	110.4	129.4	188.2	49.2	571.0	4 747 977.3	8 315.7	104.2
上海	99.0	43.2	51.0	84.1	48.0	325.3	7 440 926.8	22 876.8	286.6
江苏	221.7	277.4	237.2	406.0	209.5	1 351.9	14 557 639.6	10 768.1	134.9
浙江	124.4	173.6	175.6	350.2	192.3	1 016.1	11 163 904.5	10 987.1	137.6
安徽	109.5	217.6	270.8	446.8	97.8	1 142.6	6 315 913.9	5 527.7	69.2
福建	79.1	134.8	129.8	243.0	118.7	705.3	5 647 020.2	8 006.1	100.3
江西	96.4	154.6	201.2	428.4	124.2	1 004.7	4 512 586.5	4 491.3	56.3
山东	210.9	308.8	352.6	636.4	222.0	1 730.8	1 0973 636.8	6 340.3	79.4
河南	172.9	378.4	465.2	1061.0	194.9	2 272.4	9 124 226.0	4 015.3	50.3
湖北	166.3	237.8	218.2	365.8	111.9	1 100.1	7 313 159.8	6 647.7	83.3
湖南	134.7	200.2	220.4	491.3	145.5	1 192.1	6 859 437.2	5 754.1	72.1
广东	212.5	463.7	541.2	918.3	300.0	2 435.7	15 984 492.6	6 562.6	82.2
广西	70.4	158.0	190.0	407.6	112.4	938.3	4 947 902.8	5 273.3	66.1
海南	17.7	32.9	42.3	78.3	18.2	189.5	1 444 298.0	7 623.1	95.5
重庆	69.6	115.4	129.3	201.7	71.5	587.5	4 501 242.6	7 661.2	96.0
四川	143.9	281.1	338.3	581.7	185.4	1 530.6	9 957 488.1	6 505.6	81.5
贵州	38.5	94.4	196.2	396.6	70.4	796.3	3 688 503.5	4 631.9	58.0
云南	63.9	130.3	209.2	437.6	99.2	940.3	5 337 253.4	5 675.9	71.1
西藏	4.1	6.6	14.4	31.0	2.4	58.5	662 292.6	11 325.3	141.9
陕西	119.7	184.1	162.6	258.3	69.7	794.4	6 041 632.9	7 604.9	95.3
甘肃	48.1	103.4	134.3	230.0	37.6	553.5	3 294 514.9	5 952.2	74.6
青海	6.3	21.3	22.2	52.4	11.3	113.5	1 062 206.0	9 359.9	117.3
宁夏	11.8	26.6	31.0	65.9	13.9	149.2	1 033 418.9	6 928.6	86.8
新疆	32.0	70.9	101.4	195.6	58.5	458.4	4 238 681.0	9 247.0	115.8

资料来源：中华人民共和国教育部网站

2）人均单位教育成本指标的计算

根据 EU-OECD 教育产出法中第三类指标的计算公式，中国 i 省人均单位教育成本指标：

$$c_i = \left(\frac{P_i}{Q_i} \right) \div \left[\prod_{i=1}^{n} \left(\frac{P_i}{Q_i} \right) \right]^{1/n} \qquad (2.28)$$

其中，P_i 表示 i 省的教育消费总支出；Q_i 表示 i 省的在校生总人数。

由式（2.28）求各省份人均单位教育成本指标。以北京为例，北京的人均单位教育成本为 38 364，求取全部省份的单位教育成本的几何平均值，得到全国的人均单位教育成本为 7982，则北京的人均单位教育成本指标值为 38 364/7982，得480.6。从表 2.20 中的第 10 列可看出，各省份之间的人均单位教育成本指标差距较大，北京人均单位教育成本指标位居全国第一，为 480.6；河南的人均单位教育成本指标仅为 50.3，排名在全国最末，二者单位价格水平差距在 400 以上。这主要由两方面的因素决定——学生总数和政府教育总投入。河南作为人口大省，在校生人数在全国排名第二，仅次于广东，但其教育总投入为全国平均水平，致使单位教育成本最低。单位成本指标反映的是各省份每位学生的接受教育服务的单位成本，在其他条件相同的假设条件下，教育单位成本越高，认为其产出值越大。

3. 质量指标的获取及计算

1）质量指标的选择难题

在对各省份教育产出值进行质量调整之前，有必要对现存的质量调整方法进行归纳与总结。本章在整理国内外学者提出的质量调整方法基础上，归纳出教育产出的质量调整的两种主要思路：一种是从教育服务消费者本身——学生群体考虑，直接反映某地区的教育产出水平；另一种是从教育服务生产者方面考虑，主要包含学校规模、办学条件、教师水平、科研水平等指标，间接地反映某地区的教育产出水平。

从学生群体出发对教育产出进行质量调整的方法最早可追溯到 1995 年，荷兰统计局第一个从消费者出发寻找适合指标以反映教育质量变化。荷兰统计局选取了毕业生人数和升级学生数这两个指标来反映教育产出质量的变化。这两个指标能近似地反映产出的变化，但因指标本身不是教育产出，即不是学生的学习成果，反映不出产出的质量变化。EU-OECD 教育产出法将各国取得的 PISA 值作为反映教育产出质量变化的指标，即直接用测出的各国学生知识量和技能水平作为质量指标，这保证能从消费者出发直接反映教育产出大小。但 PISA 值作为质量指标存在以下问题：一是学生成绩不仅来自政府教育服务的贡献，还受家庭及学生本身的作用与影响，若要衡量政府教育服务产出值，需将除政府以外的其他贡献剔除；二是 PISA 测评不具有普遍性，到目前为止，该测评仍未遍及全球，缺失分数值的国家，根据已知数据预测 PISA 值，使 EU-OECD 教育产出法计算的教育产出水平与真实水平存在偏差；三是 PISA 测评对象的局限性，仅测评 15 岁以下学生的 PISA，无法调整高中以上的教育产出值。

从教育服务生产者角度进行质量调整的指标，最早源于意大利的"以学生数/教师数的比例作为质量调整系数"。这一调整方法的出现给予了我们重要的启示，即衡量的质量因素应包含两个方面的内容：一方面是对学生数量和表现的衡量；另一方面是对教师教学质量的衡量。具体来说就是，当学生数量超过一定规模时，会对教学成果产生负效应；学生表现是对教学成果的直接反映；教师教学质量的差异会对学生获取的知识成果产生较大影响。之后，其他学者在此基础之上，提出用于质量调整的综合评价体系，综合评价体系是包含学校规模、办学条件、教师水平、科研水平等多种生产因素的体系，能间接地对各个学校教育产出进行质量调整。目前存在的指标体系，其评价对象仅为各高等院校的教育产出水平，不适用于其他教育水平教育值的调整。而当评价对象大到一个省份乃至一个国家时，因缺乏统一的指标测评标准，如学校、教师等不同的等级评价标准，该指标体系将不再适用。

综上所述，用于省际教育比较的质量调整指标，应选择具有省际教育可比性的学生成绩作为计算对象。在中国国内学生测试中，尚不存在各省份统一的学生测评成绩数据，中考、高考及各省份会考考试因为不是全国统一命题的考试，所以在各省份间不具有可比性。鉴于中国部分省份参与 PISA 测评的事实，进行省际教育比较时仍将 PISA 数据作为质量调整指标的依据。但就目前中国数据的现状来看，仅能根据中国部分省份参与 PISA2009 的测评数据计算各省份质量指标，以调整各省份的教育产出值。

2）PISA 测评在中国的发展

PISA 测评的是 15 岁以下学生的科学、数学及阅读能力，该测评每三年进行一次，从 2000 年开始已进行了五次测评，是目前世界上最有影响力的国际学生学习评价项目之一。中国的香港、澳门及台湾在 OECD 组织的 2000 年第一次 PISA 测评就已经参与其中。为与国际接轨，参与国际比较，2006 年 10 月中国与 OECD 签署了试测协议，选择了 11 个省份作为 PISA 试测地区，试测的研究工作由教育部考试中心统筹，并从 11 个省份中抽取了 621 所学校、21 003 名学生作为样本。2009 年，在 PISA 举行的第三次测评中，上海成为唯一公开参与 PISA 测评的中国内地城市，并且上海学生以阅读、数学、科学素养三方面第一的成绩震惊世界。2012 年，在 2009 年 PISA 试测研究的基础上，中国与 OECD 再次签署合作协议，继续在天津、河北、吉林、浙江、江苏、山东、湖北、海南、四川、宁夏、云南这 11 个省份参与 PISA 中国试测研究工作。这 11 个省份分布在中国的东、中、西三大经济区域内，为各省份教育产出质量指标的计算提供了数据支持。

3）质量指标的计算

为计算质量指标，需获取各省份 PISA2009 的数据。因天津、云南等 11 个省份仅作为试测地区，OECD 并未公开这些省份的数据，可获得的 PISA2009 分数仅有上海、浙江及全国平均水平的数据，如表 2.21 所示。虽未获得全国各省份的 PISA 数据，但随着经济全球化的发展，中国政府将越来越重视国际项目的参与，今后会获取国际项目越来越多的数据。质量指标数据的获取将不会成为省际教育比较的难题。

表 2.21　质量指标数值获取与计算

项目　　　　　地区	上海	浙江	全国
阅读分	556	525	486
数学分	600	598	550
科学分	575	567	524
平均分	577	563	520
质量指标	1.11	1.08	1.00

根据 PISA 阅读、数学及科学分数原始数据，可求得各省份 PISA 的平均分。各省份的质量指标根据式（2.3）即可求得。例如，上海的质量指标值为 577/520，等于 1.11；同理，浙江省的质量指标值为 1.08。

人均单位成本指标及质量指标值可初步评价各省份教育产出值的高低，为消除物价水平对省际教育产出值的影响，比较各省份的真实教育水平，借用 EU-OECD 教育产出法中计算教育 PPP 的方法，计算省际教育 PPP。

2.4.2　省际教育 PPP 的计算

应用 EU-OECD 教育产出法计算教育 PPP，比较各省份实际教育的产出值，需三类指标数据。由于第二类指标的 PISA 数据，我国目前仅公布了浙江、上海及全国平均水平的 PISA 测评数据，受制于此，只能将浙江和上海两个地区的教育产出进行比较。

1. 人均单位教育成本数据的获取与计算

与 EU-OECD 教育产出法中教育阶段的划分相同，中国也将教育体系划分为五个阶段。①高等教育：研究生、普通本专科、成人本专科与其他高等学历教育。②高中阶段教育：高中及中等职业教育，涵盖了普通高中、职业高中、普通中专、职业中专、职业高中、技工学校六种类别学校。③初中阶段教育：普通初中、职业初中、成人初中。④初等教育：普通小学、成人小学。⑤学前教育：幼儿园。教育质量调整将分水平单位教育成本的计算过程分为两步。

根据 EU-OECD 教育产出法的基本思路，分阶段人均单位教育成本为各省份各级学校的教育经费总支出与各级学校在校生总人数的比值。

$$C_{ij} = P_{ij}/Q_{ij} \tag{2.29}$$

其中，P_{ij} 表示 i 省 j 级学校学生的教育经费支出；Q_{ij} 表示 i 省 j 级学校在校学生数。

各省份分阶段教育经费支出数据从《中国教育经费统计年鉴 2011》中直接获取，其将高等教育经费支出中包含的科研经费支出从中扣除，还需获取各省份投入教育部门的 R&D 数据；在校生总人数由《中国教育统计年鉴》中各省份学校每 10 万人口的在校生人数与各省份人口数据这两类数据间接求得。计算整理后，可得出两个省份的在校生人数及教育经费总支出，如表 2.22 所示。由式（2.29）可得各省份人均单位教育成本值。表 2.22 中分阶段单位成本显示，上海对高中阶段以下学生的教育投入成本最大，尤其是初中阶段教育投入，远高于全国平均水平。

表 2.22　分阶段单位教育成本的计算结果

项目	编号	地区	高等教育	高中阶段教育	初中阶段教育	初等教育	学前教育	调整后总值
（1）在校生人数/万人	1	上海	99	43	51	84	48	325
	2	浙江	124	174	176	350	192	1 016
	3	全国	3 000	4 796	5 421	10 208	3 056	26 480
（2）教育经费总支出/万元	4	上海	3 426 938	1 010 756	924 444	1 111 998	521 278	7 076 373
	5	浙江	3 041 663	2 050 990	1 992 192	2 814 197	630 139	10 937 825
	6	全国	56 290 771	33 606 559	34 177 408	48 874 755	7 280 143	190 058 008
人均单位教育成本/元（＝（2）/（1））	7	上海	9 339	25 723	10 219	88 513	7 599	22 877
	8	浙江	16 019	16 214	3 589	31 875	1 175	10 987
	9	全国	11 392	10 192	1 343	18 879	868	7 983

资料来源：教育部财务司、国家统计局社会和科技统计司《中国教育经费统计年鉴 2011》；中华人民共和国教育部网站

注：各省份分阶段教育经费总支出已扣除了 R&D 经费支出

2. 人均单位教育成本的质量调整

在全国平均质量指标为 1 的假设前提下，上海质量指标为 1.11，浙江为 1.08。

鉴于 PISA 测评对象年龄为 15 周岁，根据中国入学年龄要求，质量指标仅对初等教育与初中阶段教育进行调整。经质量指标调整后的人均教育单位成本数据见表 2.23。由计算结果得，上海及浙江两个省份的初等教育阶段的学生单位教育成本都在不同程度上得到了提高。

表 2.23 质量指标调整后的单位教育成本 （单位：元）

地区	高等教育	高中阶段教育	初中阶段教育	初等教育	学前教育
上海	9 339	25 723	11 343	98 249	7 599
浙江	16 019	16 214	3 876	34 425	1 175
全国	11 392	10 192	1 343	18 879	868

3. 教育 PPP 的计算

（1）全国为基期的省际 Laspeyres 指数。根据两个省份分水平教育经费支出数据（已剔除科研支出），求得分水平单位教育成本的权重，计算结果见表 2.24。

表 2.24 分水平单位教育成本的权重

地区	高等教育	高中阶段教育	初中阶段教育	初等教育	学前教育
上海	0.432 8	0.142 8	0.130 6	0.157 1	0.073 7
浙江	0.257 4	0.187 5	0.182 1	0.257 3	0.057 6
全国	0.282 2	0.176 8	0.179 8	0.257 2	0.038 3

注：表中权重数据加总不等于 1，原因是"其他教育经费支出"所占比例未列入，该比例数据在教育产出计算中不会用到

以全国为基期的上海的 Laspeyres 指数为

$$L_{S/Q} = \frac{9339}{11392} \times 0.2822 + \frac{25\,723}{10\,192} \times 0.1768 + \frac{11\,343}{1343} \times 0.1798$$

$$+ \frac{98\,249}{18\,879} \times 0.2572 + \frac{7599}{868} \times 0.0383$$

同理，可计算以全国平均分水平单位教育成本为基期的浙江的 Laspeyres 指数。

（2）以全国为基期各省份的 Paasche 指数。按照上述 Laspeyres 指数的求取方法，分别求以上海为基期的全国的 Laspeyres 指数，以浙江为基期的全国的 Laspeyres 指数，对其取倒数，即可得以全国为基期的 Paasche 指数，计算参照式（2.8）和式（2.9）。

（3）省际教育 PPP。根据以全国为基期的 Laspeyres 指数和 Paasche 指数，参照式（2.10）求得以全国为基期的各省份的 Fisher 指数，即各省份以全国为基期的教育 PPP，所得结果见表 2.25。

表 2.25　各类指数计算结果

国家 i	$L_{i/Q}$	$L_{Q/i}$	$P_{i/Q}$	$F_{i/Q}$
i=S	3.87	0.64	1.57	2.46
i=Z	1.72	0.56	1.83	1.77

表 2.25 中，S 表示上海，Z 表示浙江，Q 表示全国平均水平。经计算，上海的教育 PPP 为 2.46，浙江的 PPP 为 1.77。由此可见，上海和浙江两省的实际教育产出值均低于名义教育产出值。

2.4.3　各省份教育水平的比较分析

1. 各省份实际教育产出值的计算

以 EU-OECD 教育产出法计算的教育产出值是反映各省教育水平高低的重要指标，根据测算的教育 PPP，可以对各省份的名义教育产出值进行转换。上海的名义教育产出为 7 076 373 万元，教育 PPP 为 2.46，实际教育产出值应为 2 876 574 万元，表示为 2 876 574≈7 076 373/2.46。浙江的实际教育产出值为 6 179 562 万元，如图 2.2 所示。

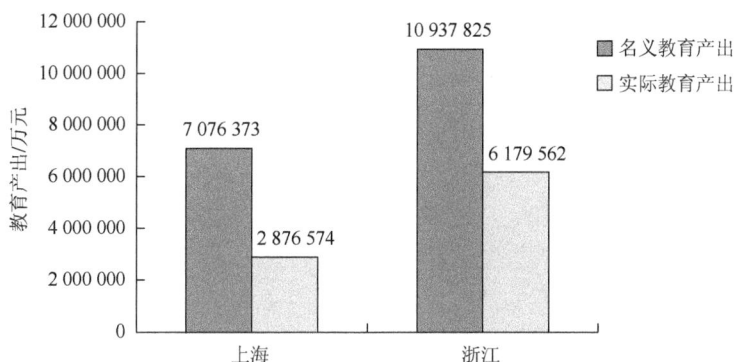

图 2.2　上海和浙江两个省份教育产出比较图

2. 省际政府教育产出值可能被高估

EU-OECD 教育产出法可以用于省际教育产出的比较。从计算结果来看，经过教育 PPP 这一货币转换因子的转换，上海和浙江两个省份的实际教育产出值与名义教育支出数值相比，都减少了近乎一半，这说明以成本投入法计算的政府教育产出可能被高估了。但该情况是否适用于全国其他省份，尚待验证。另

外，上海和浙江两个省份的政府教育产出差距由原来的 3 861 452 万元降低为
3 302 988 万元，体现了 PPP 法的特征。EU-OECD 教育产出法应用于中国省际政
府教育产出的计算，能消除其他一些因素对教育产出造成的影响，得到各省份的
政府实际教育产出，了解各省份间政府教育产出的真实差异。

3. 存在的不足与改进

本章将 EU-OECD 教育产出法用于省际教育产出的比较，因缺乏 PISA 数据，
仅就上海和浙江两个省份的数据进行试用，可实行范围小；因相关数据的缺乏，
以 EU-OECD 教育产出法计算的各省份教育产出值与实际值存在差异。对此，本
节提出两种解决该问题的思路。第一，在现有可获得的数据条件下，探寻国内存
在且与 PISA 具有强相关关系的其他数据，替代 PISA 质量调整指标。可以通过回
归分析法，如 2.3 节中式（2.12）所示的回归方程，就是其中的一种形式；还可以
寻找中国特有的反映中国教育质量的数据，如全国性的统一考试。第二，伴随我
国统计数据的逐步完善，在各省份 PISA 数据可得的情况下，为使应用 EU-OECD
教育产出法计算教育产出值更加贴近实际值，将全国省份按照综合发展水平划分
为三大区域，分别进行省级与区域级教育产出的比较，增强教育值的可比性。

2.5　教育国际比较研究总结与展望

2.5.1　主要贡献

教育国际比较是 ICP 的重点及难点项目，教育服务在 ICP 中虽被列为"不可
比"领域，但为全面、准确地进行国际比较，不应舍弃该领域国际比较方法的探
索。本章尝试研究了 EU-OECD 对教育服务的测量方法，它兼顾了"产出"和"国
际比较"的视角，具有先进性。本章对该方法做了详细剖析，在成本投入法与
EU-OECD 教育产出法并存的情况下，本章探究了 ICP 教育国际比较的实现途径。
此外，本章尝试性地将 EU-OECD 教育产出法在中国省份进行了试用，以实现对
EU-OECD 教育产出法的现实解读，同时有助于考察中国当前的统计数据质量与
水平及与国际水平的差距。本章做出的贡献可归纳为以下四点。

第一，详细地剖析了 EU-OECD 教育产出法。从 EU-OECD 教育产出法的基
本要素构成、三类指标数据的获取与调整、教育国际比较的实现、EU-OECD
教育产出法与成本投入法的结果对比四个方面进行分析，以获取对 EU-OECD
教育产出法的全面认识。分析得出，EU-OECD 教育产出法需要获取三类指标，
即数量指标、质量指标及货币转化指标。教育国际比较的实现需要运用
Laspeyres 指数、Paasche 指数、Fisher 指数及 EKS 法计算教育 PPP，根据各国

的教育 PPP，求得各国实际教育产出值。EU-OECD 教育产出法与成本投入法计算的教育值相比，其计算出的大多数国家的教育产出值会降低 11%～15%，同时在同一区域内，国家间教育产出值的差异明显降低，趋近于区域教育产出平均值。

第二，目前，ICP 教育国际比较的实现途径有两种。一是在各国现有的教育产出核算方法下，探寻可以同时使用 EU-OECD 教育产出法和成本投入法的"桥梁"国家或地区，实现全球教育产出比较，经分析，拉丁美洲国家充当教育国际比较的"桥梁"，可将不同方法计算的教育产出值链接进行比较。二是非 OECD 国家根据现有数据，探究 EU-OECD 教育产出法，从产出入手计算、比较各国教育产出值。非 OECD 国家在使用 EU-OECD 教育产出法时，注意以下几点原则：选取最能反映国家实际水平的指标数据；缺乏某一指标值，可根据本区域内其他国家的已知指标进行预测；为获取更准确的数量指标，用学习时间对学生数量进行调整，以获取最有效的指标值；不强行使用本国缺乏的数据，如分水平数据的获取，否则会增大测量误差，影响计算结果的准确度。

第三，就教育 PPP 的内涵及中国目前统计数据的现状与质量，将 EU-OECD 教育产出法尝试性地用于省际实际教育产出值的计算与比较具有可行性。经分析可知，以 EU-OECD 教育产出法计算的教育产出值低于以成本投入法计算的教育产出值；上海与浙江两个省份间实际教育产出值的差异降低。EU-OECD 教育产出法在省际的试用，加深了对 EU-OECD 教育产出法的理解，对中国 SNA 中教育产出核算问题具有参考意义及价值。此外，EU-OECD 教育产出法可准确评价出各省份实际教育发展水平，有助于引导国家政策、财政政策的制定，为各省份提供相对平等的教育机会，促进各省份教育水平的均衡发展。

第四，本章从产出入手计算各国教育产出值及教育 PPP 的方法为各国教育产出核算提供一定的参考意义与价值。目前，SNA 仍采用投入代替产出的方法核算教育产出值。但因教育服务的特殊性，教育投入与教育产出不能画等号。此外，教育投入越多，表示教育产出越大，各级政府为提高政绩，会加大教育投入，从而导致资源配置低下。基于上述原因，从产出入手探索 SNA 教育产出核算方法是 SNA 发展的必然之路。

2.5.2　EU-OECD 教育产出法的不足之处

在现有的数据条件下，用于教育国际比较的 EU-OECD 教育产出法仍存在许多不足之处，主要包含以下四点。

第一，数据获取难。EU-OECD 教育产出法所需的数据，在其他国家存在难以获取的问题，如按 ISCED 分水平的教育支出及学生数量数据、PISA 成绩数据。对于缺失的数据，只能根据本国实际情况，用相类似的其他数据替代。

第二，提出的 PISA 预测模型主观性很强。由 TAG 专家提出的 PISA 线性预测模型，主要根据 GDP 或其他国际测评变量预测 PISA 缺失值，这种线性的假定本身存在问题，PISA 作为学生知识量的反映，受学生所在地区政治、经济、文化等多种因素的影响，使简单的线性模型预测的 PISA 值不准确。以中国为例，2009年中国人均 GDP 的世界排名为 96 名，而 PISA2009 测试中，上海学生测评成绩排名世界第一。上海的成绩虽不能代表整个中国学生学习成果的平均水平，但若按 GDP 来预测中国 PISA 值，势必会低估中国的教育水平。因此，在预测 PISA 值时不能只考虑 GDP 单方面的因素，还应引入其他与教育有关的变量，如教师素质、家庭环境、学生出席率、国家政策、教育部的硬性规定等，建立非线性回归方程，以更准确地预测 PISA 值。此外，在去除成人教育对政府教育服务影响时，使用系数调整法的系数确定尚待研究。

第三，教育产出质量调整的片面性。质量调整指标——PISA 受测评范围及对象的限制，仅就基础教育进行了质量调整，高中及以上教育则没有涉及，使得计算的教育产出值与真实值间仍存在偏差。随着国际性项目的开展，本章认为，用于 EU-OECD 教育产出法的质量指标可根据实际情况进行调整。OECD 除组织PISA 项目之外，还组织开展了其他国际测评项目，包含关注教师专业发展和学校教学的国际教学调查项目、调查高等教育学生学习情况的高等教育学习成果评价项目，以及对 16~65 岁成人进行能力评估的国际成人能力测评项目。其中，国际教学调查项目的第一轮的报告已于 2009 年 6 月公布；高等教育学习成果评价项目尚处于试验阶段，研究的成熟度低，参与国家和大学也少；第一轮国际成人能力测评项目参与国达 26 个，已于 2013 年 10 月份公布测试结果。目前，这些测评虽然是组织的初级阶段，但随着 ICP 发展的不断深入及测评本身的日益完善，这些测试的影响会逐渐扩大到全世界，越来越多的国家将参与其中，所得数据即可用于 EU-OECD 教育产出法质量指标的调整，促进 EU-OECD 教育产出法的完善。

第四，EU-OECD 教育产出法可能并非真正意义上的产出法。EU-OECD 教育产出法使用人均单位教育成本数据作为"价格"数据，这可能不能很好地诠释产出法的真正内涵。以政府总教育成本及学生总量为依据，计算出的价格数据，不能反映教育产品的真实价格，有对成本投入法改进的嫌疑。私立教育部门的单位课时价格可能是更好的一种价格数据，但是该数据的可得与否，是否与政府教育价格近似，需进一步的探讨。

2.5.3　未来研究展望

虽然教育产出法的尚不完善，EU-OECD 教育产出法本身存在问题，尚需进一步讨论。但随着国际项目的开展及各国统计数据质量的提高，从产出入手计算教育产出值的方法将成为 ICP 教育国际比较的主流。

EU-OECD 教育产出法从产出入手衡量各国真实值的做法也为 ICP 中非市场政府服务、医疗等特殊领域产出值的比较及计算提供了思路的创新，有助于特殊领域产出值计算与比较难题的解决，这将成为本书后续研究的一部分。

而对于中国来说，参与 ICP、使用 EU-OECD 教育产出法计算教育产出值，可以借鉴国际测评的监测理念及技术，促进中国统计事业的进步与发展。同时，EU-OECD 教育产出法是否可以用于教育产出核算，或者将教育产出法的基本思路用于 SNA 中教育产出的核算，以改进教育产出核算方法，也是值得探究的问题。

参 考 文 献

高艳云. 2001. 对教育产出核算的研究[J]. 统计研究，（5）：55-57.

韩兆洲. 2010. 对高等教育服务产出质量调整的思考[J]. 统计与决策，（23）：35-38.

胡皓. 2011. 服务产出核算若干问题研究[D]. 广州：暨南大学硕士学位论文.

胡雪峰. 2010. 非市场教育服务产出的核算方法探讨[J]. 统计与决策，（18）：10-12.

蒋萍，金钰. 2003. 荷兰教育产出测算对我们的启示[J]. 当代财经，（12）：124-125.

蒋萍. 2001. 政府部门非市场服务产出核算的有关问题[J]. 统计研究，（5）：9-16.

蒋萍. 2003. 非市场服务生产非市场服务交易与非市场服务产出[J]，统计研究，（8）：31-37.

蒋萍. 2009. 社会统计学[M]. 第 2 版. 北京：中国统计出版社.

李红. 2007. 购买力平价法在我国的运用状况及前景分析[J]. 时代经贸，（78）：129-130.

刘建华. 2009. 教育服务产出核算的若干问题探析[J]. 生产力研究，（14）：123-124.

刘建华. 2012. 中国地区间的购买力平价比较研究及应用[D]. 重庆：重庆工商大学硕士学位论文.

刘军. 2007. 美国国民经济核算研究的新进展——非市场核算[J]. 山东经济，（3）：61-63.

罗良清，王静. 2004. 高等教育产出的质量调整研究[J]. 统计教育，（3）：5-8.

罗良清. 2003. 教育产出核算若干问题初探[J]. 统计与信息论坛，（3）：20-23.

罗良清. 2005. 现行教育产出之定义评析[J]. 当代财经，（11）：120-128.

王辉. 2006. 略论现行非市场产出服务核算的实践缺陷[J]. 浙江统计，（10）：21-23.

王静. 2007. 教育非市场产出核算理论问题研究[J]. 统计与决策，（9）：62-64.

王亚菲，王可. 2002. 非市场服务产出核算的新思路——产出指标法[J]. 统计与信息论坛，（53）：39-56.

文兼武，刘冰，杨红军等. 2009. 20 个发达国家如何测算服务业增加值[J]. 统计研究，（8）：57-62.

熊萧. 2005. 基于公共产品特性的教育产出核算[J]. 统计与决策，（10）：32-34.

杨仲山，何强. 2008. 国民经济核算体系（1993SNA）修订问题研究[M]. 大连：东北财经大学出版社.

杨仲山. 2001. 国民经济核算方法论研究[D]. 大连：东北财经大学博士学位论文.

余芳东. 2003. 购买力平价与汇率方法的差异程度及其原因分析[J]. 统计研究，（8）：3-7.

余芳东. 2005. 关于中国与 OECD 国家购买力平价比较研究结果及其评价[J]. 经济学（季刊），（3）：563-582.

余芳东. 2008. 关于世界银行 2005 年 ICP 结果、问题及应用的研究[J]. 统计研究，（6）：3-10.

余芳东. 2011. 2011 年新一轮国际比较项目（ICP）方法改进[J]. 统计研究，（1）：11-16.

余芳东. 2011. 关于 ICP 的 GDP 支出分类和数据质量验证[J]. 调研世界，（1）：40-44.

张民选，陆璟，占胜利等. 2011. 专业视野中的 PISA*[J]. 教育研究，（6）：3-10.

张迎春. 2009. 探究中国与国际比较项目的差距[M]. 北京：人民出版社.

张迎春. 2013. 世界经济统计研究新动向及对中国的启示[M]. 北京：社会科学文献出版社.

周爱华. 2009. 非市场服务产出核算的理论和方法研究[D]. 长沙：湖南师范大学硕士学位论文.

EUROSTAT-OECD 2012. Methodological Manual on Purchasing Power Parities[M]. European Union/OECD.

Feroz S. 2010. Measuring educational participation：analysis of data quality and methodology based on ten studies[J]. UNESCO institute for Statistics.

Heston A. 2011. Estimating education volumes an example from 2005 ICP-proposed data collection responsibilities for 2011ICP[C]. 5th Technical Advisory Group Meeting.

Koechlin F，Konijn P. 2013. Linking education for EUROSTAT-OECD countries to other ICP regions [C]. 8th Technical Advisory Group Meeting.

Lnklaar R，Timmer M. 2012. PPP for government services[C]. 7th Technical Advisory Group Meeting.

Techinal Advisory Group. 2011. Towards an output approach to estimate the value of education services in developing and transitional countries[C]. 4th Technical Advisory Group Meeting.

The United Nations. 1995. System of National Accounts 1993[M]. Beijing：China Statistics Press.

The United Nations. 2008. System of National Accounts 2008[M]. Beijing：China Statistics Press.

World Bank 2010. 2005 International Comparison Program Methodological Handbook[M]. Washington：1818 H Street N W.

第3章　建筑国际比较方法国际前沿、问题与对策

3.1　建筑国际比较文献综述及研究思路

3.1.1　建筑国际比较文献综述

国际上的建筑 ICP 研究方法主要包括三大方法体系：OECD-Eurostat 方法[1]、CIS 方法[2]和 BOCC 方法[3]。

OECD-Eurostat 方法是建筑 ICP 核算方法最初采用的方法。ICP 最初仅在欧洲共同体内部进行比较，因此该方法被命名为 OECD-Eurostat 方法。

OECD-Eurostat 方法主要是将建筑项目分为三大类（居民住宅、非居民住宅、土木工程），并在每个类别中分别选取一组标准项目代表该类别中的建筑项目，选取的标准项目的价格作为该类别建筑项目的价格，建筑 PPP 的计算就是将所有标准项目的价格按照一定的比例加权。余芳东（2011）认为，该方法对多数国家来说采价成本较高且很困难，因此，仅限于欧洲共同体内部使用，不适合在全球范围内推广使用。

CIS 方法主要建立在一篮子投入资源的价格基础上，通过采集 100 种（后来缩减到 66 种）资源的价格，将这 100 种资源的价格应用到一系列不同类型建筑项目的费用模型（cost model）中。费用模型是根据实际建筑项目模拟且代表不同建筑类型的标准建筑项目模型。将资源价格应用于费用模型会得出不同类型建筑项目的价格，费用模型中各种资源的权重是已经预设的，并且在资源价格采集中，包括专家费用和增值税费用。

BOCC 方法将建筑业分为三个基本类，每个基本类的建筑由不同的体系（system）构成，每个体系由不同的组件（component）构成，该方法最终需要的数据就是建筑组件的价格。BOCC 方法最终需要获取 22 种复合组件和 12 种基本投入品的价格，然后将这些组件的价格按照一定的权重加总到整个建筑业。

---

① 该方法介绍来源于国际比较手册（United Nations 1992）。
② 该方法介绍来源于 2010 年世界银行组织的 TAG 会议报告。
③ 该方法为 2005 轮国际比较中采用的方法。

虽然 BOCC 方法较之前的方法有很大改进，但是价格水平的代表样本对建筑的整体代表性不强，也无法获取项目的准确权重。此外，BOCC 方法主要采用投入价格计算，但 PPP 要求的是产出价格，这就会影响 PPP 结果的精确度。

2011 年一轮建筑国际比较最终采用的核算方法中避免了对标准项目的选择，而是选取了普遍使用的建筑材料及产品、机械设备和劳动力进行比较。该轮建筑国际比较主要采用投入产出表调整法对各国的建筑业进行国际比较，基本框架包括以下三个部分。①以投入产出表为基础，选出 50 种建筑投入品，作为建筑比较产品篮子。建筑投入产品在选择过程中遵循业内通用、在建筑增加值中占比较高、易于描述的原则，建筑投入品主要涵盖材料及产品、租赁设备和建筑劳动力投入三个部分。②以各组成部分在建筑投入产出表中的投入比例作为该类投入的权重数据，对各国建筑投入资源的价格数据进行加权平均，汇总成建筑业的中间投入 PPP。③因为建筑资源数据为投入价格数据，所以需要对价格数据进行利润率、间接成本等因素的调整，将中间投入 PPP 调整为产出水平的 PPP。

3.1.2　研究思路

在研究建筑国际比较常用方法、2011 年一轮 ICP 建筑国际比较方法的基础上，寻找建筑国际比较的难点、重点，以及我国参与建筑国际比较存在的问题及建议。

3.2 节为建筑国际比较常用方法述评，该节阐释了三种常使用的建筑国际比较方法：OECD-Eurostat 方法、CIS 方法和 BOCC 方法。每一种方法的阐述分为两个部分：一是方法理论框架，二是方法的不足之处。通过理论框架的分析可以对该方法有一个整体的了解，然后对方法存在的不足进行阐述，争取为该方法的进一步完善提供借鉴。

3.3 节为 2011 年一轮 ICP 建筑国际比较的方法研究。该节将 2011 年一轮建筑国际比较方法按项目实施进程，分阶段阐述。2011 年一轮 ICP 建筑国际比较的方法主要分为四个阶段：一是价格数据获取阶段，该阶段的主要内容为建筑层级划分、制定材料清单、价格数据及物品重要性数据的获取；二是权重数据获取阶段，其主要内容包括子类在每个基本类中的权重、三大基本类在建筑中的权重；三是 PPP 数据调整阶段，数据调整主要包括各种调整因子的调整及生产率的调整；四是数据验证阶段，数据验证主要分为国家内部的验证、区域范围的验证和全球范围的验证三个层次。

3.4 节为建筑国际比较的重、难点分析。从兼顾建筑规格品的代表性与可比性；材料和产品存在质量差异问题；数据的有效性三个方面进行分析。

3.5 节为我国参与建筑国际比较存在的问题及建议。

3.2　建筑国际比较常用方法述评

ICP 在 2011 年一轮之前已经完成了七轮国际比较，建筑比较方面主要采用三大方法，这三种方法分别为 OECD-Eurostat 方法、CIS 方法和 BOCC 方法。其中，OECD-Eurostat 方法是 2003～2006 年 ICP 中采用的建筑国际比较方法；CIS 方法是独联体国家进行建筑比较过程中采用的建筑国际比较方法；BOCC 方法是 2005 年一轮 ICP 中，建筑类别采用的比较方法。这三种方法各有利弊，为 2011 年一轮建筑国际比较方法的产生提供了宝贵的借鉴意义，是新方法产生的基石，也为新方法奠定了理论基础。

本节致力于从三种方法各自的理论框架及其优缺点两个方面进行阐释、分析，为建筑 PPP 方法的发展与完善提供借鉴。

3.2.1　OECD-Eurostat 方法

OECD-Eurostat 方法，又称为标准项目法（standard project method，SPM），是 2003～2006 年 ICP 中采用的建筑国际比较方法。然而，该方法并不是产生于 2003 年的 ICP，它最早用于欧盟成员国、友好国、候选国，以及 OECD 的成员国、友好国之间的建筑国际比较。2003～2006 年 ICP 采用了该方法，由于该方法确定标准项目的工具为"工程量清单"，因而，该方法也被称为工程量清单法。

1. OECD-Eurostat 方法的内容

OECD-Eurostat 方法实施的关键是要求参与国家对一系列标准建筑项目进行定价。2003～2006 年建筑国际比较中，OECD-Eurostat 方法通过工程量清单最终选取了 16 个"标准项目"，并以其价格水平代表整个建筑类别价格水平。这 16 个标准项目分别属于不同的基本类（标准住宅、非住宅和土木工程），具体项目分类见表 3.1。在方法实施过程中，每个标准项目都需要获取一套完整的设计图纸、说明书和工程清单。价格采集过程中对工程量清单列出的条目逐一定价。

表 3.1　OECD-Eurostat 方法采用的标准项目

居民建筑	非居民建筑	土木工程
欧洲独栋住宅	农村棚屋	沥青柏油路
葡萄牙独栋住宅	欧洲的厂房	混凝土路

居民建筑	非居民建筑	土木工程
北欧独栋住宅	办公大楼	桥梁建筑
公寓大楼中的公寓	小学校园	混凝土地下管道
北美独栋住宅	日本工业建筑	—
日本独栋住宅	—	—
澳大利亚住宅	—	—

表 3.1 中每个标准项目对应一个不同的工程量清单,工程量清单涵盖了该标准项目的所有购买价格数据,包括建筑材料费用、设备租赁费用、劳动力费用、建筑师及绘图员的费用,以及日常经费(包括劳动者的意外保险、为劳动者提供的住宿、材料及设备的存储仓库、电话线路的租金等)。另外,工程量清单还包括总承包商和分承包商的预期利润(该利润是基于基准年的经营状况评估获得的)。

标准项目比较法确保了建筑比较的高度可比性,参与国通过改变劳动力组合费用、建筑材料费用、厂房租金及其他支出费用来反映相对价格的差异。例如,对于给定的标准项目,劳动力昂贵国家的建筑设备投入费用比劳动力相对低廉国家的建筑设备要多。

在 ICP 中,除可比性是重要影响因素之外,代表性也备受关注。在欧盟国家中,每个国家都会定期进行各类基础设施工程建设,因此,非居民住宅和土木工程项下的标准项目都是具有高代表性的。然而,对居民住宅,由于每个国家都有独特的建筑特色,居民住宅基本类中标准项目的代表性就有待商榷。为了提高居民住宅类中标准项目的代表性,居民住宅基本类在选取标准项目过程中,选取了六种常见类型的标准建筑项目,每个国家选取最具有代表性的项目进行定价。此外,除了对最具代表性的项目定价之外,还要选取一个本国具有的但不具代表性的建筑类型进行定价。

OECD-Eurostat 方法计算建筑 PPP 计算的具体步骤如下。

第一步,计算 16 个标准项目的相对价格。按照工程量清单分别汇总不同标准项目中各条目(items)的价格,以此获得 16 个标准项目的总体价格。

第二步,获取三大基本类的权重。以居民住宅建筑、非居民住宅建筑和土木工程三个基本类在 GDP 中的支出权重为权重数据,计算不同基本类中标准项目在各自所属基本类中的权数。

第三步,获取建筑 PPP。根据三大基本类的权重,加总 16 个标准项目的价格,获取最终建筑 PPP。

2. OECD-Eurostat 方法述评

（1）OECD-Eurostat 方法需要大量的调查者来收集物料清单的价格数据，因此，实施起来成本过于昂贵。据调查显示，在大多数项目的物料清单中，大约 50% 的条目占了约 90% 的建筑产出价值，因此，该方法可以通过减少物料清单条目来改善实施成本高昂的问题。但是，减少物料清单需要专业知识，国家统计局并不具备这样的技术，因此需要从外部购买相关技术。

（2）大多数建筑项目一般需要几个月的时间才能完成，因此，物料清单提供价格数据的专家还要通过建立一个"通货膨胀因子"来推算项目完成时的预期价格。因此，物料清单中的价格并不是当期价格，而是一个估计价格。

（3）OECD-Eurostat 方法中的物料清单是基于虚拟建筑项目的清单，这些项目可能永远不会实施建设，因此，这种对虚拟项目人为的成本估计可能导致与现实中项目的竞标价格不一致。竞标价格要考虑的因素除了成本之外还有很多其他因素，虚拟建筑项目价格定价考虑的仅是成本和利润问题，这可能会导致最终价格与实际成本的偏离，因此，这种做法会使最终计算的 PPP 产生误差。

（4）利润幅度的估计也存在很大难度。在现实生活中，只有当建筑项目竣工时才能准确知道其利润率到底是多少。对于虚拟建筑项目，是不是真正实施建设都不能确定，其利润率就只能通过估计获取，数据的真实性有待考证。

3.2.2　CIS 方法

CIS 方法，又称为技术资源模型（method of technical resource models，MTRM）方法，是独联体国家采取的一种进行建筑国际比较的方法。该方法需要参与国统计建筑投入材料、能源、工资、薪金等建筑投入产品的价格数据，然后将这些数据应用到技术资源模型中，以获取近似标准项目的价格。CIS 方法最终以这些近似标准项目价格为基础进行建筑国际比较。

1. CIS 方法的内容

CIS 方法在 ICP 实施过程中选取了 100 多种建筑材料及产品，并以此作为变量模拟标准建筑项目的价格，这就需要参与国调查建筑业内 100 多种建筑材料及产品的平均价格。这 100 多种材料及产品约占一个建筑项目成本的 85%。通过获取的价格数据，计算 100 个不同建筑项目的价格（这 100 个建筑项目分别来自居民住宅、非居民住宅和土木工程三大基本类），用这 100 个建筑项目的价格代表整个建筑业价格水平。建筑项目价格是通过将获取的价格数据代入技术资源模型模拟的标准建筑项目模型中获得的。获取标准项目价格后，采用几何平均法加总各项目价格，获取三大基本类的 PPP。

虚拟建筑项目价格的技术资源模型实质是一个线性方程，变量为国家提供的建筑材料价格、能源产品价格、工资率、专家估计的材料和劳动力的数量，固定资本消耗、利润率、税收及其他为了获取不同类型建筑价格花费的费用，技术资源模型形式如下：

$$P_{mk} = [(1+\frac{a}{100})\sum_{j=1}^{m}PM_j \times QM_j + \sum_{k=1}^{l}PM_k \times QM_k + W \times F_k \times (1+\frac{S+A+B+P}{100})] \qquad (3.1)$$
$$\times I \times VAT$$

其中，P_{mk} 是 k 类型建筑项目的购买价格，该项目包括 m 种已被特别定价的建筑材料；a 是其他类型材料的份额，这些材料是没有特别定价的；PM 和 QM 分别是已被特别定价了的 m 种类型的建筑材料的价格和数量；PE 和 QE 分别是已被特别定价了的 l 种类型的能源的价格和数量；F_k 是完成 k 类型建筑项目需要的工作日的数量；W 是日工资；S 是雇主交纳的社会保障金，以工资百分比的形式表示；A 是固定资本的消耗率，以工资成本百分比的形式表示；B 是其他费用，以工资成本百分比的形式表示；P 是盈余比例，以工资成本百分比的形式表示；I 是工程造价（设计和勘测活动，技术咨询，项目控制及相关服务），以所有其他成本百分比的形式表示；VAT 是增值税比率。

在 CIS 方法中，参与国只需提交建筑材料的价格（PM）、能源产品的价格（PE）和日工资（W），其他变量都是由建筑专家估计得来的。对于 CIS 国家，这些价格数据大部分都是 CIS 国家内常规统计的数据，CIS 国家只需将这些价格列表编织成 ICP 需要的格式即可。因此，该方法的实施成本相对较低。

另外，一些变量已征得专家的意见被调整为满足个别国家特殊条件的特殊变量，尤其是对劳动投入量（F）、固定资本消耗率（A）的调整。这两个变量的调整是为了反映劳动和资本相对价格的差异。

技术资源模型中不包括设备租赁费用，这是因为独联体国家的建筑公司通常拥有自己的建筑设备，所以这部分费用由设备的固定资本消耗代替。

每个国家都要通过技术资源模型计算 100 个建筑项目的价格，并评估其在该国是否具有代表性。代表性与否的评估标准为待评估类型在参与国内部相应调查年度内是否存在施工项目，评估的目的是为以后的赋权做准备。具体操作是通过星号方法（asterisk method）进行的，对调查年度内没有施工的项目予以排除，对调查年度内施工的项目用星号标注。

CIS 方法计算的 PPP，其准确性主要依赖于建筑专家提供的变量的可靠性，特别是 100 个建筑项目所需的建筑材料、能源和劳动力的种类及数量，以及预测的利润及折旧。

式（3.1）中还有一些概念上的歧义问题需要注意：盈余比例（P）一般指的是盈余占项目基价的比例而不是占工资成本的比例；固定资本消耗（A）也存在同样的问题。

2. CIS 方法述评

CIS 方法存在两大致命的缺点，正是这两大缺点让它不得不退出 ICP 的历史舞台。

第一，建筑方法标准化是前苏联时期的产物，但是，随着时间的推移，该方法的可靠性越来越差。

第二，CIS 方法仅适用于 CIS 国家，对于其他差异稍大的国家群体，该方法的使用前提就得不到满足，因此，该方法并不能应用于 ICP 中。随着前苏联解体、ICP 比较范围的扩大，CIS 方法已经不得不退出历史舞台，但是，CIS 方法的理论还是存在借鉴意义的。

3.2.3　BOCC 方法

BOCC 方法是 2005 年一轮国际比较中建筑国际比较采取的方法，该方法是三种方法中较为成熟的一个方法，它是在前两种方法的基础上发展起来的。

1. BOCC 方法的内容

BOCC 方法实施阶段，建筑被分为居民住宅、非居民住宅和土木工程三个基本类，每个基本类都是由不同类型的建筑项目组成。例如，居民住宅类是由独栋住宅单元、多户型住宅单元及其他居民建筑项目等类型组成的。之前建筑比较对建筑的分类主要是按照建筑项目类型进行分类，但是在比较中，标准项目的确定就成了难点，建筑因其多变的影响因素，想要在全球范围内选取具有代表性的比较项目几乎是不可能的。因此，2005 年一轮国际比较在建筑国际比较方法的选择中针对这一问题做了改进，对建筑的分类不再采用建筑项目作为代表，而是采用建筑系统，这种分类方法可以使比较资源更具有代表性和可比性。

BOCC 方法对建筑的比较主要是通过将建筑拆分为项目、系统、组件三个层次进行的，每个项目包括不同的系统，每个系统包括不同的组件，最终，一个项目拆分为不同的组件。BOCC 方法最终要获取的就是这些组件的价格，然后结合各组件的权重，加总到系统层次，以获取系统层次的价格，再通过系统层次权重的加总，最终获取建筑项目的价格。该价格即为参与国内虚拟标准建筑项目的价格，可以进行国际间建筑价格的比较。

图 3.1 给出的是项目层次分解图，通过图 3.1 可以清楚地看到，BOCC 方法将建筑项目分为了三个层次：系统、组件、建筑投入资源（建筑材料及产品、机械设备、劳动力）。

采用该方法进行国际比较时，具体实施流程如图 3.2 所示。

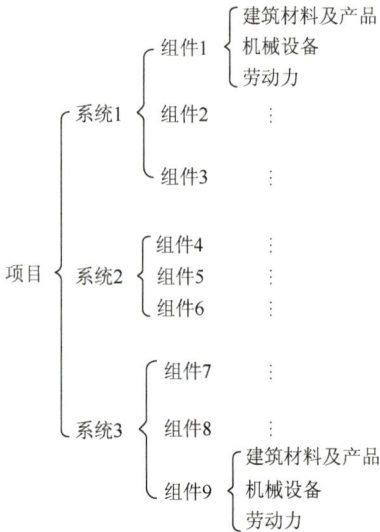

图 3.1　项目层次分解图　　　　图 3.2　方法操作流程图

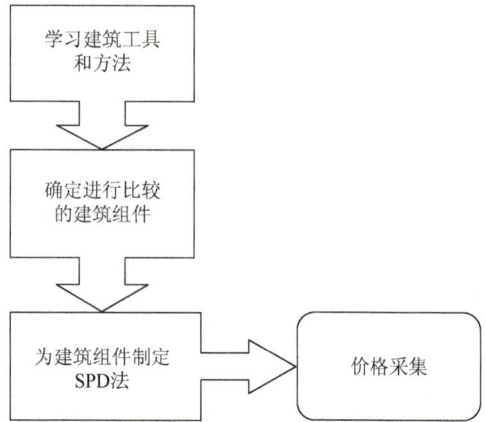

2005 年一轮 BOCC 方法中总共需要对 34 个建筑组件进行定价。其中，12 种基础投入物品，22 种复合组件，具体组件见表 3.2。

表 3.2　BOCC 方法需要的采集价格的建筑组件

组件类别	建筑组件	基本类		
		居民住宅	非居民住宅	土木工程
复合组件	柱基脚	√	√	
	排水沟			√
	钻井			√
	土方工程	√	√	√
	电气服务点	√	√	
	外用漆	√	√	
	外墙水泥抹面	√	√	

续表

组件类别		建筑组件	基本类		
			居民住宅	非居民住宅	土木工程
复合组件		内墙天花板石膏	√	√	
		内用漆	√	√	
		内墙石膏天花板	√	√	
		车道道路			√
		圆形桥墩			√
		构造柱（圆）	√	√	
		构造柱（方）	√	√	
		圆形桥墩			√
		铝合金框架（窗体）	√	√	
		T 形桥梁			√
		桥扩展基础			√
		混凝土机场路面			√
		外部人行道	√	√	
		砌体内墙	√	√	
		混凝土	√	√	√
基础投入	设备	反铲装载机	√	√	√
		平板夯土机		√	√
		离心泵			√
		滤砂器			√
	材料	波特兰水泥		√	√
		骨料	√	√	√
		砂	√	√	√
		钢筋	√	√	√
		结构钢	√	√	√
		胶合板	√	√	√
	劳动力	非技术工人	√	√	√
		技术工人	√	√	√

资料来源：ICP Book. 2013. Measuring the Size of the World Economy

注：√表示该组件属于该基本类

建筑基本类、体系、组件的层次划分结构如表 3.3～表 3.5 所示。

表 3.3　居民住宅建筑构成体系

系统	组件	系统	组件
场地工程	骨料底层	外墙	铝合金窗口框架
	土方工程		砂
	外部人行道		水泥
	混凝土		非技术工人
	骨料		技术工人
	水泥	内墙	砌体内墙
	砂		水泥
	反向铲		砂
	技术工人		胶合板
	非技术工人		技术工人
底层结构	骨料基层		非技术工人
	柱基础	墙内/墙外表面材料	外墙水泥灰泥
	混凝土		内墙天花板石膏
	骨料		内墙刷墙粉
	水泥		室外用油漆
	钢筋		室内用油漆
	砂		水泥
	反向铲		胶合板
	胶合板		非技术工人
上部结构	圆形构造柱		技术工人
	方形构造柱	机械管道工程	非技术工人
	混凝土		
	骨料		技术工人
	水泥		
	钢筋	电力工程	供电站点
	砂		
	钢架		非技术工人
	胶合板		
	非技术工人		技术工人
	技术工人		

资料来源：World Bank 2007

注：基础投入物件以斜体形式表示

表 3.4　非居民住宅的系统及其包含的构件

系统	组件	系统	组件
场地工程	骨料底层	外墙	铝合金窗口框架
	土方工程		砂
	外部人行道		水泥
	混凝土		非技术工人
	骨料		技术工人
	水泥	内墙	砌体内墙
	砂		水泥
	反向铲		砂
	技术工人		胶合板
	非技术工人		非技术工人
底层结构	骨料基层		技术工人
	柱基础	墙内/墙外表面材料	外墙水泥灰泥
	混凝土		内墙天花板石膏
	骨料		内墙刷墙粉
	水泥		室外用油漆
	钢筋		室内用油漆
	砂		水泥
	反向铲		砂
	胶合板		胶合板
上部结构	圆形构造柱		非技术工人
	方形构造柱		技术工人
	混凝土	机械管道工程	平板振动夯
	骨料		非技术工人
	水泥		技术工人
	钢筋	电力工程	供电站点
	砂		
	钢架		非技术工人
	胶合板		
	非技术工人		技术工人
	技术工人		

资料来源：World Bank 2007

注：基础投入物件以斜体形式表示

表 3.5　土木工程的系统及其包含的构件

系统	组件	系统	组件
场地工作	混凝土	上层结构	车行道
	骨料基层		T 形桥梁
	土木工程		混凝土机场跑道
	水泥		混凝土
	骨料		骨料
	反向铲		胶合板
	砂		水泥
	非技术工人		钢筋
	技术工人		砂
底层结构	圆形桥墩		钢架
	桥梁		非技术工人
	扩展基脚		技术工人
	骨料基层	地下设施	电缆管道
	混凝土		钻井
	骨料		混凝土
	水泥		反向铲
	钢筋		水泥
	砂		砂
	反向铲		砂滤器
	胶合板		非技术工人
	非技术工人		技术工人
	技术工人	机械设备	平板振动夯
电力设备	供电站点		离心泵
	非技术工人		水泥
	技术工人		非技术工人
			技术工人

资料来源：World Bank 2007

注：基础投入物件以斜体形式表示

除了确定组件之外，BOCC 方法还需要建立三个水平的权重。

（1）总体建筑水平的权重，即三大基本分类的权重（该权重从国民账户中得到）。

（2）系统水平的权重（系统的权重一般由区域委员会统一决定）。

（3）组件水平的权重（每个系统中各种组件的数量权重）。

BOCC 方法之所以采取组件定价法是因为组件的价格比整个项目的价格更容

易获取。在组件选取的过程中，要确保选择组件的代表性和可比性。虽然获取组建的价格比获取建筑项目的价格要容易，但是必要的专家费用投入也是不可避免的，如由专家调查给出价格数据。

BOCC 方法对利润率、经常费用的处理是假定其与总费用成正比，在该假定条件下，组件的价格就仅包括材料及产品、劳动力购买价格和设备租赁费用，该成本中不附加任何利润及经常费用（经常费用包括支付给专家和建筑师的费用）。

2. BOCC 方法述评

采取这种方法主要有两个挑战：确定合适的比较组件、确定不同组件的权重。在 2005～2006 年的建筑国际比较中，BOCC 方法遇到的问题还包括对每个国家户外在建项目的核查。

项目核查的目的是确定不同地区相同的比较组件，核查是在三大基本类中平行进行的。核查最终需要确定的是比较组件篮子，包括复合组件（如钢筋混凝土柱、钢筋混凝土柱的成本包括混凝土的供给及配置费用、钢筋的配置费用，以及使用的材料和劳动力的费用）和基本投入（如水泥）两大组成部分。此外，还包括劳动力价格组件。复合组件与基本投入混合组成的比较组件篮子存在很多问题：①基本投入与复合组件缺乏一致性；②第二水平和第三水平权重的获取存在困难；③BOCC 方法对数据质量的要求较高；④顾问机构需要采集复合组件的价格数据并对价格数据与国家进行核实，这个过程的实施成本是非常昂贵的；⑤BOCC 比较方法本质上是基本组件的比较，复合组件价格包括的内容除基本组件价格加权以外，其他额外费用不被合算在内；⑥即使有顾问机构的数据支持，也不可能获取每个国家的权重体系。

3.3　2011 年一轮 ICP 建筑国际比较的方法研究

2011 年一轮建筑 PPP 的计算方法为：首先，通过 CPD 法计算三个子类未赋权重的建筑子类 PPP；其次，用三大基本类各自的资源结构比例加权未赋权的子类 PPP，获得三大基本类的加权建筑 PPP（权重为建筑业投入产出表中各类组成部分的投入成本比例）；再次，调整三大基本类的建筑 PPP，主要包括对溢价、专业费用、终端用户税收等数据的调整；最后，将调整后的基本类 PPP 以建筑基本类支出比例为权重赋权加总，从而获取整个建筑业的 PPP。

一个好的理论框架能否得到理想数据结果的关键在于方法的实施。通过 2011 年一轮 ICP 建筑国际比较方法的理论框架不难发现，在项目实施过程中，最主要的问题是如何使获取的数据真实、准确、可靠。2011 年一轮 ICP 建筑国际比较方法的具体实施过程共包括四个阶段：第一，价格数据获取阶段，该阶段的主要内容为建筑层级划分、制定材料清单、价格数据及物品重要性数据的获取；第二，权重数据获取阶段，其主要内容包括子类在每个基本类中的权重、三大基本类在建筑中的权重；第三，PPP 数据调整阶段，数据调整主要包括各种调整因子的调整及生产率的调整；第四，数据验证阶段，数据验证主要分为国家内部的验证、区域范围的验证、全球范围的验证三个层次。

3.3.1　价格数据获取

价格数据的获取是建筑国际比较方法得以实施的关键，也是 2011 年一轮 ICP 建筑国际比较方法得以实现的根本。但是，对于获取谁的价格？怎么获取价格？不同的比较方法采用不同的定义。2011 年一轮 ICP 建筑国际比较方法采集的价格为建筑投入资源的价格，价格获取流程为如下。

首先，进行建筑层级划分。将建筑划分为组、大类、基本类三个层次，最末一级，共包括三个基本类，分别为居民住宅、非居民住宅和土木工程。分类的目的是制定材料清单，因为同一建筑资源在不同的建筑类别中其重要程度是不同的，这对于选取代表性材料具有极大的挑战性，如果不对建筑进行层级划分，很难选择在不同类别建筑中同时具有代表性的产品。因此，为了保障材料清单的代表性，在指定材料清单之前，应该先对建筑进行层级划分。

其次，制定材料清单。材料清单是通过分解建筑投入成本获取的，按照分解后成本投入大小排序，所占比例大的被选入材料清单进行建筑国际比较，2011 年一轮 ICP 建筑国际比较方法共选取了 50 种材料。

最后，价格数据及物品重要性数据的获取。建筑材料及产品、机械设备和劳动力三个子类的价格是从各国内部受访建筑专家处得到的，每个条目最终采取唯一的平均价格水平。除投入品价格数据之外，价格调查还需要获取代表不同基本类建筑项目的产出价格（单价）。价格获取阶段需要特别注意的是，受访者在提供价格数据的同时，还需提供每个材料或产品在该国内部各基本类中的重要性。在 2011 年一轮 ICP 建筑国际比较选取的 50 种建筑投入材料中，并不是每一种在每个基本类中都具有代表性，一种材料可能只在一个基本类中具有代表性，也可能在两个或者三个基本类中具有代表性。因此，除价格数据之外，调查者在提供价格时还需提供每种材料在该国内部各基本类中的重要程度。

1. 建筑层级划分

在 2011 年一轮 ICP 中，建筑国际比较方法将建筑划分为居民住宅、非居民住宅和土木工程三大基本类，每个基本类又被分为建筑材料及产品、机械设备和劳动力三个子类，具体的层级划分关系如表 3.6。

表 3.6 建筑国际比较的层级结构划分

水平	ICP 编码	标题
项目	150000	固定资本形成总额
类别	150200	建筑
组	150210	居民住宅
大类	150211	居民住宅
基本类	150211.1	居民住宅
组	150220	非居民住宅
大类	150221	非居民住宅
基本类	150221.1	非居民住宅
组	150230	土木工程
大类	150231	土木工程
基本类	150231.1	土木工程

资料来源：世界银行网站

表 3.6 给出了建筑在 ICP 中从固定资本形成总额到基本类的划分层级。通过表 3.6 可以看出，ICP 主要将建筑分为三个基本类，具体核算中，三个基本类又各自分为三个子类，每个基本类项下的子类并不是统一的，三个子类在核算 PPP 过程中平行进行，子类的划分示意图见图 3.3。

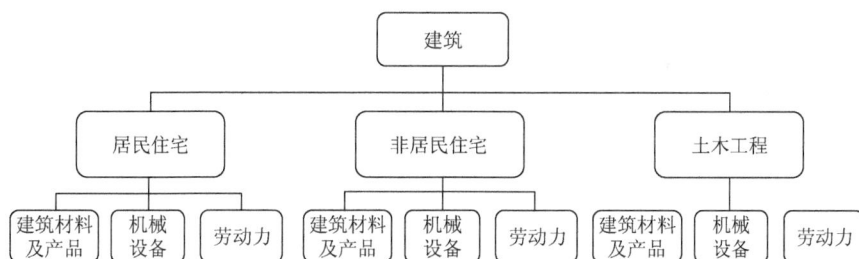

图 3.3 建筑国际比较中层级划分示意图

2. 制定材料清单

ICP 全球办公室从建筑资源的三个子类中最终确定 50 种具有代表性的建筑物品清单，50 种物品清单见表 3.7～表 3.9[①]。

----

① 表 3.7～表 3.9 来源于 Validation of the Construction and Civil Engineering Survey. Draft version. Global Office. Operational Guide。

表 3.7　建筑国际比较物品清单：建筑材料及产品（38 种）

建筑材料及产品	建筑材料及产品	建筑材料及产品
混凝土骨料	预制混凝土板	低碳钢钢筋
混凝土及砂浆专用砂	普通砖	结构钢型钢
木工用软木	贴面砖	金属板屋面
木工用细木	空心混凝土砖	金属储油罐
室外用胶合板	实心混凝土砖	生铁排水管
室内用胶合板	陶土制瓦片	铜管
刨花板	混凝土屋顶瓦片	电动抽水泵
汽油	磨光平板玻璃/玻璃片	电风扇
柴油	双层中空玻璃	空调
油漆	瓷砖	备用发电机
乳胶漆	石膏板	太阳能
普通硅酸盐水泥	白色洗手瓷盆	电
预制混凝土	高产钢筋	—

表 3.8　建筑国际比较物品清单：劳动力（7 种）

劳动力	劳动力	劳动力
一般（非技术）工人*	木工**	机器操作工**
瓦工**	结构钢工人**	—
管道工**	电工**	—

*表示非技术工人；**表示技术工人

表 3.9　建筑国际比较物品清单：机械设备（5 种）

机械设备	机械设备	机械设备
轮式装载机和挖掘机	滑动装载机	紧凑履带装载机
履带式拖拉机	双轮振动碾	—

根据之前建筑层级的划分标准，并不是每个建筑类别中都要将 50 种资源进行比较，表 3.10 将全球办公室最终确定的 50 种材料和产品按照其代表性分配到不同的子类中，完成建筑的国际比较，分配结果见表 3.10。

表 3.10　建筑比较材料在不同基本类的分配情况

材料或名称	用于居民住宅	用于非居民住宅	用于土木工程
混凝土骨料	√	√	√

续表

材料或名称	用于居民住宅	用于非居民住宅	用于土木工程
混凝土及砂浆专用砂	√	√	√
木工用软木	√	√	√
木工用细木	√	√	—
室外用胶合板	√	√	√
室内用胶合板	√	√	—
刨花板	√	√	—
汽油	√	√	√
柴油	√	√	√
油漆	√	√	—
乳胶漆	√	√	—
普通硅酸盐水泥	√	√	√
预制混凝土	√	√	√
预制混凝土板	√	√	—
普通砖	√	√	√
贴面砖	√	√	—
空心混凝土砖	√	√	√
实心混凝土砖	√	√	—
陶土制瓦片	√	—	√
混凝土屋顶瓦片	√	—	√
磨光平板玻璃/玻璃片	√	√	—
双层中空玻璃	√	√	—
瓷砖	√	√	—
石膏板	√	√	—
白色洗手瓷盆	√	√	—
高产钢筋	√	√	√
低碳钢钢筋	√	√	√
结构钢型钢	√	√	√
金属板屋面	√	√	—
金属储油罐	—	√	√
生铁排水管	√	√	√
铜管	√	√	—
电动抽水泵	—	√	√

续表

材料或名称	用于居民住宅	用于非居民住宅	用于土木工程
电风扇	—	√	—
空调	√	√	—
备用发电机	—	√	—
太阳能	√	√	√
电	√	√	√

注：√表示该材料属于该子类资源组合中的物品

3. 价格数据及物品重要性数据的获取

1）清单条目价格调查标准

清单条目价格调查指的是对材料清单中各材料的价格进行价格获取的过程。为保障价格数据的准确性与可比性，价格获取需按一定的标准进行。

清单中各条目的价格应该按照以下标准进行价格采集。

第一，建筑材料及产品的价格。建筑材料及产品价格采集的是承包商实际支付给制造商或中间商（代理或商人）折扣之后的价格，但是所有不可抵扣的税收应该包括在价格之内。另外，需要特别注意运输和配送费用的核算，大多数情况下，这部分费用是包含在建筑材料及产品的供应价格中的，不进行单独核算。这部分单独列出来说明的原因是：在核算中一定要确保运费是否单独计算的，如果是单独计算的，核算中要将运费包括到价格中进行核算。

第二，机械设备的价格。大到起重机、推土机，小到手动操作的物品一系列的设备都属于建筑设备的范畴。这些设备可以是承包商自有的，也可以是租赁的。如果设备是自有的，那么费用应该以该设备在寿命年限内折旧率来计算，折旧率是可以按周、按日计算的；如果设备是租赁的，应该采用租赁设备的承包商实际支付给租赁公司的租金或内部租赁费用。另外，设备的费用应该包括技术工人的设备操作成本、运输成本、场地建设成本和仓库存放成本。

第三，劳动力的价格。劳动力的价格为雇佣劳动力的承建商支付给劳动力的实际费用。在建筑业中，非正式的支付协议是很常见的。例如，一些劳动力费用确实是以工资形式发放的，该形式发放的工资属于课税对象，这就为劳动力的雇佣者增加了一笔税收支出，因此，为了避税，一些劳动力的薪酬是以现金进行支付的。这就要求在劳动力价格的采集中要考虑全面，不能发生遗漏，要将所有形式的劳动支出都统计在内。

所有的价格应该是参与国内部可获取的一般价格，而不应该是专门制定的特殊价格，一般价格并不一定能为制造商带来利润。

建筑材料及产品和机械设备的价格是从各国内部受访建筑专家处得到的，每个条目最终采取唯一的平均价格水平,受访者还被要求提供每个基本类的溢价(包括基本条目及初步条目的费用、承包商的经常性开支及利润、每个基本类中花费的专家费用)。

除了投入价格、溢价和专家费用的津贴,调查还需要获取代表三个基本类不同类型的建筑项目的产出价格(单价),项目单价作为检验主要数据的依据。受访者还需提供每个材料或产品在该国内部各基本类中的重要性。

2)重要性标识

全球办公室给出的50种物品是在所有建筑类型中选取的,因此,并不是每一种物品在所有的分类中都具有代表性。例如,金属板屋面虽然在居民建筑和非居民建筑中具有代表性,但是它在土木工程基本类中并不具有代表性。因此,在价格调查中,各个国家内部价格受访者除需要给出价格数据外,还需要提供该物品在分类中是否具有代表性,并通过"0""1"标注,以便明确不同国家不同建筑分类中的各物品重要与否。

标注规则为:如果某种材料的价格可获取,并且在三个基本类中都是常用的,该材料就应该被定价并归类到重要材料的类别中,在每个基本类调查问卷中的重要性那一列插入"1";如果某个材料是可获得的,但是仅在某些基本类中是常用的,该材料也应该被定价,并在常用的基本类的重要性列中标注"1",其他列标注"0";如果某种材料是可获取的,但是在所有的基本类中都不重要,那么也应提供该材料的价格,并在所有基本类的重要性列中标注"0";如果某种材料是不可获取的,并且在该国并不使用,那么不提供该材料的价格,并在所有基本类中标注"0"。

3)替代材料的定价标准

建筑调查最终选取的材料是在参与国内普遍使用的材料,因此,参与国最终提供的价格并不一定是清单材料的价格,因为清单中某些材料可能在该参与国内是没有或者不经常使用的,这种情况就需要选择替代材料。

当提交价格清单时,将替代材料的价格作为该清单物品的价格即可,但要注明该价格为替代材料的价格。例如,清单中有泥土这一条目,对建筑业中不使用泥土的国家而言,就可以用砖块代替,因为二者在建筑中的作用是一致的,所以在制定价格过程中,泥土的价格就可以用砖块的价格代替,并注明该价格为替代材料(砖块)的价格。但是,对于既不使用泥土也不使用砖块,而是使用混凝土的国家而言,混凝土的价格并不能作为泥土的替代材料。在这种情况下,泥土的价格可以不用采集。又例如,一些国家并不适用材料清单中的铜管,而是使用铁管和塑料管代替,在这种情况下,铁管可以作为铜管的替代材料进行定价,同理,定价中要注明该价格为替代材料的价格,但是塑料管就不可以作为钢管或者铁管的替代材料进行定价。

4）项目价格标准

价格调查除需要获取物品清单价格数据外，还需要获取建筑项目的价格。后者主要用于对以投入价格为基础计算得来的 PPP 检验，项目价格获取遵循的规则为：所有提供的价格应是年度平均价格，年中价格可以作为年度平均价格的替代。项目的价格也应该是一系列价格的中间值，也就是说，对于一个给定的项目，其报告的价格应该是年度均值价格。

在实际操作中，可以要求这些国家每个地区提供几组价格数据，然后确定每个地区的中间价格或者平均价格，再综合各个地区，确定全国的中间价格或平均价格。

此外，提供的价格必须是承建商收取或者购买者支付的价格。这里购买者可以是房产开发商，提供价格不应包括外部工程的费用。外部工程经常包括在建筑合约中，但是却不属于建筑外墙的部分。通常，这些外部建筑包括边界墙、人行道、景观美化工程、停车场及公共场所的修建，这些建筑不包括在建筑费用中是因为这些建筑的变数太多，而且价格对场所的依赖性强。因此，在获取项目价格时，应将这些外部工程的费用排除在外。

3.3.2　权重获取

要获取建筑 PPP，除价格数据之外，还需要材料清单中各材料的权重数据，材料权重主要包括两个层次：子类在每个基本类中的权重和三大基本类在建筑中的权重。

1. 子类在每个基本类中的权重

第一层次的权重为子类（建筑材料及产品、机械设备和劳动力）在每个基本类（居民建筑、非居民建筑、土木工程）中的权重，即各基本类中每个子类在该基本类投入中的占比。第一层次的权重数据有两个获取途径：按照价格问卷受访者反馈的权重数据确立权重；全球办公室或区域协调员按照国家分组给定的权重（该权重在数据验证阶段根据各国提供的原始数据获取）。

第一种数据的获取方法较简单，可以直接获取。相比之下，第二种获取方法就较为复杂，第二种获取权重的方法为：首先，由全球办公室或区域协调员按照国家收入水平的高低将国家分为高、中、低三个不同水平的国家组，相同组别的国家采用相同的权重数据，国家分组见本章附录 A；其次，根据不同组别国家的收入状况，由全球办公室确立各国家组的权重数据（各子类在没个基本类中所占权重数据），2011 年一轮建筑组别 ICP 中，全球办公室确立的不同国家组中各子类的权重数据见表 3.11。

表 3.11　不同国家组中三大基本类的权重

基本类	相对建筑劳务成本	国民收入水平		
		高	中	低
居民住宅	高	劳动力 30% 机械设备 7.5% 建筑材料及产品 62.5%	—	—
	中	劳动力 25% 机械设备 5% 建筑材料及产品 70%	劳动力 25% 机械设备 5% 建筑材料及产品 70%	—
	低	劳动力 20% 机械设备 2.5% 建筑材料及产品 77.5%	劳动力 20% 机械设备 5% 建筑材料及产品 75%	劳动力 20% 机械设备 7.5% 建筑材料及产品 72.5%
非居民住宅	高	劳动力 30% 机械设备 10% 建筑材料及产品 60%	—	—
	中	劳动力 25% 机械设备 7.5% 建筑材料及产品 67.5%	劳动力 25% 机械设备 7.5% 建筑材料及产品 67.5%	—
	低	劳动力 22.5% 机械设备 5% 建筑材料及产品 72.5%	劳动力 20% 机械设备 7.5% 建筑材料及产品 72.5%	劳动力 17.5% 机械设备 10% 建筑材料及产品 72.5%
土木工程	高	劳动力 20% 机械设备 30% 建筑材料及产品 50%	—	—
	中	劳动力 22.5% 机械设备 27.5% 建筑材料及产品 50%	劳动力 22.5% 机械设备 27.5% 建筑材料及产品 50%	—
	低	劳动力 25% 机械设备 25% 建筑材料及产品 50%	劳动力 20% 机械设备 30% 建筑材料及产品 50%	劳动力 15% 机械设备 35% 建筑材料及产品 50%

注：该权重数据有两种用途：①对国内专家提供的权重数据的验证；②对没有提供数据的国家的估测

资料来源：World Bank. 2010. ICP2011 Operational Guide Validation of the Construction and Civil Engineering Survey，Draft version，Global Office

如果专家提交的权重数据与该数据不吻合，则应该采取专家提供的权重数据

（不吻合的数据应被视为是该国的特殊情况，而不应被当作错误数据处理）。

2. 三大基本类在建筑中的权重

基本类权重数据一般由参与国的国家统计局向 ICP 全球办公室提供。两个层次权重的数据不论是来源于哪个机构部门，其数据来源的基本原理都是通过分解上一层次建筑分类支出数据获得的。

3.3.3 建筑 PPP 的调整

价格调查后加权获得的 PPP 并不是最终进行比较的 PPP，还需要经过一定的调整。调整因子包括利润、经常费用、咨询费用、税收、生产率等。利润、经常费用、咨询费用等相应数据由受访者同价格数据一起提供。

1. 建筑 PPP 调整因子

1）场地劳动力和监督人员

场地工人和监督人员包括多种不同类别的劳动力，不同的地区之间劳动力的描述方法是不同的，不同的项目之间有时也是有差异的。这部分劳动力包括两部分。①直接劳动力。直接劳动力是指直接被主承包商雇佣来的作业人员（operatives），包括技术工人（tradespeople）和常规劳动力（半技术工人或非技术工人）。②监督人员。除直接劳动力外，建筑劳动投入还包括监督人员，这部分人员通常由主承包商雇佣。监督人员的费用（如工地领班和工地管理者）因项目而异。监督人员（如工地的建筑工头、工地经理的费用）属于特定项目的专项人员，因此，这部分人员的薪酬也应该属于专项工程成本，应核算到专项工程成本中。在实际核算中，多数高级员工的酬劳已经嵌入到了公司日常管理费用中，这一点在核算工程总造价中的管理费用时尤其需要注意。另外，在一些国家中，很大一部分工地劳动力的酬劳费用包括在分包商（指直接与承包商签订合同，分担一部分承包商与业主签订合同中的任务的公司）的费用中，将这部分费用从总费用中分离出来汇总到总劳动力成本中是很困难的。

2）管理费用

管理费用在核算当中可能与会之前的条目有所重叠，因此，将管理费用从总费用中分解为一个单独账户进行核算是很困难的。

3）场地维护费用

场地维护费用包括围墙、围板、场地住宿的建立和转移（包括棚屋、厕所等）许可证、布告板等的费用。在一些国家中，该部分费用的总和作为专项日常开支的一部分，通常称为预备费用（preliminaries）。在使用条目进行费用记录的国家中，预备费用可通过不同方式被分解到不同的条目中；在其他国家，预备费用项下的这部分费用是被分离出来单独计算的。

4）场地运营费用

场地运营费用指的与维持工地日复一日正常运营相关的费用，即与维持场地正常运营相关的费用都要核算到场地运营费中，即使这部分费用确实是实物产品的费用，也不能直接核算到实物产品的费用当中。例如，每天都在使用的栅栏和脚手架，它们的费用就属于场地操作费用，不论其费用是按租赁费用计算还是按折旧费用（当建材属于承包商自身拥有的时候即按折旧费核算）计算。与场地维护费用相同，在核算过程中，栅栏和脚手架费用或包括在预备费用中，或在其他项下单独核算。

5）能源与公共设施费用

水电供应是保障建筑物正常运行的必需品。建立供应的相关费用（如线路的连接费用）是以投入成本的形式进行核算的，也可以核算到场地建设成本中，并且使用费也是核算到投入成本中的。当然，同建立供应的相关费用一样，也可以将使用费核算到场地建设费用中。电话和数据连接费用也可以包括在同一目录下，但记录时使用费和手续费应该区别对待。

6）临时工程

建筑工程通常需要通过进行一些临时性质的工程来保障永久项目的实施。临时工程实施的情况是因项目而异的，临时项目的费用应该如何计入建筑合约中也是因项目而异的。最明显的例子是，浇灌水泥用的临时框架和土方挖掘用的沟。通常，临时工程是嵌套在分包商的费用中的。例如，深度挖掘可能需要临时车辆坡道的建设及项目竣工后的车辆坡道的清除，这部分临时工程的相关费用一般包括在子项目——地基项目中，因此，这部分费用不会被单独核算。然而，在土木工程中，临时工程会显著增加土木工程的总费用，如一个通往建筑道路的建设或者是一个围堰大坝的建设。

7）公司经常费用

公司经常费用指的是维持建筑公司正常运营的费用，而不是用于特定项目和工地的费用。公司办公建筑的自有或租赁费用、员工的工资和薪酬，这些都属于公司经常费用。经常费用一般会被项目成本的溢价环节所覆盖，覆盖这部分费用通常的做法是建筑公司按比例将公司经常费用分散在特定时期内进行的各个项目中。

8）利润

溢价加到总成本中，它代表的是公司期望通过项目的完成来实现的利润。公司运营费（head office costs）加上利润通常被当作是经常费用，这里经常费用同专项经费（site-specific overheads）不同。

9）合约价格

合约价格是整个项目完成时支付给承包商的费用，合约价格为所有事前资金投入与追加资金的和，合约价格包括承包商的利润在内。需要注意的是，税收不管由哪一方支付，都是作为单独的一个条目来统计的。另外，尽管咨询费用通常都是合约价格的一部分，但是咨询费用也是单独统计的。

10）税收

建筑价格比较中税收方面的数据一般不是直接采集的，增值税（value-added tax，VAT）和商品服务税（goods and services tax，GST）是比较容易统计的税种，但是在建筑价格采集中还包括其他税种，如果这些税种的税收数据不能获取，可能会导致建筑产出费用难以核算，如工资税的收取。在核算中，劳动力的税收相当于劳动力价格附加费，澳大利亚的工资税只对年劳动力支出在一定规模以上的建筑公司征收，因此，一般只有大承包商支付此税，较小的分包商则不需支付此税，从而获取平均劳动价格的任务变得更加困难。

11）专家费用

专家费用一般是指支付给专家的咨询费用，如建筑师、工程设计师、付费咨询等。这些费用以什么方式支付与每个项目选定的特有采购方法有关。如果咨询专家直接与客户签订合约，这些费用就很容易确定，在这种情况下，设计和建筑等的设计费用一般是镶嵌在总合约中的。其他费用如那些项目完成后支付的一般归类为单独的服务费用，这些费用也必须包括在内。

2. 生产率的调整

建筑 PPP 调整因子除各种费用、税收、利润之外，还应包括生产率的调整。生产率差异的调整是由全球办公室根据区域和全球两个水平分别调整的。

引起生产率水平差异的主要因素是材料、劳动力和资本的投入产出比。如果投入产出比较低，则生产率水平较低；如果投入产出比较高，则生产率水平较高。生产率可由每个国家的资本投入量来衡量，相应的生产率调整因子可以由全要素生产率（total factor productivity，FTP）水平代替。

3.3.4　数据验证

为了保证 ICP 中各基本分类的数据质量，全球办公室制定了专门的数据质量评估框架进行数据验证，该数据质量评估框架是在国际通用的评估框架基础上制定的。数据验证共分为国家、区域和全球范围三个水平分别进行，主要是为了消除数据统计误差，保证数据的国内衔接性和国际可比性。建筑作为 ICP 的组成部分，操作流程应与 ICP 保持一致，但是，由于建筑获取 PPP 方法的特殊性，其获取 PPP 的很多步骤是建筑分类特有的，数据验证阶段必须要针对这些特有的步骤进行专门的验证。下面主要介绍建筑特有的数据验证方法。

1. 国家内部的验证

1）价格验证

对于国家内部提供的价格数据，各国协调人员（national coordinators，NCs）应向国内建筑专家验证这些价格数据：①是否为承建商支付给供应商的价格；②是否反映中等规模建筑承建商的 PPP[1]；③是否包含所有不可回收税收；④是否排出了所有可回收税收，如增值税；⑤是否代表全国平均价格水平[2]；⑥是否为参与国内标准建筑项目的价格[3]；⑦是否代表全年平均值[4]。

另外，建筑价格应该是参与国内可获取的、通用的建筑资源的价格，而不应该是"特殊"资源的价格。特殊资源指的是仅在全球办公室清单中存在，在该参与国内部不可获取或者仅在溢价情况下可获取的资源的价格。

2）替代资源验证

建筑调查表中的建筑资源是已被选定的参与国内部可获取的、通用的建筑资源。然而，全球办公室给定的建筑清单中的资源并不是在每个国家内部都是可获取并且通用的，在这种情况下，就需要在该参与国内选定某种建筑资源作为该资源的替代材料。

定价替代产品 NCs 需要向建筑专家核实以下两方面：①替代材料确实等同于原材料；②替代关系是否在调查问卷中明确标注，并且替代资源的信息描述是否详尽。

3）测量单位验证

每个建筑材料及产品、机械设备和劳动力条目都对应唯一的首选单位，但是在价格调查时，受访者提供的价格单位并不一定是首选单位[5]，因此，NCs 需

---

① 主要是由于建筑价格水平（特别是劳动力价格和设备租赁费用）因建筑项目规模的不同会产生变化，大规模建筑项目因雇佣劳动力和租赁设备的时间较长，价格会相对较低，反之亦然，因此，提供的价格应为中等规模建筑的价格水平。

② 一个国家内部不同地区之间，因地理环境、气候条件、市场状况的不同，价格都会产生一定差异，建筑专家提供的价格应该确保价格数据为国内平均价格水平，而不是某一地区的价格水平。

③ 相同的建筑在不同的环境中会产生不同的建筑价格，专家在提供建筑项目价格时应该选取合理环境中的建筑价格。

④ 同一国家内相同建筑资源的价格会随时间的改变发生变化，价格数据提供专家应该确保提供的数据为调查年度内的年平均价格。

⑤ 价格受访者提供价格一般按照国内通用单位提供，该通用单位不一定是全球办公室提供的首选单位，如首选单位为公制单位，但是价格提供者可能会按英制单位提供价格数据。

要验证以下两点：①替代单位是否表明，并注明单位之间换算关系；②替代单位也可以转换为首选单位。如果首选单位为立方米，价格提供时可以按照立方英尺提供。

4）重要性验证

根据调查阶段的重要性标注标准，验证阶段要检验每一资源是否被准确标记，还要确保每种资源的重要性都被明确标记，不存在遗漏。

5）其他验证

不同的建筑基本类应该提交不同的资源组合，溢价和专家费用权重百分比表，这些表格的验证主要包括两个方面：①表格内每个单元格内的信息都是完整的，不存在遗漏；②各组成部分的百分比加总为 100%。

2. 区域范围的验证

区域验证由区域协调人员（regional coordinators，RCs）和 NCs 执行，验证各国提交数据的完整性及准确性、验证产品价格数据及元数据。

1）原始数据的验证（initial data validation）

为验证提交数据，RCs 应该进行如下工作：①调查问卷的完整性；②价格单位的可比性；③替代材料的可比性（initial comparability of equivalent materials）。

如果上述验证条款需要进一步核实，NCs 应该在数据提交之后，下一轮验证之前进行。

2）用验证表格（validation tables）进行价格数据的验证

数据完成初始验证之后，下一步骤是采用验证表格（quaranta or diknanov tables）进行数据验证。

实际价格验证过程中，将建筑材料及产品、机械设备和劳动力作为基本类处理，忽略掉之前的分类层级结构，三个基本类中的所有建筑材料及产品条目都归为材料类，而不再按基本类分组，具体情况如下。①建筑材料及产品基本类：38 种建筑材料及产品投入。②机械设备基本类：5 种类型的机械设备投入。③劳动力基本类：7 组建筑劳动力。这意味着在价格采集过程中所有的 38 种建筑材料及产品投入全部包括在建筑材料及产品子类项下，而忽略了建筑材料及产品的基本类属性。

表 3.12 中，每个子类都包含所有参与比较的建筑材料及产品，而不再将不同的建筑材料及产品划分到不同的基本类中，这里之所以忽略掉基本类属性的区别是因为：首先，每个提交的平均价格都需要验证，因为三个基本类中很多建筑资源是重叠的，这些重叠的资源的价格是相同的，如果区别基本类属性，就会增加工作量；其次，忽略基本类属性的价格与全球范围内建筑材料及产品相对价格比较要求相一致，建筑材料及产品价格比较的是全部价格，而不是建筑材料及产品对于特定建筑类型的价格，因此，该核算方法一举两得。

表 3.12 子类及附属条目数量

水平	标题	条目数量
基本类	居民住宅	50
子类	建筑材料及产品	38
子类	机械设备	5
子类	劳动力	7
基本类	居民住宅	50
子类	建筑材料及产品	38
子类	机械设备	5
子类	劳动力	7
基本类	居民住宅	50
子类	建筑材料及产品	38
子类	机械设备	5
子类	劳动力	7

资料来源：World Bank. 2010. Validation of the Construction and Civil Engineering Survey

价格验证结束后，数据就可以按照 ICP 操作指南的住户消费调查步骤进行分析了。

3）重要性

以下数据信息的重要性验证是至关重要的：①国家内部分类的可信度（plausibility of the classification within a country）；②按重要性原理分类建筑材料及产品得到的重要性条目在全球范围内是可比的；③足够数量的条目被分类为重要条目。

数据验证阶段，RCs 还应复审 NCs 制定的分类方法中存在的疑难问题，因为分类方法的不同会导致最终 PPP 结果的偏差。

4）资源组合

国家的相对富裕程度及国内建筑工人的相对劳动薪资水平是影响资源组合（特别是建筑业）支出的主要因素，因此，为了节约成本、提高方法的可行性，全球办公室按照以上两个维度将参与国分为了高、中、低三个组别。其中，国家的相对富裕程度用国民总收入水平代替（按国民水平高低的分组结果见附录 A）；国内建筑工人的相对劳动薪资水平用相对劳动建筑费用代替；全球办公室根据不同国家组别实际情况制定了一组资源组合的权重数据，见表 3.9。

国家分组标准为：①国民总收入（gross national income，GNI）为高、中、低；②相对建筑劳动力费用为高、中、低。

表 3.11 中的数据可以用于以下两种用途：一是作为对参与国专家提供数据准确性的检验；二是为没有提供相关数据的参与国提供参考。

当参与国提供的数据与默认值存在较大差别时，该状况不应该被认为是操作错误或者方法出现了问题，而应该被认为是出有某种可信的原因。然而，需要注意的是，全球办公室提供的评估权重数据是基于原始数据的，该数据是在全球初始数据全部采集完成之后生成的。

5）建筑 PPP

建筑投入数据验证完毕之后，所获取的数据就可进行建筑 PPP 的计算和验证了。

（1）获取初步建筑 PPP 数据。首先，计算建筑各投入资源的年平均价格水平；其次，获取权重数据，并利用该权重数据加权建筑资源价格数据；最后，获得建筑 PPP。

（2）建筑 PPP 的调整。建筑 PPP 获取之后还要进行必要的调整，主要是对生产率水平，以及各种咨询费用、利润、税收等的调整，一般是通过各种调整因子进行的。

（3）建筑 PPP 的验证。建筑 PPP 计算完毕之后，还需进行建筑 PPP 的验证[①]。建筑 PPP 的验证是通过将本阶段计算获取的建筑 PPP 与项目建筑 PPP[②]进行比较。

6）近似项目价格

近似项目价格是为了进一步验证基于投入价格计算的建筑 PPP 而设定的。项目价格之所以能够作为建筑项目价格的近似价格，主要是因为该价格反映的是参与国内现实生活中的建筑项目的价格，包括所有的相关成本。项目价格需要以下价格：4 个居民住宅项目价格；4 个非居民住宅项目价格；3 个土木工程项目价格。

价格采集之后要根据这些建筑项目价格计算建筑类别 PPP，具体方法为：按照惯例将建筑分为三个基本类，每个基本类的比较物品条目为选定的建筑项目，建筑项目价格采集完成之后，以项目价格为价格数据，按国民账户支出权重加总各基本类项目价格，获取建筑类别 PPP（该 PPP 作为已投入价格为基础的 PPP 的验证），本章附录 B 为验证阶段采用的定价项目清单。

基于近似项目价格计算的 PPP 可以与基于投入价格计算获得的 PPP 进行比较，通过二者之间的差异来进一步改善现存的 PPP 计算方法。

3. 全球范围的验证

该阶段由全球办公室、RCs 和 NCs 共同执行，主要工作为：区域间价格数据的一致性；全球价格数据的可比性；获取可信的 PPP。另外，全球办公室还应该调整区域及全球范围的生产率差异。

---

① PPP 的验证步骤见 ICP 操作指南（ICP Operational Guide）。

② 项目建筑 PPP 指的是通过标准项目的价格数据直接获取的建筑 PPP，这是按产出价格计算的建筑 PPP。

3.4　建筑国际比较的重、难点分析

3.4.1　规格品应兼顾代表性与可比性

1. SPD 表对规格品代表性与可比性的保障

代表性是指某种商品在其所属分类支出中所占比例的大小，比例越大，代表性越高；反之，则越低。可比性指的是规格品在不同比较国家之间的相似程度。在不同国家收集价格数据的商品，其规格性能相同或基本相似的程度。规格品相似的程度越高，说明规格品在比较国家之间的可比性越好；反之，则越低。但是，同一规格品的代表性与可比性往往是不一致的，高可比性的规格品代表性不一定高，高代表性的物品可比性不一定高。

保证建筑规格品的代表性与可比性是建筑国际比较成败的关键。建筑国际比较清单中的规格品一定要兼顾代表性和可比性。但是在现实生活中，由于各国经济发展水平、建筑风格、居民生活习惯等存在较大差异，造成建筑规格品的代表性和可比性之间存在矛盾关系：代表性高的规格品可比性不一定高，可比性高的规格品代表性又不一定高。实际上，不仅建筑类别，所有参与 ICP 的规格品都存在代表性与可比性矛盾的问题，2011 年一轮 ICP 为了克服代表性与可比性矛盾的问题，采用了 SPD 表方法，该 SPD 表与 2005 年一轮国际比较中采用的 SPD 表不同，是在其基础上发展改进的 SPD 表。

1）SPD 表的内涵

在 ICP 中，为了达到最终目的，ICP 将 GDP 按支出法进行了类别分解。在 GDP 划分层级中，第一级别为基本类，在划分基本类后，又在每个基本类中选出代表基本类的建筑材料及产品和劳动力，并收集相关的价格与支出数据。经过逐级分解之后的建筑业是一系列建筑材料及产品和劳动力的集合，对这些建筑材料及产品和劳动力进行价格采集，然后利用一定的方法对这些数据进行计算，才能获取最终用于国际比较的建筑 PPP 数据。基本类是 GDP 支出分类层级中的最小单位，由若干产品家族组成，其中每个产品家族相应的对应一张 SPD 表。

2011 年一轮 ICP 将 GDP 分为七个主要项目，这七个主要项目又进一步划分为 26 个类别、61 个组、126 个大类、155 个基本类。

基本类是 ICP 确定建筑比较规格品的起点，由性质、用途或作用相似、范围相对较窄的建筑产品组成。包含在建筑基本类内的建筑产品进一步分成更小的"家族"，各产品家族的相似性比基本类产品的相似性更大，不过仍然有一些性质的变化。例如，把"面包"作为基本类，则"白面包""白面包之外的面包"就是"面包"基本类中的产品家族。一张 SPD 表对应一个产品家族，SPD 表就用于描述该产品家族中产品的共同特性，每一特性对应表中的一个方框，便于后续产品的核查。

因此，GDP 中的每一基本类对应几张不同的 SPD 表。在 2011 年一轮 ICP 中，共包括 155 个基本类，830 张 SPD 表。

SPD 表由九部分产品信息构成（表 3.13），其对规格品的描述既坚持宽松原则，又坚持严密原则，主要是为了克服前几轮国际比较规格表过于严密的缺陷，给各国在规格品的选取中留有一定的弹性。

表 3.13 SPD 表构成及其内容

组成部分	名称	内容	分类
1	ICP 标题	基本类及代码	辅助内容
2	ICP 产品家族	产品家族及其代码	辅助内容
3	计量单位及包装	包装的类型、大小、计量单位等	主要内容
4	来源	如果产品为进口产品，需注明来源国	主要内容
5	分季节的可获得性	规格品可获得的具体时间	主要内容
6	产品特性	主要为产品规格	主要内容
7	品牌	主要指品牌名称	主要内容
8	其他产品特性	—	辅助内容
9	注释	其他需说明的事宜	辅助内容

资料来源：张迎春. 2009. 探究中国与国际比较项目的差距. 北京：人民出版社

2）产品代表性与可比性的保证

ICP 的最终目的是获取 PPP，以保证能够进行国际间经济规模比较。为了能真实地反映各国的经济发展水平，PPP 所体现的价格水平必须具有说服力。说服力主要指 PPP 须反映代表性产品的价格水平，并且该 PPP 应该保障其在国际间的可比性。

产品的代表性和可比性均由 SPD 表得到的产品规格表保证。

（1）代表性的保证。建筑产品的代表性主要是通过确定 SPD 表来保证的。无论 SPD 表通过哪种途径的确定，各参与国统计局都需要对规格描述表进行检验修改。检验修改遵循的唯一标准是确保本国具有足够多的建筑代表性产品进入建筑 ICP 清单，需要特别注意的是，建筑投入产品的代表性能否得到保证还受各参与国内部统计能力的影响。

（2）可比性的保证。建筑投入产品可比性的保障主要是通过 SPD 表对各条目的"目标特性"进行详细描述来保障的，产品规格表中各条目的"目标特性"是由区域协调员和各参与国统计局反复研究确定。另外，各国的 ICP 价格采集者需严格按照 SPD 表对建筑投入品"目标特性"的描述在各国识别出符合要求的产品，并对其进行价格数据采集。各参与国使用统一的 SPD 表，因此，能够保证价格采集者找到的规格品是一致的，可比性也就得到保证。

2. 规格品的代表性与可比性保障仍存在漏洞

保证规格品的代表性与可比性（特别是需要二者兼顾）是制定清单过程中最复杂、最困难的问题之一。一方面，由于各地地域、气候、消费习惯的差异，不同参与国之间很多经济功能相同的商品，其物理特性往往存在差异，这就会影响清单物品的可比性；另一方面，代表性商品的选取是由参与国内部的建筑专家提供，因此其选取在很大程度上取决于专家的经验，具有很大的主观性。

1）可比性问题

张迎春（2009）认为，可比性是指规格品在国家之间的可比性，是指不同国家之间采集价格数据的规格品性能相同或相似的程度。可比性的相同或相似程度越高，则可比性越强。

判断建筑清单规格品是否具有可比性主要有两种标准，只要规格品满足其中任何一条即被认为该规格品是可比的。

（1）第一种标准认为，如果具有相同的物理特性和经济特性，那么规格品即为可比的。物理特性是指商品的同质性，物理特性是否相同主要取决于规格品同质性程度的大小，如果某种规格品具有可比性，那么该规格品与 SPD 表描述商品的特征即使不完全相同，也应该是最相近的替代品。但是，由于地域、气候、消费习惯等差异，造成很多经济功能相同的规格品往往因其物理特性存在差异而成为不可比的产品。因此，通常情况下，完全符合物理特性同质性的商品很少。

（2）第二种标准认为，只要消费者认为没有差异，那么规格品即为可比的。该标准从非专业角度对规格品的可比性进行衡量，认为只要消费者认为相同那么规格品就不存在差异。

其实，在判断规格品的可比性时，不管使用哪一标准，其本质是一致的，即消费者愿意为规格品支付相同的价格。商品结构描述的目的是给比较项目中需要定价的物品一个清晰的描述。但是，描述物品规范的严格程度与其一般价格水平的适用范围之间存在一种矛盾的关系——物品规范程度越严格，该项目评估的价格水平就越有可能成为某个特定国家或地区的价格水平，而不是一般价格水平。如果 SPD 表中指定的商品价格是不可获得的，那么应该采用与它最接近的等价物的价格。

2）代表性问题

代表性是在针对国家内部的，规格品是否具有代表性指的是该规格品在所属基本类中支出额占比的大小，支出比例越大，说明该规格品的代表性越高。

基本类是指由一系列性质相近的商品构成的产品类，基本类的代表性产品确定方法为：将基本类中商品按其在该基本类中支出比由大到小排列，位置越靠前，说明该规格品的代表性越强，代表性越强，越应该进入国际比较项目清单。但在实际操作中，商品在基本类中的比例是无法获取的，比较项目中的代表性商品是由国家相关部门的专家选定的，因此，代表性商品的选取在很大程度上取决于专家的经验，具有很大的主观性。

　　3）可比性与代表性兼顾的问题

　　兼顾定价条目的可比性与代表性，是建筑 ICP 中数据质量方面的首要难题，也是 ICP 一个难以解决的"顽症"。

　　要进行数据收集的规格品，需兼具代表性与可比性：只有代表性规格品足够多，价格水平才能更接近单个参与国的实际经济情况；只有可比性规格品足够多，才能使参与国的价格水平具有比较的可能。若 ICP 所选取的规格品不符合代表性和可比性的要求，那么采集规格品的价格数据就不能反映参加国的实际经济情况，就会产生歪曲国际比较结果、高估经济总量的后果。

　　保证产品的可比性和代表性通常会存在此消彼长的情况，即具有代表性的规格品不一定具有可比性，具有可比性的规格品又不一定具有代表性。在物品清单的选择过程中，当不能兼顾规格品代表性和可比性时，对代表性和可比性选取不同的侧重程度可能会产生不同的比较结果：强调可比性程度大于代表性，可能会导致采集的价格水平高于实际价格水平；强调代表性程度大于可比性，采集规格品的价格水平往往低于实际价格水平。不管那种结果都会造成 PPP 偏离实际价格水平。

　　由于区域内各参与国和地区的经济结构、收入及消费水平、消费习惯千差万别，在之前的建筑国际比较方法中，曾采取分区域比较的方法来平衡规格品的代表性与可比性。分区域比较虽然能在一定程度上增强参与国国际间的同质性，但由于比较区域内参与国之间差异仍然很大，要找到既具有可比性，又具有代表性的建筑规格品仍然存在很大困难。

　　就地理范围来看，参与 ICP 亚太地区和非洲地区的国家或地区很全面，这对于国际比较整体是有好处的，但是区域内各国和地区的经济结构、收入和消费水平、消费习惯具有多样性和复杂性，并且区域内也没有再做进一步分组，因此，规格品的选择就很难协调其代表性和可比性，从而无法保证材料和产品的同质可比，进而影响了比较数据的质量。

　　为保证物品的可比性，ICP 还尝试采用 CPD 方法对物品规格进行规定。虽然 CPD 方法达到了高可比性的目的，但是，高度的可比性是以降低代表性为代价的。

3.4.2　产品同质性问题

　　不同经济发展水平的国家之间其商品和服务的质量往往是不同的，一般发展水平较高的国家，其商品和服务质量也高；发展水平较低的国家，其商品和服务质量也低。现行建筑国际比较方法并未考虑相关商品或服务的质量差异问题，因此会使国际比较结果产生系统性偏差。特别是发展中国家，较低的经济发展水平导致商品和服务项目质量普遍较低，进而造成价格数据系统性偏低，最终可能会出现高估货币实际购买能力和实际经济规模的可能。因此，为了尽可能地获取真实 PPP 水平，在价格调查中所需定价的建筑规格品要尽可能保证其同质性。

1. 确保规格品同质性

同质性商品指的是不同区域之间具有相同名称的规格品，同质性主要是指商品的质量及其他方面没有差异。例如，"一个土豆就是一个土豆"，不管土豆处于哪个地域，都认为它是同质性商品，但是随着生物技术的发展，土豆的种类变得越来越丰富，不同品种之间的差异也越来越大，将不同品种的土豆认为是同质商品已经不符合同质商品的本质。因此，进行地区间比较时，为保障建筑规格品的同质性，往往需要进行更加详细的建筑投入资源分类，才可能得到接近同质性的规格品，如可将建筑材料分为高、中、低三个档次。

2. 真实价格差异

同质产品之间存在价格差异是普遍存在的现象。事实上，完全竞争市场的前提条件在现实经济体中并存在，理性经济人假设、信息完全对称等的情况只存在于理论层面。卡尼曼通过"前景理论"验证了人的理性是有限的。并且，在现实经济中，大部分商品与服务都存在一定的专业知识与技术壁垒，这使得消费者很难完全了解自己使用的产品，更难以对价格的合理性做出准确的判断。相比之下，商家掌握了大量信息，能够更理性地做出决策，这就使得商家难免在追求利润最大化的动力下差别定价。所以，同一产品不同地区之间的价格差异往往属于真实的价格差异，而不是因为产品不同质。但需要注意的是，不同地区产品也可能因销售点类型不同而存在质量差异。

3. 质量调整方法

在理论上，质量不同的产品，价格数据是不能相加的，也不能求平均值。这种情况下，质量不同的产品应该被视为不同产品。因此，不同质商品和服务不得已必须收集价格数据时，就需要对质量进行调整。

质量调整的常用方法主要有三种。一是改进的纯样本匹配法，这种方法在计算质量差别很大的产品时，误差会很大，但是操作简单。二是样本更新法，池碧云（2006）认为，当原来的部分样本不再具有代表性时，一般采用定期更新的做法更新样本价格变化，样本更新速度需要通过详细且及时的数据来保持。三是模拟价格法，如果对价格数据有效性的影响程度无法估计时，可以用该商品所属分类中相近商品类的整体价格作为该商品的模拟价格。

除上述三种方法之外，Hedonic 方法是最具发展前景的质量调整方法，但是，目前该方法尚未被广泛采用，除了在美国和一些欧洲国家中被采用之外，大多数实践还局限在学术研究报告领域。Hedonic 方法在质量调整精确性和客观性方面远远超过样本匹配法，近几年 Hedonic 方法已经被越来越多的统计机构接纳。

对商品进行质量调整是保证其代表性与可比性的必要过程，选取恰当的模型进行质量调整尤为重要，这关系到建筑 PPP 数据的准确性，因此，质量调整方法是 ICP 中一个至关重要的组成部分。

3.4.3 数据的有效性

建筑项目的不可比性使得 ICP 的数据质量难以把握。建筑比较是 ICP 中的顽疾。受国家制度等因素影响，当建筑比较产品的价格在国家之间无法按统一标准衡量和比较时，资料收集的难度就很大，数据质量也没有保证。作为权宜之计，在实际状况中，各区域采用各自不同的方法予以应对。本部分从五个方面分析了建筑价格数据方面存在的问题。

1. 建筑 PPP 数据不协调结构不合理

建筑材料及产品的价格采集是十分复杂的过程，各区域采用的采价方法是否科学，结果是否可靠，也有待论证。ICP 的方法问题和实际操作方面的问题在比较结果上整体表现为数据不协调、结构不合理。据比较结果显示，发达国家在数据可靠性方面与实际经济水平基本一致，但发展中国家则明显不同。具体表现为：世界银行公布的 ICP 数据明显高估了发展中国家建筑业的货币 PPP。

2. 供给使用表的不可获取性

建筑价格数据是通过价格调查获得的，价格调查的工具是物料清单，即通过对物料清单上各条目进行价格采集来获取价格数据。2011 年一轮价格采集过程中采集的价格为投入价格，因此，该轮国际比较创新性地对采集的投入价格予以调整，具体方法为将价格数据通过增长因子进行加权，调整为产出价格。调整因子为产出值与投入品价值总值的比值（这部分数据来源于供给使用表），但是并不是所有的国家都有可利用的供给使用表，因此，并不是每个国家都可以进行价格调整。据全球办公室的数据显示，ICP 参与国中仅有一半的国家有可使用的供给使用表。

除价格数据之外,权重的获取也是建立在供给使用表基础之上的,通过对供给使用表的剥离分解,获取各条目的权重,但目前仅有一半的参与国具有可利用的供给使用表,因此,该方法获取权重数据的可操作性就大打折扣。

3. 项目价格数据难以确定

审核阶段需要采集不同类型建筑项目的价格,虽然全球办公室给出了具体的建筑项目类型名称,但是,不同国家由于其特有的建筑风格,相同类型的建筑可能会有不同的形式与规定,这就不能保证建筑项目的可比性。

除此之外,每个建筑项目没有一个固定的价格,大多数项目都是由买卖双方竞价,按照达成一致价格承包给承包商进行建筑的,各国建筑项目的最终结算价格一般都要超过投标价格,当然这也因国家而异。

4. 支出法与产出法数据之间的差异

从 GDP 核算现状来看,各参与国 GDP 各支出分类的核算方法和资料来源不尽相同。其中,发达国家国民核算基础较好,核算方法较先进,GDP 支出分类齐全、完整,与各种调查项目之间存在较强的匹配性,核算数据工具方面普遍推行供给使用表,并且,采用商品流量法实现了 GDP 产出法与生产法之间的数据衔接。因此,发达国家中大部分国际比较需要的数据可以直接从 GDP 核算数据中获取,仅有少部分数据需要通过技术进行推算估计。

相反,发展中国家现有的 GDP 核算数据资料只能提供 GDP 支出大类的数据,其核算方法也相对粗略、简单,GDP 分类体系不完整,各项目之间匹配性不强。另外,多数发展中国家 GDP 核算是以生产法为主,支出法只是补充,但发展中国家供给使用表尚未广泛推行,商品流量法也无法实施,GDP 生产法数据与支出法数据无法衔接,支出数据需求无法满足,基本类数据基本是靠估算和推算获得的。

5. 数据有效性检验耗时过长

收集到的建筑材料及产品的价格数据不能直接用于建筑 PPP 的计算,还需经过数据的事先处理:数据有效性检验与调整;计算的年平均价格。

数据有效性检验的基本流程是:各参与国对采集的价格数据进行初步检验;参与国将初步检验的数据提交区域协调员,由区域协调员对结果进行核查并给出意见;按照区域协调员对初步检验数据的意见参与国进行进一步的检验,并将结果再次提交区域协调员。该过程反复进行,直至区域协调员认为数据质量满足国际比较对数据的要求,并由区域协调员将最终结果提交给 ICP 全球办公室。需要注意的问题是,ICP 数据验证阶段,数据有效性检验不仅耗时过长,而且涉及专门技术，需要多方人员的共同协作。

3.5　我国参与建筑国际比较存在的问题及建议

2010 年，经国务院批准，我国全面参与建筑 ICP，但是，之前我国从未大幅度地参与到 ICP 中，因此，在 ICP 中肯定会存在很多问题。具体到建筑方面，建筑国际比较在国际中本身就是一个顽疾，对于初次全面参与国际比较的中国，肯定会存在各方面的问题。本章主要从我国建筑业对外开放程度及市场化程度不足；招标过程中，围标、串标现象影响正常价格水平；我国建筑项目规模分化与发达国家存在差异；我国统计发展水平的限制；建筑数据收集与处理环节上的不足等五个方面进行阐述和分析。

3.5.1　我国建筑业对外开放程度及市场化程度不高

"一价定律"是 PPP 理论最重要的假设前提。一价定律是指假定在两国之间商品劳务交流不受关税及配额的限制、外贸政策对等、不存在相互歧视的前提条件下，同样的货物（两个国家商品运输、销售等流通成本基本相同）无论在何地进行销售，只要同质，其价格必然相等。换句话说，在世界任何地方只要购买同质商品，其价格都是相同的，这个假设即一价定律。

加入世界贸易组织（World Trade Organization，WTO）之前，我国的建筑业基本处于对外封闭状态；加入 WTO 之后，我国建筑业实行了逐步、有限制的开放承诺。加入 WTO 后，国外工程承包商的进入，对我国建筑业开放程度有一定的改善，但我国政府仍秉持保护主义观点，即使开放，也是逐步、有限制的。行业及政府管理部门对建筑企业的管理向治理和服务型转变不到位；政企、政社、政资界限不明确；建筑业法律法规不健全；市场中存在大量的不正当竞争行为、非市场因素干预较多等，这些因素都会影响正常价格机制发挥作用，造成建筑资源价格扭曲。

我国市场经济发达程度相对较低，价格机制不甚完善，价格扭曲现象较为严重，建筑行业也不例外，对建筑资源及建筑项目的价格形成都存在不同程度的影响。

3.5.2　招标过程中，围标、串标现象影响正常价格水平

建筑国际比较资源价格的采集主要来自标书，即标书价格数据的准确性直接影响建筑国际比较的准确性。

国家对建筑项目进行招标投标制度，其目的在于引进建筑业竞争机制，以便

择最优承包单位，可以达到节约投资成本、缩短建筑工期、提高项目工程质量的目的。根据国家《招标投标法》第五条规定，我国建筑项目招标投标活动应遵循公开、公平、公正及诚实信用的原则（华人凤，2008）。

当前，我国的建筑市场仍属于买方市场，处于总供给大于总需求的状况，这就导致建筑业存在过度竞争的现象，进而导致在招标投标过程中，由于双方所处地位不同，出现不平等的问题，违反招投标法中公平的原则。

我国违反招标投标现象的行为主要包括围标、串标行为。围标又称串通招标、投标，是指投标单位与招标单位之间或投标单位内部采用的不正当手段，对招标、投标事项进行的串通，以达到排挤竞争对手或损害招标者利益的目的；串标是指投标单位之间或者招标单位与投标单位之间相互串通来骗取中标的行为。二者都是通过不正当的手段，以达到排挤其他竞争者，使其中某个利益相关者中标的目的，从而谋取利益。但是，这两种方法获取的投标价格都不是建筑国际比较所需要的价格数据，无论是从国际比较角度还是从我国建筑业发展的角度，完善我国建筑业发展体制是亟需解决的问题。

3.5.3　我国建筑项目规模分化与发达国家存在差异

在价格采集过程中，ICP 规定，建筑材料及产品需采集中等建筑规模建材价格，原因是在大多数发达国家中，中等规模建筑项目所占比例最大。

但是，在我国建筑业中，大、中、小三种规模建筑项目产值所占比例相当（图 3.4 为我国中等规模建筑项目产值占建筑总产值的比例），大型建筑项目产值比例是最大的，这主要是因为大型的基础设施建设，特别是近几年，金融危机爆发，国家为了刺激经济，投入大量资金于基础设施建设，因此，上述采价原则在我国的适用性是有待商榷的。

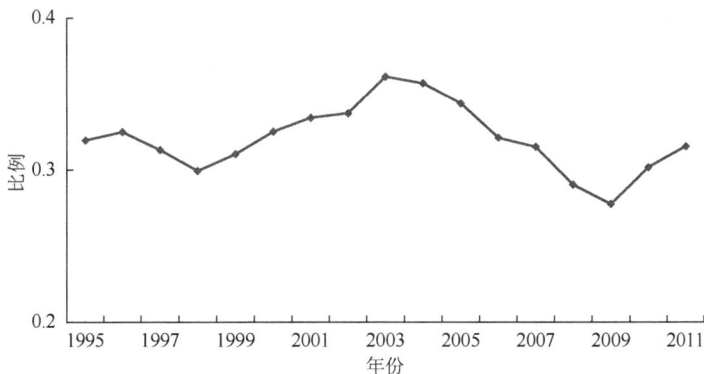

图 3.4　中型建筑项目（1 亿～10 亿）占建筑总产值比例

3.5.4　我国统计发展水平的限制

我国统计发展水平低于发达国家水平，尚不能满足 ICP 高标准的数据要求，主要表现在 GDP 分类数据较为薄弱和专业人员能技术水平低两个方面。

1. GDP 分类数据较为薄弱

在 ICP 中，GDP 支出基本类支出数据是价格数据采集的重要来源，也是确定各基本类在所属分类中权重数据的基础。1999 年，在 OECD 的 ICP 中，按照国际比较项目组的要求，中国划分了 190 个 GDP 支出基本类，其中，包括 26 个固定资本形成总额基本类。

客观来说，中国 GDP 支出核算的基础数据比较薄弱，只有五大支出分类，用于数据收集的基本分类标准尚未建立，详细的支出分类数据无法从 GDP 核算数据中获取，只能通过其他现存资料来源和技术外推、估计法估算等推算获得。

实际上，从 1999 年中国参与 OECD 国际比较的实践来看，中国在数据调查方面遇到的主要问题是：首先，中国与其他国家的经济发展差距过大，可选择的兼具代表性和可比性的产品数量受到很大限制；其次，中国的 GDP 核算与国际惯例差别较大，缺项与基本类信息不足等严重阻碍了国际经济比较。除了这两个方面的原因之外，经济体制、消费模式、消费习惯、风俗等对相关数据的收集也有不小影响。

2. 专业人员能技术水平低

ICP 采用的是支出法核算的 GDP 数据，但是，目前我国 GDP 仍采用生产法进行核算。如果转换为支出法核算 GDP 需要我国统计人员重新了解、学习和掌握 GDP 支出法核算的知识，特别是省级以下统计人员需要进行大量的培训工作来保证较高质量的数据质量。另外，ICP 较高的专业性要求和紧迫的时间日程都使统计部门面临着巨大挑战。

3.5.5　建筑数据收集与处理环节上的不足

2011 年一轮国际比较之前，ICP 大约每五年举行一轮。2011 年一轮国际比较是在世界银行、联合国统计委员会、OECD、国际货币基金组织等委托有关方面专家对全球经济规模进行的一个全面评估和总结，长时间的研究积淀使得 2011 年一轮 ICP 取得了令人瞩目的进展。与此形成鲜明对比的是，中国在 ICP 领域的发展与研究远远落后，在 ICP 各环节的不足十分明显。中国若要全面参与到 ICP 中，改进各环节的不足迫在眉睫。

1. 缺乏产品质量调整方法

由于 ICP 涉及国家众多、产品差异大、可比产品价格数据有限，质量调整在数据处理中占有相当重要的地位。中国在数据处理方面的差距也集中在质量调整方法上。

中国质量调整方法与发达国家的差距主要体现在中国价格指数的质量与欧美国家相比差距较大，尤其是质量调整方法问题在中国还没有得到足够重视。国际各国统计机构统一认为，质量调整问题是影响价格指数准确性的重要因素，但是在中国价格指数改革的过程中，这个问题却还没被列入议程，因此，相关的文献几乎没有。在价格收集者收集价格时，按照价格指数的基本要求尽量选择相匹配的产品进行计算，但是国内目前还没有进行系统地解决日益严重的质量调整问题。

2. 缺乏本土化的数据质量评判标准

数据采集的重要性毋庸置疑，特别是发展中国家，由于国民核算数据不完善，需要采集的数据显得尤为重要，是进行国际比较的数据基础。作为发展中国家，中国在数据采集方面，有大部分发展中国家普遍存在的问题，缺少专业的统计技术及专业型人才，这些都是需要长时间发展的，短期内无法得到大的进步。但是，与统计技术和专业人才建设相比，目前最迫切的需要是建立数据质量评价标准，采集的数据质量好坏只有依照好的参照系，才能做出最客观真实的评价，才能在此基础上得到更有效的改进。

目前，数据质量评判方面较好的标准是 IMF 的数据质量评估框架（data quality assessment framework，DQAF）（常宁，2004），DQAF 标准是对统计数据的质量进行定性评估的方法。该方法的特点是适用性较广、权威性较好、易于得到广泛的国际认可。

3. 加强政府部门与研究机构的合作

ICP 涉及经济、金融、统计等多个领域，是一项复杂的国际性统计活动。ICP 的组织实施与 ICP 技术方法的科学性同等重要，只有在科学方法的基础上，一丝不苟地实施相关工作，才能取得正确且有说服力的国际比较结果。将组织实施与方法研究割裂开来，只能使两方面的效率同时下降。中国尤其缺乏政府部门与研究机构的合作，导致理论与实践脱钩，不利于研究的深入和客观反映中国经济现实。而且，中国如果要依据 ICP 原理开展区域间经济比较，就更需要政府部门与研究机构的合作。所以，中国 ICP 的发展尤其要加强政府部门与研究机构的合作。

参 考 文 献

常宁. 2004. IMF 的数据质量评估框架及启示[J]. 统计研究，1：27-30.

陈岳. 1993. 购买力平价理论及其缺陷[J].世界经济与政治，（12）：6-10.

池碧云. 2006. Hedonic 价格指数偏差分析[J]. 合作经济科技，（7）：39-40.

段军. 2003. 如何看待我国的购买力平价，统计与决策，（4）：73-74.

华人凤. 2008. 建设工程招投标中不平等问题的探讨[J]. 建筑经济，11：89-92.

孙敬水. 1994. 中国参加 ICP 的可行性[J].中国国情国力，（9）：43-45.

王成岐. 1994. 汇率法与法：换算各国人均收入偏差的实证分析[J].财经问题研究，（5）：39-44.

于芳东. 2003. 购买力平价和汇率方法的差异程度及其原因分析.统计研究，（8）：3-7.

于芳东. 2004. 购买力平价汇总方法及评价[J].统计教育，（4）：40-42.

余芳东. 2007. 当前全球国际比较项目（ICP）的进展及其基本方法[J].统计研究，（1）：4-9.

余芳东. 2008. 关于世界银行 2005 年 ICP 结果、问题及应用的研究[J].统计研究，（6）：3-10.

余芳东. 2010.2011 年一轮国际比较项目的进展和创新[J].统计教育，（8）：4-6.

余芳东. 2010. 国际比较项目数据质量评估框架[J].统计教育，（6）：8-13.

余芳东. 2011.2011 年新一轮国际比较项目（ICP）方法改进[J].统计研究，（1）：13-14.

余芳东. 2011. 我国经济的国际地位和发展差距[J]. 调研世界，（3）：3-11.

余芳东. 2012. 我国参加国际比较项目（ICP）的演变历程[J].统计研究，（8）：108-112.

张迎春. 2009. 关于国际比较项目的争论[J].中国统计，（5）：19-21.

郑尊信，沈福喜，任英华. 2003. 购买力平价理论的应用探析，统计与信息论坛，（18）：18-21.

Best R，Meikle J，Thomas P. 2010. Construction PPPs: a new approach to international construction price comparisons [R]. Washington：2nd Technical Advisory Group Meeting.

Global Office. 2009. A new construction price comparison methodology for the international comparison program: concept note[R]. Technical Advisory Group Meeting.

Global Office. 2010. A new construction price comparison methodology for the international comparison program: concept note [R]. Washington：Technical Advisory Group Meeting.

Global Office. 2010. Working Paper on Construction [R]. Paris：3rd Technical Advisory Group Meeting.

Global Office. 2010. Working Paper on Construction[R]. 3rd Technical Advisory Group Meeting.

Global Office. 2011. Construction survey form [R]. Washington：5th Technical Advisory Group Meeting.

Global Office. 2011.A new approach to international construction price comparisons[R]. 4th Technical Advisory Group Meeting & 3rd Regional Coordinators Meeting.

Global Office.2010.Machinery and equipment and PPPs：why is it important to have a pre-survey[R]? 4th Technical Advisory Group Meeting.

Kenneth W，Sawhney A. 2004. International comparison of cost for the construction sector: process for implementation of the basket of construction components approach[R]. Report submitted to the African Development Bank and the World Bank Group.

Meikle J，May J. 2011. Notes on a programme of work on informal construction in Africa[R]. 6th Technical Advisory

Group Meeting.

Meikle J，May J. 2011. Notes on a programme of work on informal construction in Africa [R]. Washington：6th Technical Advisory Group Meeting.

Meikle J. 2011. Informal Construction[R]. Washington：5th Technical Advisory Group Meeting.

Meikle J.2011. A new approach to international construction price comparison [R]. Washington：5th Technical Advisory Group Meeting.

Vogel F. 2010. Lessons learned from use of basket of construction components [R]. Paris：3rd Technical Advisory Group Meeting.

Vogel F. 2010.Lessons learned from use of basket of construction components[R]. 3rd Technical Advisory Group Meeting.

附　　录

附录 A　按国民水平高低不同参与经济体的分组情况

低收入经济体 （低于 1 005 美元） （35）	阿富汗	冈比亚	缅甸
	孟加拉国	几内亚	尼泊尔
	贝宁	几内亚比绍共和国	尼日尔
	布基纳法索	海地	卢旺达
	布隆迪	肯尼亚	塞拉利昂
	柬埔寨	韩国	索马里
	中非共和国	吉尔吉斯斯坦	塔吉克斯坦
	乍得	利比里亚	坦桑尼亚
	科摩罗	马达加斯加	多哥
	刚果金	马拉维	乌干达
	厄立特里亚	马里	津巴布韦
	埃塞俄比亚	莫桑比克	
中等收入经济体 （1 006～12 275 美元） （110）	阿尔巴尼亚	奎亚那	巴拉圭
	阿尔及利亚	洪都拉斯	秘鲁
	美属萨摩亚	印度	菲律宾
	安哥拉	印度尼西亚	罗马尼亚
	安提瓜和巴布达	伊朗	俄罗斯联邦
	阿根廷	伊拉克	萨摩亚
	亚美尼亚	牙买加	圣多美和普林西比
	阿塞拜疆	约旦	塞内加尔
	白俄罗斯	哈萨克斯坦	塞尔维亚

续表

伯利兹城	基里巴斯	塞舌尔
不丹	科索沃	所罗门群岛
玻利维亚	老挝	南非
波斯尼亚和黑塞哥维那	拉脱维亚	斯里兰卡
博茨瓦纳	黎巴嫩	圣基茨和尼维斯
巴西	莱索托	圣卢西亚
保加利亚	利比亚	圣文森特和格林纳丁斯
客麦隆	立陶宛	苏丹
佛得角	马其顿	苏里南
智利	马来西亚	斯威士兰
中国	马尔代夫	叙利亚
哥伦比亚	马绍尔群岛	泰国
刚果布	毛里塔尼亚	东帝汶
哥斯达黎加	毛里求斯	汤加
科特迪瓦	马约特岛	突尼斯
古巴	墨西哥	土耳其
吉布提	密克罗尼西亚	土库曼斯坦
多米尼加岛	摩尔多瓦	图瓦卢
多米尼加共和国	蒙古	乌克兰
厄瓜多尔	黑山共和国	乌拉圭
埃及	摩洛哥	乌兹别克斯坦
萨尔瓦多	纳米比亚	瓦努阿图
斐济	尼加拉瓜	委内瑞拉
加蓬	尼日利亚	越南
格鲁吉亚	巴基斯坦	约旦河西岸和加沙地带
加纳	帕劳群岛	也门
格林纳达	巴拿马	赞比亚
法属波利尼西亚	北马里亚纳群岛	—

中等收入经济体（1 006～12 275 美元）（110）对应以上各行。

安道尔	德国	挪威
阿鲁巴岛	直布罗陀	阿曼
澳大利亚	希腊	波兰
奥地利	格陵兰	葡萄牙
巴哈马	关岛	波多黎各

高收入经济体（高于 12 276 美元）（70）对应以上各行。

续表

巴林	中国香港	卡塔尔
巴巴多斯	匈牙利	圣马力诺
比利时	冰岛	沙特阿拉伯
百慕大	爱尔兰	新加坡
文莱	曼岛（道格拉斯）	荷属圣马丁
加拿大	以色列	斯洛伐克共和国
开曼群岛	意大利	斯洛文尼亚
海峡群岛	日本	西班牙
克罗地亚	韩国	圣马丁岛
库拉索岛	科威特	瑞典
塞浦路斯	列支敦士登	瑞士
捷克共和国	卢森堡	特立尼达和多巴哥
丹麦	中国澳门	特克斯科斯群岛
爱沙尼亚	马耳他	阿联酋
赤道几内亚	摩纳哥	英国
法罗群岛	荷兰	美国
芬兰	新克里多尼亚	美属维尔京群岛
法国	新西兰	北马里纳群岛

注：高收入经济体（高于 12 276 美元）（70）

附录 B 审核阶段定价建筑项目清单

水平	验证编码	标题
GDP	1000000	国内生产总值
项目	150000	固定资本形成总额
类别	150200	建筑
组	150210	居民建筑
大类	150211	居民建筑
基本类	1502111	居民建筑
条目	150211101	平均质量的独立式单层住宅
条目	150211102	两层住宅
条目	150211103	低层公寓建筑
条目	150211104	高层公寓建筑

续表

水平	验证编码	标题
组	150220	非居民住宅
大类	150221	非居民住宅
基本类	1502211	非居民住宅
条目	150221101	高层办公楼/行政大楼
条目	150221102	中层办公楼/行政大楼
条目	150221103	一层或两层的小学建筑
条目	150221104	工厂/仓库建筑
组	150230	土木工程
大类	150231	土木工程
基本类	1502311	土木工程
子类	1502312	材料
条目	150231201	高速公路
条目	150231201	混凝土地下管道，直径 0.5 米，平均 2 米深
条目	150231201	混凝土地下管道，直径 1 米，平均 3 米深

附录 C　ICP 主要项目划分

主要项目	包含基本类数目
住户个人消费支出	110
01 食品及非酒精类饮品	29
02 酒精饮料、烟草、毒品	5
03 服装和鞋类	5
04 房屋、水、电、气及其他燃料	7
05 家具、家庭设备及其维修	13
06 健康	7
07 运输	13
08 通信	3
09 文化及娱乐	13
10 教育	1
11 餐饮	2
12 杂项商品及服务	10
13 国外净购买	2

主要项目	包含基本类数目
为住户部门服务的非营利机构个人消费支出	1
政府个人消费支出	21
01 住房	1
02 卫生	12
03 文化娱乐	1
04 教育	6
05 社会保障	1
政府集体消费支出	5
固定资产形成总额	12
01 机械设备	8
02 建筑	3
03 其他产品	1
存货变动及贵重物品的减值处置	4
01 存货变动	2
02 贵重物品减值处置	2
进出口平衡	2
GDP	155

资料来源：World Bank. 2008

注：非营利机构（nonprofit institutions serving households，NPISH）

第4章 机械设备国际比较方法国际前沿、问题与对策

4.1 机械设备国际比较文献综述及研究思路

4.1.1 机械设备国际比较文献综述

由于机械设备自身的特殊性，目前各国对机械设备国际比较的研究非常少，基本只存在于欧盟及 OECD 的国际比较手册、世界银行的 ICP 手册中。中国对机械设备国际比较的研究处于空白阶段。

4.1.2 研究思路与内容安排

随着 ICP 的逐年开展与推进，其得到了越来越多学者的关注和研究，但是大多数的学者都是从整体方面对 ICP 进行研究的。机械设备的国际比较是 ICP 之一，一些流程和方法基本类似，但是由于机械设备自身的特点，在实施的过程中也有其特殊性，而学者单独对机械设备的国际比较研究较少。

随着 ICP 的不断发展，机械设备的国际比较也在不断地改进和完善。由全球办公室发表的《国际比较项目手册》中涉及了机械设备国际比较的相关流程和方法，包设备产品核心清单的制定、产品价格的收集、PPP 的计算方法等，为各国的机械设备的比较做了很好的引导。相对于其他国家来说，欧盟和 OECD 的国家对于机械设备的国际比较研究更加成熟，在一些方法和技术方面更加先进，有很多需要我们借鉴的地方。由欧盟和 OECD 在 2006 年联合发表的《欧盟经合组织操作手册》，也为促进机械设备的国际比较起到了很好的推动作用。

由于中国刚开始参与 ICP，还处于最初级的阶段，而且受自身国情、统计水平等方面的影响，目前国内对于 ICP 的研究比较少，只有少数学者对这方面有一定的研究，并且只是比较宏观的方面。对 ICP 较早开始研究的学者余芳东和胡广元在《何谓国际比较项目》中简单地介绍了 ICP 的发展和经历阶段，使人们开始了解 ICP。随后余芳东又发表了《当前全球国际比较项目的现状、问题及建议》、《2011 年一轮国际比较项目的进展和创新》、《我国参与国际比较项目的演变历程》

等文章，使人们对 ICP 有比较深入的研究。但是，基本上没有学者对机械设备的国际比较进行详细的研究，因此这方面的国际比较还比较少。

本章首先从整体上讨论机械设备国际比较的基本流程，其次具体讨论每个流程的地位和每个流程中采用的具体的方法，以期从整体和细节上对机械设备的国际比较进行分析讨论，总结经验教训，为以后的比较提供一定的建议。因此，本章内容安排如下：4.2 节为机械设备国际比较的基本范畴，主要阐述机械设备国际比较的比较背景、基本操作流程及各个流程的地位和作用，以便从整体上对机械设备的国际比较有一个清晰的认识。

4.3 节为 2005 年一轮机械设备国际比较的方法评价。该节主要讨论了 2005 年一轮机械设备国际比较，讨论了这一轮比较中核心产品清单的制定、数据的收集、PPP 的计算等采用的具体方法，并与欧盟和 OECD 国家采用的方法做了一定的比较，总结出了其存在的问题，为新一轮的比较提供一定的建议。

4.4 节为 2011 年一轮机械设备国际比较方法述评。这一节总结了 2005 年一轮 ICP 的经验教训，并且对需要做出的创新和改进进行了讨论，特别是对 PPP 的计算做出了巨大的创新。

4.5 节为机械设备国际比较的重点、难点分析。该节是基于上几节的讨论之后，对机械设备国际比较中的重点、难点问题进行的进一步总结和讨论，以便于寻求解决办法，更好地促进机械设备国际比较的进行。

4.6 节为结论与展望。这一节将对前文进行归纳和总结。根据对机械设备的国际比较方法和相关理论的学习，展望部分提出中国深入学习研究机械设备国际比较可以着手的几个方面。

4.2 机械设备国际比较的基本范畴

4.2.1 机械设备国际比较的背景介绍

1. ICP 的简介

在经济全球化的今天，各个国家之间要经常进行经济实力的国际比较。使用传统的汇率法进行国际经济比较的结果被认为不能真实地反映国家间的经济差距，不能反映人均 GDP 的实际情况，因此，联合国开始寻找一种能够较准确反映各国 GDP 规模的方法，由此设立了 ICP。

联合国 ICP 从最开始执行到现在已经经历了 40 多个年头，参与的国家从最初的 10 多个增加到 120 多个，并且已完成了七轮国际比较。理论上把 ICP 的发展分为四个阶段：萌芽期（1954～1968 年）、创建之初（1968～1980 年）、快速发展期

（1980～1993 年）及整顿期（1993～2002 年）。在这四个阶段的发展过程中，不论是参加国数量还是区域比较项目及多变比较方法研究都取得了很大的进步。

　　但是，这些快速发展也给 ICP 带来了很大的难度。参加国数量的剧增不仅加大了国情差异，而且增加了组织实施的难度，一些相关的技术问题也凸显出来，使得 1993 年一轮的比较结果与预期有很大的差别①。这使得 ICP 受到了很大的质疑，因此在 2005 年一轮国际比较之前是 ICP 的整顿时期，要对 ICP 进行全面审查。

　　2005 年一轮的国际比较从 2003 年起开始实施，2007 年 12 月 17 日公布了国际比较的初步结果数据，之后 ICP 办公室对各经济体数据进行了调整，并于 2008 年 2 月 26 日公布了国际比较的最终结果。联合国统计委员会、世界银行、国际货币基金组织、OECD 等为了研究 ICP 的存在意义，委托世界各国相关专家对全球性 ICP 进行了全面评估和总结，经过长时间的研究，最终决定实施 2005 年一轮 ICP，并且使得 2005 年一轮的 ICP 在理论方法的完善、数据质量的提高、比较的流程的执行等方面都取得了很大的突破和进展。纵观 ICP 的发展历程，2005 年一轮的国际比较项目是国际比较史上一个里程碑。

　　2011 年一轮的 ICP 以 2011 年为基准年，整个实施过程从 2009 年开始，2013 年年底结束，最终结果数据于 2015 年 7 月发布。这一轮的国际比较基于 2005 年一轮国际比较的基础上，在比较方法、数据收集等方面做了进一步的改进，取得了不错的比较成果。

2. 机械设备国际比较的重要性

　　2005 年一轮 ICP 将 GDP 分为包括固定资本形成总额在内的七个基本项目。而固定资本形成总额又分为三个类别，机械设备就是其中之一。

　　近年来，随着全球经济的不断发展、科学技术的不断进步，各个国家对于工业、农业等行业的机械化进程也在不同程度地推进，而机械设备的运用对国家经济的发展起着至关重要的作用。特别是近年来各个国家开始注重对环境的保护，提出绿色 GDP 的倡议，在发展经济的过程中，加大技术投入。因此，各个国家对于机械设备的投入也在逐年的增加，机械设备产业的市场前景无限广阔。

　　据相关数据统计，2005 年的总固定资本投资占世界名义 GDP 的 20%，而机械设备占总固定资本投资的 8%，由此可见，机械设备占 GDP 的比例不是很大，还有很大的上升空间。

　　通过机械设备的国际比较不但可以了解全球当前的先进技术，提高自己国家

---

　　① 1993 年一轮（第六轮）ICP 以 1993 年为基准年，但是没能取得预期全球比较结果，联合国委员会在 1997 年的第二十九届会议上，决定组织专家全面审查 ICP，得出主要原因是管理不善和资源不足。联合国委员会最终决定继续进行 ICP，并且请世界银行寻求解决管理和资源问题的办法，慎重考察了世界银行起草的 2005 年一轮（第七轮）ICP 的草案，最终同意进行 2005 年一轮（第七轮）的 ICP。

的技术水平，还可以从侧面了解各个国家的经济发展情况，了解与其他国家的差距和优势所在，因此，机械设备的国际比较对参与国有重要的作用。

机械设备国际比较一直是 ICP 中的一个重点和难点问题，不论是在计算方法的确定还是数据的获取等方面都存在很大的困难。随着 ICP 的发展，对机械设备国际比较的研究也一直在不断地探索改进，本章将针对机械设备国际比较的相关问题进行研究，提出一定的建议，以便能够更好地实施机械设备 ICP，促进各国经济的发展。

4.2.2　机械设备国际比较的基本流程述评

1. 机械设备国际比较的 GDP 支出类别划分

ICP 的基本目的是以 PPP 为转换因子，来比较各国家的实际 GDP 和人均 GDP。在计算 PPP 的过程中，以 GDP 支出分类数据作为权数，因此 GDP 支出分类的划分是 ICP 的重要组成部分。而随着 ICP 的不断发展，GDP 的支出分类方式也发生了很大的变化，本章主要讲解 2005 年一轮 ICP 中 GDP 的支出类划分。

2005 年一轮 ICP 将 GDP 划分为七个主要项目（main aggregate）、细分为 26 个类别、61 组、126 个大类、155 个基本类。七个主要项目之一的固定资本形成总额又分为机械设备、建筑和其他产品三个类别。

基本类要包括一组相似的货物或服务，是 GDP 分类支出的最末端，是 ICP 工作的基础，而且国家收集和处理价格数据都是针对基本类进行的。2005 年一轮 ICP 一共有 155 个基本类，固定资本形成总额包括其中的 12 个，仅次于住户消费支出和政府为居民服务的消费支出，而机械设备又包括固定资本形成总额中的八个，因此，在 GDP 的支出中机械设备占了很大的比例。

根据机械设备的材质及用处，将机械设备的八个基本类进一步分为金属制品和设备（15.01.10.0[①]）及运输设备（15.01.20.0[②]）两大组，这将有助于 PPP 的计算。金属制品和设备包括五大类，即除机械设备外的金属制品、通用的机械设备、特殊用途的机械设备、电动和光学设备，以及其他制造产品和软件；运输设备分为公路运输设备和其他运输设备两大类，综合即为机械设备的七大类。但要注意，农用拖拉机和拖车虽然在一些国家中用于运货和客运，但不包括在运输设备内。它们作为用于农业的特殊设备分在金属制品和设备这一群组中。表 4.1 和表 4.2 给出了包含在两大组中的类别举例。

---

① 金属制品和设备的产品代码，来自张迎春的《探索中国与 ICP 的差距》一书。

② 运输设备产品的代码，来自张迎春的《探索中国与 ICP 的差距》一书。

表 4.1　金属制品和设备组范围

基本类	设备产品
金属制造产品、机械设备除外	金属预制建筑物；桥梁、桥段、塔和铁或钢的格构式桅杆；水库、蓄水池、大桶或是铁、钢、铝等，各种材料制成的类似容器；集中供暖的散热器或是锅炉；蒸汽发电机；核反应堆、手持工具、木桶、桶、罐、盒或是铁、钢或铝，所有材料除气体之外制成的类似容器
一般用途的机械设备	除了飞机、汽车和摩托车发动机之外的发动机和涡轮机；泵和压缩机；烤面包的炉等；炉、炉燃烧器、焚烧炉；起重及装卸设备，如为提升车辆的千斤顶、井架、起重机、叉车、吊斗提升机、电梯、自动扶梯、自动人行道；非居住的冷却和通风设备
特殊用途的机械设备	农业和林业机械；机床；用于冶金、采矿、采石、建筑、食品、饮料和烟草加工的机械；用于纺织、服装和皮革生产的机械和其他特殊用途的机器
电气和光学设备	打字机及文字处理机；收款机；复印设备、印刷机械；自动提款机和硬币分拣机；计算机及相关设备；电动机、发电机、变压器等；电力配和控制设备；蓄电池及电池；照明设备；广播电视设备；有线电话的电气设备；声音或录像设备；医疗、牙科和兽医设备、工具、器具；用于检查、测试、导航和其他用途的测量仪器及器具；工业过程控制设备
其他制成品（没有分类）	办公室、商铺和酒店家具等
软件	那些生产者期望在生产过程中使用超过一年的软件包括购买的现成软件或是在企业内部进行软件开发的支出

资料来源：世界银行.2013.世界经济规模测度[M].世界银行印刷

表 4.2　运输设备范围

基本类	设备产品
机动车辆、拖车和半拖车	客运车、出租车、面包车、公交车、旅游巴士、无轨电车、货车、卡车、油轮、半拖车、拖车；拖车和特殊用途的机动车辆，如非公路用自卸车、故障货车牵引车、起重车、救护车、消防车、混凝土搅拌车、道路清扫车货车、手机辐射单位和摩托雪橇、包括自己的身体（车身）、专用部件和发动机
其他运输设备	巡航船、游览船、渡船、气垫船、杂货船、趸船、驳船、油轮、冷藏船、钓鱼船、加工船、拖轮及顶推船、破冰船、挖泥船、缆船、灯船、研究船和其他非交易船（除海军舰艇）、浮船坞、浮挖泥船、钻井及其他浮动或潜水式钻探或生产平台、专门的船舶配件引擎以外的所有船只都发生了广泛的重建和转换，所有的铁道及电车道机车、维修和服务车辆和机车车辆（如客车、行李车、邮务车、货物货车、罐车、冷藏车）、用于铁路服务或服务采矿和工业业务以外的其他引擎的专用部件、飞机、直升机、气球、滑翔机、飞船、卫星，包括他们的专业零部件和发动机

资料来源：世界银行.2013.世界经济规模测度[M].世界银行印刷

2. 机械设备产品规格表的确定

有了第一环节的支出类别划分之后，第二环节就需要根据这个类别划分确定需要收集价格数据的具体产品。但是在实际操作中，基于各方面的原因，不可能收集所有设备产品的价格数据，需要从这些产品中选择在各个国家中都具有代表性和可比性的产品，然后针对选择的产品的具体特性做出具体说明，制作需要的产品规格表。

在进行价格收集之前，要在各个参与国家进行前期调查，通过前期调查来确定代表性和可比性产品的具体产品特性，因此，产品规格表的制定是通过前期调查来完成的。在此着重论述 2005 年一轮 ICP 中机械设备国际比较的前期调查。

2005 年一轮 ICP 建立了三级协调管理机制，即全球、区域和国家。首先，ICP全球办公室负责提供全球机械设备的 SPD 表；其次，区域协调员在全球 SPD 表的基础上，再结合本区域的实际情况，得到本区域的 SPD 表；再次，各个国家在区域 SPD 表的基础上，结合自己国家的特点，在区域协调员的帮助下，得到本国的 SPD 表，其中，SPD 表是 2005 年一轮 ICP 中采用的全新的对产品规格描述的工具，后文将详细论述，在此不再赘述；最后，再将 SPD 表转化为需要的产品规格表。

前期调查的实现主要分为三个阶段，见表 4.3。

表 4.3　前期调查

阶段	所需时间	主要工作	成果
第一阶段	3～4 个月	区域协调员走访本区域内市场多种多样的大国，取得这些国家认定的本国代表性产品的资料，未走访的国家也要提供机械设备产品的 GDP 基本类的代表性产品的规格表	与其他协调员、全球办公室磋商，拟定机械设备每一基本类的代表性产品的预备产品规格表
第二阶段	3～4 个月	区域协调员将预备产品规格表发送给本区域内的各个国家，各个国家检查每个产品规格的描述是否详尽以及产品的可获得性，并且检查预备产品规格表中包含的本国的代表性产品是否够多	各国家将对预备产品规格表核对的结果及新补充的代表性产品反馈给区域协调员
第三阶段	3～4 个月	区域协调员根据第二阶段的反馈结果重新修订机械设备的产品规格表，之后发送给各国，各国再重复第二阶段的检查与补充工作	最终确定用于产品价格收集的产品规格表

在前期调查中可利用的信息来源主要有三种：一是 CPI，ICP 与 CPI 都需要收集价格数据，虽然 CPI 针对的是一个国家内的住户消费品，不如 ICP 的产品涵盖范围广，但是 CPI 有着更为成熟的理论和经验，值得借鉴。二是区域协调员通过实地考察获得的一手资料。通过实地考察，区域协调员会详细地了解一个国家的市场与产品，对一个地区内各国都会出现的产品和产品的特性有一个大致的了解，也可以了解哪些产品仍具有代表性，哪些产品代表性已经消失。三是其他方法，如可以通过一些组织机构（如市场调研、商业协会等）、相关公开资料（如报纸杂志、网络等）、其他同级数据库（如零售商品调查等）。

综上，2005 年一轮机械设备国际比较不仅在人员构成及功能方面与之前的国际比较有很大的不同，而且通过前期调查来确定产品规格表的过程是之前比较中没有的，在此过程中的实地考察和走访人员也值得借鉴。

3. 机械设备国际比较的数据收集与处理

在第二环节的基础上,工作人员开始收集具体的设备产品的价格和支出数据。产品规格表中的特性说明为寻找匹配的产品提供了依据,选择相同的产品收集其价格和支出数据。为了保证数据的质量,便于后一环节 PPP 的计算,数据收集以后要对其进行有效性验证。如果那些数据是无效的,那么需要根据具体情况进行相应的处理。

1) 数据收集

在数据收集阶段,需要收集的数据是设备产品的价格数据和支出额数据,这些设备必须是产品规格表中列出的设备型号。在进行机械设备国际比较时,计算 PPP 使用的价格是产品的最终购买者价格。因为 PPP 的计算与汇总是从国民核算支出角度进行的,所以为了符合国民核算的要求,计算 PPP 时必须使用购买者价格。购买者价格是实际交易的价格,能够真实地反映实际的 PPP,因此在收集机械设备的价格数据时要收集设备的购买者价格。

但是在实际收集价格数据时,因为直接通过购买者收集价格不仅费用高昂,而且不现实,所以访问对象通常是卖者,而不是购买者。一般会通过提供商品或服务的销售点获取价格数据,这样各个国家因为数据统计能力不同所提交的价格数据类型也会不同。

数据统计能力弱的国家,因为没有足够的人力、物力、财力,只能收集到产品的成本价格。由于税收、运输等因素的影响,成本价格与最终购买者价格之间存在一定的差价,而这些国家没有能力提供差价信息,从而很难获得这些国家产品的购买者价格。当然有些经济实力比较强的国家,可以在统计方面投入足够的人力、物力、财力,能够提供购买者价格及差价信息。因此,对于各个国家提交的数据类型也要进行适当的处理。

2) 数据处理

在数据收集的过程中,由于各方面的原因,实际收集到的数据不一定都是有效数据,需要进行数据有效性检验。只有通过有效性检验的数据才能用于 PPP 的计算。另外,还需要计算设备产品的年平均价格,这有助于剔除价格变动的影响。数据处理阶段,需要反复不断地进行,一般需要八九个月的时间,数据处理完后交给 ICP 办公室。

数据的有效性对 PPP 的计算和最终的比较结果有很大的影响,是决定比较成果是否可行的关键之一。数据有效性检验一般通过专门的程序进行检验,首先由收集数据的国家进行初步的检验,并将检验结果交给区域协调员;然后各个国家根据区域协调员的建议和其他信息进行进一步检验,并将检验结果再交给区域协调员进行核查。如此不断地重复,直至数据有效性得到满足,将最后的数据交给 ICP 全球办公室。

PPP 是反映某国某一时期货币购买能力的平均水平。但是在市场经济条件下，产品的价格变动在所难免，因此为了剔除价格变动的影响，PPP 通常采用年平均价格。但是这并不能完全消除价格变动的影响，因为价格变动还受到产品质量的影响。一般质量不同视为不同的产品，价格数据不具有可加性，不能计算平价价格，需要进行质量调整。

本节只是简单地介绍一下设备产品数据收集与处理的过程，对于具体的收集方法和处理方式将在下一节的 2005 年一轮机械设备国际比较方法述评中进行详细述评。

4. PPP 的计算

收集和处理好数据之后，就要进行货币转换因子——PPP 的计算。

1）PPP 的简介

长期以来，一直采用汇率换算法进行国际比较。但是，汇率及其波动虽然会受到货币购买力或物价水平的影响，但主要是国际市场上的货币购买力和物价水平，与各国的国内市场状况没有明显的关系，而且汇率受各国经济政策和人们预期的影响也比较大。另外，国际上的经济往来并不只有商品交易，还包括一些资本交易，如国际金融市场上的国际信贷、国际投资等，这些对汇率的形成和波动也有很大影响，但是这些因素不是货币购买力的范围。因此，货币购买力并不是汇率的主要影响因素，通过汇率来比较各国家的实际购买力是有一定偏差的。

随着汇率法受到质疑，PPP 法就应运而生。PPP 理论最早是由瑞典经济学家卡塞尔提出的，理论基础是"一价定律"，也就是说在自由贸易下，同一商品在世界各地的价格是一致的。在进行国际比较的过程中，通过计算国家间 PPP 的真实比率，并以此作为转换因子，来比较各个国家间的国内生产总值。实际上就是用 PPP 代替了汇率来换算 GDP，进行国际比较。PPP 法并不是非常完美的方法，也存在一定的问题，但是专家认为 PPP 的理论框架和计算方法都具一定的科学性，相对于汇率法更适合用于进行国际比较。

PPP 的计算需要以下几个环节：①确定统一的 GDP 支出分类，一般以 SNA 的分类为基准进行适当调整；②按支出分类收集数据，在收集数据的过程中要遵循代表性和可比性原则，并且计算年平均价格；③计算各种相关指数，通过这些指数可以在空间上体现事物的差别。ICP 按照比较对象多少可以分为"双边比较"和"多边比较"。"多边比较"涉及多个国家，在指数计算上更加复杂；而"双边比较"指数的计算相对简单一些，首先分别以两个国家的 GDP 支出比例作为权数，然后以两个国家的权数分别加权计算两个国家的价格总指数，最后取这两个国家价格总指数的几何平均，就是所需要的综合货币 PPP。

下面通过一个简单的例子说明如何计算 PPP，见表 4.4。

表 4.4　PPP 的计算

支出类别		A 国			B 国		
		价格 P_A （用 A 国货币表示）	人均支出额 $p_A q_A$		价格 P_B （用 B 国货币表示）	人均支出额 $p_B q_B$	
			绝对数	比例/%		绝对数	比例/%
1	1	6	1 375	38	2	1 400	50
	2	7			9		
2	1	10	1 125	28	5	600	30
	2	60			25		
	3	55			23		
3	1	80	1 800	34	65	1 100	20
	2	100			86		

资料来源：ICP Book

第一步，分别计算三个支出类别所包含的商品项目的平均价格比率。

$$\left(\frac{P_A}{P_B}\right)_1 = \sqrt{\frac{P_{A_1}}{P_{B_1}} \times \frac{P_{A_2}}{P_{B_2}}} = \sqrt{\frac{6}{2} \times \frac{7}{9}} = 1.5275$$

$$\left(\frac{P_A}{P_B}\right)_2 = \sqrt[3]{\frac{P_{A_1}}{P_{B_1}} \times \frac{P_{A_2}}{P_{B_2}} \times \frac{P_{A_3}}{P_{B_3}}} = \sqrt[3]{\frac{10}{5} \times \frac{60}{25} \times \frac{55}{23}} = 2.2558$$

$$\left(\frac{P_A}{P_B}\right)_3 = \sqrt{\frac{P_{A_1}}{P_{B_1}} \times \frac{P_{A_2}}{P_{B_2}}} = \sqrt{\frac{80}{65} \times \frac{100}{86}} = 1.1963$$

第二步，以两个国家中三个支出类别在人均 GDP 中所占的比例为权数，分别计算 A、B 两个国家的货币购买力比值。

以 B 国中各支出类别在人均 GDP 中所占的比例为权数：

$$\left(\frac{P_A}{P_B}\right) = \left(\frac{P_A}{P_B}\right)_1 \times W_{B_1} + \left(\frac{P_A}{P_B}\right)_2 \times W_{B_2} + \left(\frac{P_A}{P_B}\right)_3 \times W_{B_3}$$
$$= 1.5275 \times 50\% + 2.2558 \times 30\% + 1.1963 \times 20\%$$
$$= 1.6798$$

以 A 国中各支出类别在人均 GDP 中所占的比例为权数：

$$\left(\frac{P_A}{P_B}\right)_A = \cfrac{1}{\left(\frac{P_B}{P_A}\right)_1 \times W_{A_1} + \left(\frac{P_B}{P_A}\right)_2 \times W_{A_2} + \left(\frac{P_B}{P_A}\right)_3 \times W_{A_3}}$$

$$= \cfrac{1}{\frac{1}{1.5275} \times 38\% + \frac{1}{2.558} \times 28\% + \frac{1}{1.1963} \times 34\%}$$
$$= 1.5218$$

第三步，计算 A、B 两国货币的 PPP：

$$\frac{P_A}{P_B} = \sqrt{\left(\frac{P_A}{P_B}\right)_A \times \left(\frac{P_A}{P_B}\right)_B} = \sqrt{1.6798 \times 1.5218} = 1.5988$$

结果表明，B 国的单位货币的实际购买力相当于 A 国的 1.5988 个货币单位。

2）PPP 法在机械设备国际比较中的应用

在机械设备 ICP 中，计算 PPP 包括以下三步：第一，计算单个商品的 PPP，也就是单个商品的价格比率；第二，将单个商品的 PPP 利用特定的方法汇总为基本类的 PPP；第三，计算综合 PPP，即将基本类 PPP 汇总。

发达国家与发展中国家的机械设备在质量、性能、来源等方面都存在很大不同，而且很多方面在进行比较时是不容易调和的，因此，机械设备的比较一直是 ICP 的难点，在计算 PPP 时采用的方法也具有其特殊性。在上面的论述中已经介绍了机械设备的基本类可进一步分为两大类，在计算机械设备的 PPP 时，首先计算每一对比国间每一种商品的 PPP，其次利用一定的方法分别计算两大类的 PPP，最后再按一定的方法将两大类的 PPP 汇总，计算总的 PPP 进行比较。与其他项目的区别在于不是计算基本类的 PPP，而是计算两大类的 PPP，具体的计算方法将在下一节进行详细讨论。

5. 各环节在机械设备国际比较中的地位和作用

机械设备国际比较的核心是得到 PPP，以 PPP 作为货币转换因子，调整各国的机械设备的生产总值，以便进行机械设备的国际比较。上述四个环节都是围绕 PPP 展开的，前一个环节是后一环节的基础，环环相扣（图 4.1）。

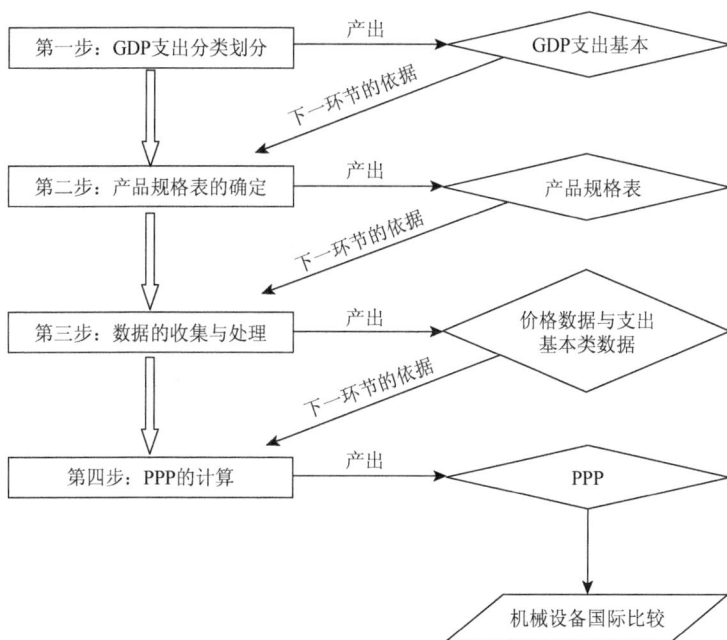

图 4.1　机械设备国际比较的环节

　　按照张迎春在《探究中国与国际比较项目的差距》一书中所说："若将机械设备国际比较的所有流程比喻为一棵"树"，那么第一环节 GDP 支出类别划分就是"树干"，第二环节规格表的确定为这棵树的"树干"添上了"树枝"，第三环节数据的收集与处理就是为这棵树的"树枝"添上了"树叶"，第四环节 PPP 的计算就是这棵树的"果实"。"

　　第一环节 GDP 支出类别的划分是机械设备国际比较的起点，是后续所有工作的基础，相当于一棵果树的树干，树干歪了、斜了、断了，树枝、树叶也会随着歪了、斜了、枯萎。因此，GDP 支出类别的划分对产品价格的收集、PPP 的计算和最后的比较结果都要很重要的影响。GDP 支出类别划分有两方面的作用：一是为第二环节产品规格表的确定提供产品特性依据；二是为 PPP 的计算提供权数的结构信息，因为 PPP 的计算是以产品支出占 GDP 的比例为权数的。

　　第二环节产品规格表的确认相当于为这棵树添上了树枝。依据 GDP 支出基本类信息确认产品规格表，但是要收集基本类中的所有产品是不可能的，因此只能选择其中的部分产品进行收集。规格表的确认是将基本类信息细化到具体的产品信息，确定具体需要收集哪些产品的价格数据。产品规格表的确认也有两方面的作用：一是为下一环节价格数据的收集提供产品特性的说明；二是从 PPP 的计算方面来讲，这一环节提供的产品信息比第一环节更加具体。

　　第三环节设备产品的价格数据的收集与处理为这棵树添上了树叶。在第一、第二环节的基础上，第三环节开始真正收集数据的工作。第三环节收集设备产品的价格数据和 GDP 支出额的信息，进行相关的处理后，为下一环节 PPP 的计算提供具体的价格数据和权数信息。

　　第四环节 PPP 的计算是这棵树的果实。机械设备国际比较的最终目的是得到货币转换因子——PPP，该环节在前三个环节的基础上计算出 PPP，并且完成最后的机械设备国际比较。

　　对于上述内容，见表 4.5。

表 4.5　机械设备国际比较基本流程的地位作用比较

步骤	地位	作用	
		对下一环节的作用	对计算 PPP 的作用
GDP 支出分类的划分	树干	提供基本类信息	决定权数结构需要收集的基本类信息
产品规格表的确定	树枝	提供需要收集的产品特性说明	需要收集价格数据的产品信息
价格数据的收集与处理	树叶	提供产品的价格数据和基本类信息	提供具体的价格数据和权数信息
PPP 的计算	果实	PPP	PPP

　　总之，机械设备 ICP 的流程中，GDP 支出类别的划分和产品规格表的确定是

比较工作的准备阶段；数据的收集与处理阶段是工作实施的关键阶段，关系到数据的质量问题；PPP 的计算是最后的环节，其计算方法的选择会影响最后的比较结果，是能否保证最后比较结果的可信性的关键。

以上是对机械设备国际比较流程的简单的讨论，以便对机械设备国际比较的背景、操作流程有一个简单的了解。对于其在操作过程中采用的具体方法、技术等问题在后文中会进一步地进行讨论。

4.3　2005 年一轮机械设备国际比较方法述评

4.3.1　2005 年一轮机械设备国际比较规格品的选择方法及评价

1. 整体进展和变化

机械设备国际比较作为 ICP 中难点之一，各国专家对机械设备的国际比较都在不断地探索和研究。本节以 2005 年一轮的机械设备国际比较为讨论对象，对比较中涉及的具体理论方法进行研究，期望对机械设备的国际比较有一个更加清晰的认识。

2005 年一轮机械设备 ICP 在组织机构、管理协调、技术保障等方面进行了重大的改进。该轮比较是在世界银行的组织下，建立了三级组织协调机制，即全球、区域和国家三个层面。

全球层面设有执行委员会，主要负责组织汇总各方面的建议，同时收集项目实施过程中所需要的资金。全球办公室和技术咨询小组是执行委员会的下级机构，负责项目活动的总体计划、组织协调各方面的沟通交流；组织经验丰富的专家研究机械设备国际比较的相关方法，开发工具软件和质量控制程序，以便于各国进行技术和方法方面的咨询；负责最后比较结果的发布和解释说明工作。区域层面要设立组织协调机制，其工作内容与上述机构类似，包括区域产品规格表的制定、数据的有效性检验和对比较结果的公布和解释说明等。在国家层面，要求各个国家指派相关的 ICP 的协调人，负责制定本区域的产品规格表的制定、价格数据的收集和检验等工作。

一共有 149 个国家和地区参与了 2005 年一轮的机械设备国际比较，在该轮比较中按照各国情况近似原则，将这些国家分为六个区域：OECD/欧盟成员国[①]、非

---

① OECD 是由 30 个市场经济国家组成的政府间国际经济组织，旨在共同应对全球化带来的经济、社会和政府治理等方面的挑战，并把握全球化带来的机遇；欧盟是一个政治和经济共同体，现拥有 28 个会员国，主要位于欧洲。OCED 和欧盟对 ICP 研究比较早，有一套比较成熟的理论框架，因此，在进行国际比较时一般采用自己的理论体系。

洲地区、亚太地区、独联体、西亚地区和拉丁美洲地区。其中，亚洲开发银行负责亚太地区的机械设备国际比较活动。另外，在这六个区域中分别选择一个统计能力比较强的国家统计局作为这一区域的技术咨询处，为别的国家提供帮助，如英国中央统计局负责非洲地区，而澳大利亚统计局负责亚太地区。

图 4.2 是 2005 年一轮机械设备国际比较的组织机构框架图。

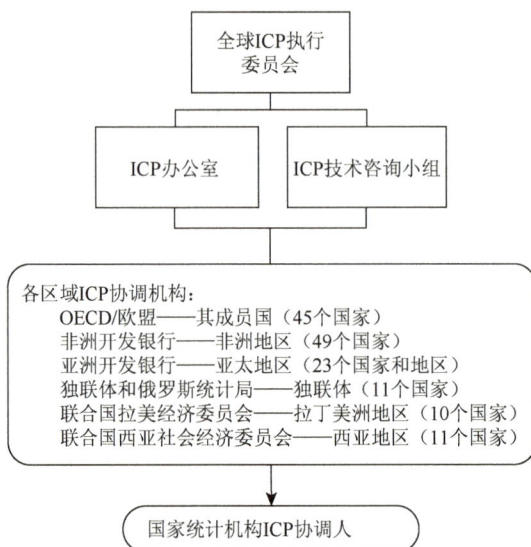

图 4.2　2005 年一轮国际比较的组织机构框架图

在数据收集的过程中，上述六个地区根据本区域的特点制定产品规格表并收集相关数据，计算相应的 PPP，所选的设备产品要能够体现本区域的支出和消费结构。然后通过一定的方法将六个区域的 PPP 汇总连接成全球的 PPP。需要注意的是，在计算每个区域的 PPP 时，以本区域的基本货币表示（如亚太地区的基准货币是港币），但是在最后汇总时要换算为以美元表示。

在 2005 年一轮机械设备国际比较之前，机械设备国际比较在将各区域进行连接时采用"桥梁国"法，也就是选定一个国家或地区同时参与两个区域的比较，然后以该国家或地区作为桥梁，将两个区域的 PPP 连接起来。但是，这种方法会受到桥梁国家或地区自身特点的影响，可能会对比较结果造成一定的偏差。基于此原因，在 2005 年一轮的机械设备国际比较中，对区域间 PPP 的连接方法进行了创新，不再采用"桥梁国"法，而是采用了多边比较方法中的"环形国"（ring countries）法，这将大大提高比较结果的可信性。其基本方法如下。

（1）在分成的六个区域中，分别选择 2～4 个国家或地区作为环形国家或地区。选择的这些国家或地区不是随便选择的，要具备一定的条件：一是在本区域内都具有很强的代表性；二是在这些国家或地区中不但要有本区域的代表规格品，同时要包括其他区域的代表规格品；三是相比其他国家或地区，要有更强的数据统计能力，因为所选择的国家或地区不但要进行本区域的相关数据统计工作，还有承担环形国家或地区的统计工作。在 2005 年一轮的机械设备国际比较中，在分成的六个区域中共选择了 19 个国家或地区作为环形国，具体分布见表 4.6。

表 4.6　环形国家或地区的分布

区域	环形国家或地区
OECD/欧盟	爱沙尼亚、日本、斯洛文尼亚、英国
非洲地区	喀麦隆、埃及、肯尼亚、塞内加尔、南非
亚太地区	中国香港、马来西亚、菲律宾、斯里兰卡
独联体	哈萨克斯坦、俄罗斯
拉丁美洲地区	智利、巴西
西亚地区	约旦、阿曼

（2）制定产品的代表规格品清单，并且在环形国家或地区中收集价格数据和支出额数据。要注意，在制定环形国家或地区的产品规格表时，不但要包括本区域的代表性设备产品，还要包括其他区域的代表性设备产品。

（3）得到上述 19 个国家或地区的相关数据后，计算区域间基本类的 PPP，一般采用的方法为 EKS[①]法或 CPD[②]法。

（4）将得到的各区域的基本类 PPP 连接成全球基本类 PPP，然后通过 EKS 法、CPD 法等多边比较方法，将基本类的 PPP 进行汇总，得到最终的综合 PPP。

以上是对机械设备国际比较过程中整体框架、组织协调机制和 PPP 计算整体方法的讨论，对于各过程中所涉及的具体方法在后文将进行详细讨论。

2. SPD 表的采用

从上述讨论中可知，规格品的选择对后面的各个环节都是非常重要的，要保证所选规格品必须兼具代表性和可比性，这样才能保证比较结果的可信性。在现实生活中，由于各国经济发展水平、消费水平、消费习惯和消费结构差异较大，产品代表性和可比性一般不能兼得。为了克服这一问题，2005 年一轮机械设国际比较对规格品进行描述采用了全新的工具——SPD 表。

---

① EKS 法是由匈牙利统计学家 Elteto 和 Koves，以及波兰统计学家 Szulc 分别独立想出来的，所以称为 EKS 方法，适用于多边比较。

② CPD 法，即国家产品虚拟法，是由 Robert Summmers 最早提出的，用来计算基本类的 PPP，CPRD 法是将代表性引入 CPD 演变而来。

1）SPD 表的概述

为了国际比较的最终目的，GDP 划分为若干个支出基本类，并且在每一个基本类中选出若干代表规格品，收集规格品的价格和支出数据；然后利用一定的方法对这些数据进行计算，最终得到用于国际比较的 PPP 数据。基本类位于 GDP 分支的最末端，每一个基本类由若干产品家族组成，每一产品家族对应一张 SPD 表，SPD 表即描述一个产品家族特性的表。

基本类是由性质、作用或用途相似，范围相对较窄的产品组成的，是确定产品规格品的起点，包含在基本类中的产品分成更小的家族，各个产品家族比基本类产品更加相似，不过这些产品的性质仍然有一些变化。例如，"电脑"是基本类，"笔记本""台式电脑"就是其中的产品家族。一张 SPD 表对应一个产品家族，描述一个产品家族的特性。

要进行国际比较，重要的一步就是收集规格品的价格数据，但 SPD 表没有描述某一特定产品的特性，描述的是一个产品家族的特性，所以不能直接根据 SPD 表收集相关数据，需要将 SPD 表转化为产品规格表。

在各级管理协调机构的日常工作中，都涉及 SPD 表的使用。ICP 全球办公室负责提供全球 SPD 表，区域 SPD 表由区域协调员制定。区域协调员在制定区域 SPD 表的过程中，要综合考虑全球 SPD 表和本区域的实际情况。区域 SPD 表制定完成之后，区域协调员要跟各国统计局共同协商，将 SPD 表转化为产品规格表。在最终确定产品规格之前，一般会先制定一个预备规格表，这个预备规格表可以通过两个方式获得：一是区域协调员进行实地考察，根据考察结果制定预备产品规格表；二是各国统计局根据自己所了解的相关资料进行确定。

2）SPD 表能够保证产品的代表性和可比性

机械设备国际比较必须同时考虑产品的代表性和可比性。由于各个国家的产品供应状况、收入水平、消费习惯等差异，在一国产品的代表性和可比性不一定兼得，很可能会出现有代表性而无可比性，或是有可比性而无代表性的情况，SPD 表解决了上述问题。

SPD 表最终会转化成产品规格表，产品规格表保证了产品的可比性。因为产品规格表中的设备是经过反复研究确定的，在数据收集的过程中，各个国家要严格按照产品规格表收集具有相同特性产品的相关数据，这就保证了产品的同质性，相同设备的价格自然具有可比性。

SPD 表的制定是经过反复研究、不断修改最后确定的，而在这个过程中，修改的依据就是要保证 SPD 表中要包含各个国家中尽量多的代表性产品。这样，就在 SPD 表的制定过程中保证了产品的代表性。但是，也要注意代表性还受各国统计能力的影响。

3）SPD 表包含的主要内容和注意事项

SPD 表由九部分信息构成，见表 4.7，并且根据各部分内容与产品特性联系的紧密程度，将这九部分信息分为两类：辅助信息和主要信息。

表 4.7　SPD 表构成及其内容

构成部分	名称	内容	分类
1	ICP 标题	基本类及其代码	辅助信息
2	ICP 产品家族	产品家族及其代码	辅助信息
3	计量单位及包装	包装类型、大小、计量单位等	主要信息
4	来源	如果是进口产品，说明来源国	主要信息
5	分季节的可获得性	产品可获得时间	主要信息
6	产品特性	产品规格	主要信息
7	品牌	品牌名称	主要信息
8	其他产品特性	—	辅助信息
9	注释	需说明的其他事宜	辅助信息

资料来源：张迎春. 2009. 探究中国与国际比较项目的差距[M]. 北京：人民出版社

在制定 SPD 表的过程中要注意以下两个方面。首先，SPD 表最初是由全球办公室提供的全球 SPD 表。全球 SPD 表包含的特性可能会与各区域本身的特性有一定的区别，这就要求区域协调员必须熟悉本区域的产品特性，并且根据全球 SPD 表选出适合本区域的特性，得到本区域自己的 SPD 表。其次，制定 SPD 表是为了选出具有代表性和可比性的机械设备产品进行国际比较，但并不是都可以找到与 SPD 表描述的规格完全相同的产品，因此，在制定 SPD 表时，不能太宽松，也不能太严格，以便于在找不到完全相同的产品时可以用近似的替代产品进行比较。

3. 机械设备 SPD 表的布局和报告表格

2005 年一轮机械设备国际比较中采用的 SPD 表符合上述一般 SPD 表的基本要求。在该轮国际比较中全球办公室确定 108 个核心产品清单，并且将这些核心产品的 SPD 转化为产品规格表，然后区域协调员根据这些产品规格表制定适合自己区域的产品清单。而制定的这个清单要至少包含这 108 项核心产品中的 80 种，同时还要包含自己区域中比较重要的设备产品。

2005 年的全球办公室制定的机械设备的 SPD 表要满足下列标准。

（1）对于每种类型的机械设备，全球办公室在拟定 SPD 表时要指定设备产品的制造商和型号，而且在每张 SPD 表或规格表中指定制造商和型号至少各两个。

（2）各国在收集和提供设备产品的价格和支出数据时，要按照在 SPD 表中列出的产品型号的先后顺序进行收集和提供相关数据。如果列出的第一个型号在各国家中就被普遍使用，那么就提供第一个型号的设备产品的相关数据；否则，就提供列出的第二个型号的设备产品的价格数据，以此类推。

（3）如果列出的型号中不只有一个型号的设备产品被普遍使用，而是有两个或几个型号都被普遍使用，那么，各个国家必须同时提供这几个型号的设备产品的价格数据。

（4）如果列出的型号中没有一个型号是被各国普遍使用的，那么各个国家可以选择那些在本国中被普遍使用的并且与列出的型号等效的设备产品，收集并提供其价格数据。所谓等效是指能够以同等的效率满足相同需求的设备产品。对于这些没有列出的产品型号，各个国家需要在 SPD 表的"其他型号"一栏中登记这些产品的制造商和型号。

因此，如果一个国家提供的设备产品型号不是 SPD 表或产品规格表中列出的产品型号，那么这个国家必须要提供该产品特性的相关信息；如果提供的是 SPD 表或规格表中列出的产品型号，那么就不需要填写产品特性这一部分相关内容。

下面看一个机械设备 SPD 表的例子（图 4.3），该图是一张空气压缩机的 SPD 表，该设备经常用做电力施工设备，如气动钻机和压路机。图 4.3 的开始简单地介绍了一下空气压缩机并且配有一张该设备某种型号的图片，接着是制造商和型号这一部分，在该部分给出了首选机型的制造商名字和型号，同时给出了两个备选设备的制造商名字和型号。如果一个国家决定收集这三个设备产品中的一个或是多个的价格数据，那么就需要在 SPD 表或规格表的下一部分填写相关的价格信息。

基本类：通用机械设备	基本类代码：150112.1
产品名称：压缩机	代码：01

说明

这类产品是空气压缩机。他们可以通过柴油或汽油机进行驱动。他们最被常用作电力施工和钻井设备

制造商名称和型号		
优先顺序	制造商	型号
优选型号	阿特拉斯·科普柯	XM 659P
备选 1	三菱	40098
备选 2	兰德	L-M 51
其他机型		
价格（以当地货币单位）		
A	设备价格	
B	若不包括在 A 中的安装成本	
C	若不包括在 A 中的运输费用	
D	若不包括在 A 中的非抵扣税	
E	若包括在 A 中的可抵扣税	
F	若不包括在 A 中的折扣	
G	总成本（A+B+C+D−E−F）	
产品特性		
该部分只需要在收集了其他类型设备产品的价格数据的情况下填写		
主要特性		
功率（千瓦）		
最大压力（巴）		
额定工作压力（巴）		
额定输送量（升/分）		
装运重量（千克）		
最高转速（转/分）		
声级		
最大压力（分贝）		
操作压力和容积（帕，升）		
其他特性		
旋转式	□整体式发电机	
□旋转螺杆式	□便携式	
□往复活塞式	□固定式	
整体存储（升）：_____		
级数：_____	高度（毫米）：_____	
出风口尺寸：_____	长度（毫米）：_____	
出风口数量：_____	宽度（毫米）：_____	
□液槽排水管	□蓄排水板	
驱动方式：□皮带		
冷却方式：□空气	□轴/断开	
□液体	□直接/耦合	
□封闭系统	□开放系统	
控制：　□手工的	□电学的	
□水力的	□电子的	

图 4.3　机械设备的 SPD 表/规格表范例

资料来源：世界银行.2013.世界经济规模测度[M].世界银行印刷部

如果在本国内，列出的这三个型号均没有被普遍使用或是只有极少数的购买者，那么该国就不用收集这三个中的任何一个设备型号的价格数据。该国需要在本国中选择一个被普遍使用的且与列出的型号等效的设备，收集其价格数据，在SPD表的制造商和型号这一栏填写该设备的制造商名称和型号，同时要在产品特性这一栏填写相关信息，主要特性和其他特性都必须填写。

区域协调员需要根据提供的该设备的产品特性去判断该型号的设备是否与列出的三个型号中的某个型号是等效的。如果区域协调员确定该设备与指定的三个型号中的某个型号设备是等效的，那么这个价格数据就可以用来计算相对价格，也就是与其最接近的型号的价格。而如果该设备与三个型号的设备均不是等效的，那么这个价格数据将被丢弃。但是，如果区域协调员发现该设备型号与其他国家收集的"其他型号"的设备型号是等效的，那么空气压缩机这一设备就产生了一个新的型号，可以利用这一新型号设备产品的价格数据计算相关国家的PPP。

SPD表在第一部分给出了产品的基本类、产品名称、代码等基本信息，并且简单地介绍了其基本用途；第二部分给出了设备的一张例图，这张图是一张通用的图，并不要求选择的设备必须与图片一样；第三部分列出了产品的生产商和型号，其中阿特拉斯·科普柯是优先选择的类型，还有两个备选的类型——三菱和兰德；第四部分是销售产品的价格条件，特别是是否包含安装费、运输成本等；第五部分是产品特性，该部分只要求在没有收集指定设备型号而是收集了其他设备产品的情况下填写，分为主要特性（如功率、压力、转速等）和其他特性（如旋转方式、宽度、长度等）两部分，必须都要填写。

4. 核心产品清单的确认

前文已经涉及核心产品清单是由全球办公室先制定全球产品清单，区域协调员再根据自己区域的实际情况，结合全球产品清单制定出区域核心产品清单。产品核心清单是SPD表的依据，是数据收集的基础，只有制定出合理的产品清单，才能使国际比较更加有序地进行。

在制定产品核心清单时，要评估先前比较的产品清单，并结合本期比较的前期调查结果，减少已经不具有代表性和可比性的产品或是补充新的兼具代表性和可比性的产品，以便使新的核心产品清单能够适合本期的比较。之后建立核心产品的框架，通过考虑多方的建议建立最终的核心产品清单。

在2005年的机械设备国际比较中，全球办公室最后制定了108项核心产品，并且要求区域的核心清单中至少要包含全球核心产品清单中的80种，表4.8描述了这108项产品是如何分配的。

表 4.8　核心产品清单的分配

基本类	类型	产品数量
15.01.11.1	金属制品	5
15.01.12.1	一般用途机械设备	15
	A. 发动机及涡轮机，泵及压缩机	10
	B. 其他通用设备	5
15.01.13.1	特殊用途设备	39
	A. 农业和林业机械	2
	B. 机械工具	6
	C. 冶炼、开采和建筑机械	22
	D. 处理食品、饮料和烟草的机械	4
	E. 生产纺织品、服装和皮革制品的设备	0
	F. 其他特殊用途的机械	5
15.01.14.1	电气和光学设备	29
	A. 办公设备	5
	B. 计算机和其他信息处理设备	9
	C. 电气机械和器材	2
	D. 收音机、电视机和通讯设备和装置	3
	E. 医疗、精密的和光学仪器、钟表	10
15.01.15.1	其他制成品	0
15.01.21.1	机动车辆、拖车和半拖车	11
15.03.11.1	软件	9
TOTAL	—	108

资料来源：世界银行. 2013. 世界经济规模测度[M]. 世界银行印刷部

表 4.8 就是 108 项核心产品在机械设备的 GDP 支出基本类中的分配情况，由表 4.8 可以看出，在 2005 年一轮的比较中将机械设备分为两大组，并且进一步划分为七大类。与之前的区别是，把软件单独列出，没有归类于金属制品和设备一组，这可能是考虑到软件的特殊性，软件可能还会被归入其他项目的比较，但这并不影响机械设备的国际比较。从每一基本类中产品数量的分布可知，金属制品和软件的产品数量相对较少，而特殊用途的设备产品最多，这与设备产品的分布和价格数据收集的难易程度有关。

4.3.2　2005 年一轮机械设备国际比较数据收集方法及评价

1. 机械设备产品数据收集的基本原则

为了使收集的设备产品价格数据与国民核算保持一致，也就是与国民核算中固定资本形成总额中的机械设备的价格一致，要收集设备产品的购买者价格，这就意味着收集的设备产品的价格要将贸易、运输、交付和安装等过程中的费用包括在内，并且税收费用只包括购买者实际支付的进口关税和其他产品税。同时，在报告产品价格之前，要扣除该产品对大多数购买者都适用的折扣。因此，产品价格数据的收集要符合一定的原则。

（1）折扣。报告的产品价格要扣除一定的折扣价格，在此所说的折扣是指单个商品就有的折扣，而不是大订单量所产生的折扣价格，而且这个折扣必须在全年的大部分时间对大多数买者都是适用的。

（2）运输和交付费用。当设备产品的价格不包含运输和交付费用时，各个国家应该估算运输和交付这些设备产品的平均距离，再结合相关的运输价格来估算这些设备产品的运输和交付费用。

（3）安装费用。在安装设备的过程中会产生一些费用，在国民核算中这些费用作为固定资本总额的组成部分，称为安装费用。安装费用不仅包括在工厂或是其他地方物理性安装产生的费用，还包括对这些设备进行测试、运行和校准的过程中产生的费用。在设备的运输过程中一般不会产生安装费用。

（4）产品税。设备产品的价格要只包括不可抵扣的产品税。对于征收增值税的国家，有时候会允许购买者抵扣资本品的全额税收。而对于资本品的销售税或是其他产品税，有时也包括产品的进口税，允许全部或部分的被抵扣。因此，对于设备产品的价格中包含的税收要仔细确认。

（5）价格类型。从要求各个国家提交的设备产品的价格数据必须是实际交易价格而不是清单或目录价格开始，这些提交的价格就必须能反映设备产品的交易特征。清单或目录价格可能是这些价格数据的最初来源，而且必须对这些价格数据进行调整以满足上述的交易特征。

（6）年平均价格。为了排除价格波动的影响，计算 PPP 使用的是产品的年平均价格，因此，各个国家的专家要按照下面的规定收集全国的平均价格数据：对于一些很小的国家，比较适合在某单一的地区收集设备产品的价格数据，这个单一的地区可以是该国的首都或是最大的商业或工业城市，在这些地区能够收集到最具有代表性和可比性的设备产品；而对于比较大的国家，可能会具有几个大型的工业和商业活动的中心，那么，在这几个大的商业活动中心都要进行价格数据的收集，以便于计算全国平均价格。

（7）价格观察值数量。在很多国家，对于指定型号的设备产品一般只有唯一的经销商拥有经销权，这时只要收集一个单一的价格观察值就够了。但是，在某些国家，指定型号的设备产品可能有几个分销商，就需要收集设备产品的几个观察值来计算全国平均价格。对于收集一个还是收集多个观察值由各个国家的专家来决定。

（8）数据收集时间。报告的价格应该是基准年 2005 年全年的平均价格，按照原则应该在全年中定期收集价格数据。但是，经验表明所有国家几乎都是在同一时期收集价格数据的，因此没有必要收集全年的价格数据，2005 年一轮的比较是在年中收集的价格数据。

（9）二手设备。在 2005 年一轮的机械设备国际比较中，指定收集价格数据的设备必须都是新设备。虽然对于很多国家来说，进口二手设备在固定资本形成总额中占了很大的比例，甚至其中某些设备是由二手设备翻新得到的，但是，对二手设备的实验定价显示，不同国家二手设备的质量存在很大差异，要找到与指定型号的设备具有可比性的产品很困难。而且，要使价格数据具有可比性必须进行大量的质量调整，但在目前情况下，这种质量调整在实践中是不可行的。因此，在 2005 年一轮的国际比较中，规定收集价格数据的设备必须是新设备，即使二手设备比新设备更加具有代表性，也不能收集其价格数据。

2. 价格数据的来源

设备产品的价格数据可以从设备的生产商、进口商、经销商或是从他们的产品目录中直接获得。在 2005 年的机械设备国际比较中，采用了上述方法，同时也采用其他更加方便的方法，如个人拜访、电话联系、信件或互联网。但是，通过这些方法收集的设备产品的价格数据必须进行调整，以便于符合上述报告价格数据的原则，即要将运输费用、安装费用、产品税和折扣考虑在内。下面是常用的价格数据的来源。

（1）在国家统计局办公室。那些编制生产者价格、批发价格或进口物价指数的部门对设备产品的型号会比较熟悉，因此，从这些部门可能比较容易获得指定型号的设备产品的价格信息。另外，对于一些设备产品，如汽车和计算机，这些产品一般归类于住户消费支出，但是也与机械设备有关。因此，类似这种设备的价格数据可以通过减去增值税或其他产品税调节为机械设备比较中所需要的价格数据，而这些增值税或其他产品税一般是住户需要支付而公司或企业可以抵扣的税费。

（2）在该国境内。设备产品的经销商和分销商对各种设备型号会比较熟悉，因此，会知道哪些设备型号是比较中所需要的具有代表性和可比性的设备型号，并且会知道这些设备的详细特征和价格数据。但是，当从这些经销商和分销商获得价格数据时，必须确定这些价格中已经包括了所有的产品税和运输安装费用。另外，政府一般会定期购买运输和其他设备，而这些设备一般会集中在一个公共工程或是中心供应部门。政府可能会直接从生产商购买，也可能从当地的经销商或分销商购买，因此，也可以从这些经销商和分销商处获得政府购买的设备产品的价格数据。

（3）在该国境外。在 2005 年的机械设备国际比较中，给各个国家提供了机械设备制造商的网址列表。在这些制造商的网站上，SPD 表中所需的设备的技术信息一般都能找到，而且这些网站一般会有多种语言，甚至会为某一特定地区量身打造。但是，从网站上获得这些数据以后，也要进行调整，确保其将设备的运输安装费用和产品税等包含在内。

以上是价格数据的主要来源，在 2005 年的机械设备的国际比较中，数据的获得一般通过调查问卷的形式进行报告，表 4.9 是一份调查问卷。

表 4.9　亚洲、非洲一些经济体的数据调查问卷

区域	经济体	进口百分比						三个最主要的来源国或地区			差价（占进口设备到岸价格的百分比）				
		0~24	25~49	50~69	70~79	80~89	90~100				关税	增值税	交易	运输和安装费用	总计
非洲	喀麦隆			×				法国	美国	日本	18	9	58	···	85
	科摩罗	×						法国	阿联酋	留尼汪	13	1	···	···	14
	肯尼亚					×		英国	日本	德国	100	16	20	10	146
	马里			×				法国	美国	德国	5	18	20	25	68
	毛里塔尼亚		×					法国	美国	德国	4	11	···	15	···
	塞内加尔		×					法国	英国	美国	11	18	···	29	···
	塞拉利昂					×		英国	美国	比利时	···	···	···	0	···
	坦桑尼亚		×					日本	南非	英国	13	···	27	13	···
	乌干达						×	日本	德国	英国	19	···	6	19	···
亚洲	不丹		×					印度	新西兰	英国	5	17	10	18	50
	中国			×				欧盟	德国	日本	10	···	23	3	36
	斐济							澳大利亚	新西兰	日本	···	···	···	···	···
	中国香港						×	中国	日本	中国台湾	0	0	···	23	23
	印度		×					美国	德国	英国	25	···	10	3	38
	伊朗		×					德国	澳大利亚	西班牙	22	0	···	24	48
	中国澳门						×	中国	日本	韩国	0	···	···	···	···
	马来西亚		×					美国	日本	中国	5	···	10	5	27
	马尔代夫						×	新加坡	斯里兰卡	印度	···	···	17	5	20
	蒙古						×	俄国	日本	印度	5	15	···	10	30
	尼泊尔	×						印度	中国	中国	···	···	···	···	···
	巴基斯坦	×						中国	美国	意大利	···	···	···	···	···
	菲律宾		×					日本	美国	新加坡	7	···	9	9	25
	新加坡			×				马来西亚	美国	日本	···	···	···	···	···

资料来源：International Comparison Program Operational manual 2005

注：×表示相应横行经济体设备的进口百分比；···表示数据缺乏

表 4.9 给出了非洲和亚太地区一些国家的结果，但是没有进行系统的跟踪调查。在表 4.9 中很容易就能看出存在一些问题，如留尼汪岛和阿拉伯联合酋长国几乎可以肯定不是科摩罗群岛国家进口机械设备的来源国；尼泊尔报告显示，固定资本形成总额中来自进口的机械设备不足 25%；由肯尼亚报告的 100%关税也应该受到质疑。因此，2005 年一轮的调查问卷在操作过程中还存在一定的问题，需进一步的改进。

3. 价格数据的验证和 PPP 的计算

在 2005 年的机械设备国际比较中，各个国家把收集好的价格数据报告给区域协调员，区域协调员对这些数据进行验证。在各个国家将数据报告给区域协调员之前，必须确保机械设备的价格报告表格是填写完整的，包括设备的品牌、编号、型号和产品特性等，以减少后面修订工作的负担。

由于设备价格数据的复杂性，只通过简单的检查和独立的数据比对来修订价格数据是不够的。虽然一些规格品的价格数据在不同的国家间显示出一定的可行性和一致性，但是这并不意味着这些数据一定具有可比性。即使设备的产品特性没有显示出异常性，也必须进行一一核对，只要发现一点不匹配的迹象，就必须作为异常值按照修订过程中统一制定的方法进行处理。

2005 年的机械设备国际比较采用夸兰塔[①]（Quaranta）编辑程序鉴定设备产品的异常值时发现，异常值的设备需要与其他国家的设备产品的技术特性进行比对，一般会产生两种情况：一是存在异常值设备产品的技术特性与其他某些国家收集价格数据的设备的技术特性相匹配；二是存在异常值设备的技术特性与任何其他国家收集价格数据设备的技术特性均不匹配。针对这两种情况采取两种解决办法，若是第一种情况，则将该设备退回到收集其价格数据的国家，进一步确认其价格数据；若是第二种情况，就要求这个国家提供另一个设备的价格数据，该设备必须与其他国家提供的设备的技术特性匹配，然后根据这个国家的回馈情况，决定保留、替代还是丢弃该异常值。

2005 年机械设备国际比较中 PPP 的计算方法与一般的计算方法没有太大的差别，但是由于机械设备本身的特殊性，在计算的过程中有一定的区别。在前文的论述中已经简单介绍了机械设备计算 PPP 的方法，即首先计算每一对比国间每一种商品的 PPP，其次将各个产品分为两大组，利用一定的方法计算两大组分别的 PPP，最后再按一定的方法计算汇总的 PPP 进行比较。与其他项目的区别就是不是计算基本类的 PPP 而是分别计算机械设备两大组的 PPP。

目前，PPP 的计算方法一直是国际比较的热点，尚无占绝对统治地位的计算

---

① 夸兰塔检验是由著名学者 Vicenzo Quaranta 提出的，在 ICP 中用来检验数据的有效性。

方法，因此，PPP 的计算方法还存在很大的发展空间。

以上是 2005 年的机械设备国际比较中采用的具体方法。与之前的比较相比进行了很大的改进，也获得了很大的成功，但是仍存在一定的问题，下面我们将具体讨论其存在的问题。

4.3.3　2005 年的机械设备国际比较方法存在的问题

1. 数据收集对二手商品的忽视

在 2005 年的机械设备的国际比较中，没有涉及对二手产品的处理。世界上一些国家，由于自身的经济实力，它们习惯性从一些较富裕的国家进口一些二手设备。例如，斐济从澳大利亚进口大量使用过的机械设备，也门（西南亚国家）从沙特阿拉伯国家和其他富裕的海湾国家进口很多二手的运输设备，甚至在一些国家，进口的二手设备是固定资本形成总额中机械设备的主要组成部分，占固定资本形成总额的比例较大。

但是，2005 年的机械设备国际比较中收集的价格数据是市场交易价格，而直接收集二手设备产品的价格存在一定的困难。因此，2005 年的机械设备国际比较要求只收集新设备的价格数据。这样一些进口大量二手设备产品的国家，为了提交符合规定的价格数据，就会去收集一些新的或是其他设备的价格。但是这些设备并不是那些真正进口的设备类型，而且实际收集价格数据的设备产品在该国境内可能不具有代表性和可比性，甚至很少被使用，这样收集的数据就失去了代表性和可比性，PPP 的计算也会出现偏差，影响了国际比较结果的准确性和可信性。因此，二手产品的问题是一个亟待解决的问题。

2. 提交的数据类型各异

由前文的讨论可知，在 2005 年的机械设备国际比较中，各个国家提交的数据类型是不一致的。

在 2005 年的机械设备国际比较中，在提交的数据类型方面主要存在四个问题：①一台设备的成本价格和购买者价格之间相差的税收、运输和其他费用是否很重要？②是否针对所有的国家和所有的设备型号都提供这些差价信息？③一个国家提供了设备的成本价格，而没有提供相应的差价信息，如果在成本价格中增加这些差价得到近似的购买者价格，能否改善比较结果？④对于那些没有能力提供基本类中设备产品价格数据的国家，如果在汇率中增加相关的差价得到近似的PPP，能否改善比较结果。从这些问题可以看出，问题的焦点主要是提交的价格是成本价格还是购买者价格，如果提交的是成本价格，是否应该进行相应地调整及如何调整。针对这些问题，相关专家也进行了一定研究。

一些专家认为,对于 2005 年的 ICP 中没有能力提供设备产品价格数据的国家,可以通过汇率加上运输、税收等差价费用得到近似的 PPP,而这些差价会因为各国家运输成本、税收及供给等因素的不同而不同,这些因素又受到一国市场规模或供应商的市场力量等的影响,并且这些影响因素已经超出了比较项目的研究范围,因此,在实际操作中是不可能完成的。

有些国家在提交数据时并没有指明提交的数据类型是成本价格还是购买者价格,没有给出明确的差价信息。对于这些数据,要首先确认只是成本价格还是包含了差价的产品价格,这些都增加了数据类型判断的难度。

3. 数据收集的基本类和问卷的不足

在前文讨论中已经涉及机械设备的 GDP 支出类别的划分,并且在收集价格数据时主要收集五个基本项目的数据,而这五个基本项目下面又分为很多个类别。在数据收集的过程中,电动和光学是最容易收集价格数据的项目,其次是机动车辆和一般用途的机械设备。而对于所有国家和地区来说,金属制品和软件是相对比较难收集数据的。在 2005 年的机械设备国际比较中,其基本类相对较多。因此,可以根据五个项目中占 GDP 支出的比例大小、价格收集的难易程度及对这些项目价格数据变化的分析,决定淘汰某些项目,从而减少基本类个数,方便比较。

2005 年对参与国家的问卷调查主要是针对国际运费、保险和机械设备的其他费用等问题进行调查,而欠缺对机械设备发源地的考察,并且缺少进一步的跟踪调查。因此,在数据的可比性和有效性方面都存在一定的问题,如前文所列的非洲和亚洲相关国家的问题,虽然这些都只是很小的问题,但是问卷的不足很明显,必须加以改进。

4.4　2011 年一轮机械设备国际比较方法述评

2011 年一轮 ICP 经过实际调查阶段,已经进入最后的计算比较阶段,相应的机械设备比较也进入最后的计算比较阶段。本节将对 2011 年一轮机械设备国际比价中的相关比较活动进行详细讨论。

4.4.1　2005 年一轮机械设备国际比较对 2011 年一轮比较的建议

1. 数据收集方面的经验

(1)拟定对未提供差价信息的国家的处理方案。由于各个国家的经济实力或统计能力的不同,在数据收集时提供的数据类型或是包含的内容也会有所差别。

因此，在以后的 ICP 中要充分考虑和确保各个国家在获得差价和成本价格上保持一致性。对于那些没有能力提供任何设备价格的国家需要进一步的研究处理方法，以保证确立统一规范的准则。而对于那些用调整汇率的方法来近似的接近 PPP 的国家，要从 2005 年的报告中尽可能多地获得这些国家用于经济规模运输和其他贸易壁垒等方面的设备类型价格水平的相关信息。总之，要对那些没有提供规范价格数据的国家制定统一规范的应对或调整措施，以便更好地进行机械设备的国际比较。

（2）减少数据收集的基本类个数及改进一些设备项目。2005 年的数据收集的基本类个数相对较多，2011 年要对一些项目在 SPD 上进行一些改进或变化。初步的研究建议基本分类个数减少至 3～4 个，金属制品在收集价格数据时比较困难，可以淘汰。这样做不需要太详细地列出设备的支出份额，从而帮助很多国家解决了一个大难题。另外，要彻底审查 2005 年的核心清单，统一和简化这个清单，并更新规格，特别是要反映当代科技变化。要努力协调 OECD/欧盟、独联体国家比较项目的设备清单，或者至少寻求一个共同的核心使每个体系在收集价格数据时有一个很好的链接。

（3）补充对二手产品的数据收集。根据前文所述，在 2005 年的机械设备国际比较中，没有收集二手产品的价格数据。但是，二手产品在很多国家中都是普遍存在的问题，若是忽略对其价格数据的收集，势必会影响国际比较结果的可信度，因此，2011 年的国际比较必须补充对二手产品的数据收集方面的描述，解决二手产品数据收集方面的难题。2011 年国际比较中采用的价格因素法（price factor method）就很好地解决了二手产品的问题，价格因素法将在后文进行详细讨论，在此不再赘述。

2. PPP 计算的经验教训

在 2011 年一轮的机械设备国际比较中，有三种方式可以提高机械设备 PPP 的计算水平。

（1）标准的价格报告表要求，各个国家要提供其收集的所有设备类型的技术特性，即使有的国家只是收集了所指定的设备型号中的一个设备的价格数据。目前，只要求当国家没有收集指定型号的设备而收集了其他型号的设备时，才提供该设备的技术特性。这与 OECD/欧盟的做法不同，其要求即使是收集指定型号的设备，也要提供设备的技术特性，因为他们发现，具有相同型号的设备在不同国家也有可能是不同的。例如，制造商会根据各个国家法定安全标准调整设备的技术，而各个国家的法定安全标准是不同的。因此，在一个国家中强制要求的安全指标可能在其他国家是没有要求的，这就使得即使是型号相同的设备，技术特性也可能会不同。

（2）每个国家应该确定核心设备清单和区域清单中的重要设备产品。所谓重要产品是指在每一个基本类中占了相对比较大支出份额的产品。在 2011 年一轮的国际比较中用"重要性"代替了"代表性"，这不只是术语的改变。代表性是指价格水平具有代表性，而重要性是指在每个产品在基本类中所占支出比例的大小。尽管不能准确知道这个支出比例的具体数字，但是各个国家也应该对基本类中的各种产品进行排序。最畅销的设备中的一个或是两个评定为重要性产品，其他的设备评定为非重要性产品。重要产品在计算 PPP 时给予较高的权重，这将有助于提高计算的精度。

（3）在 2005 年的机械设备国际比较中，全球办公室负责制定设备产品的核心产品清单，而来自国家统计局和区域协调员的投入相对较少。但是通过 2005 年的比较经验可知，国家统计局和区域协调员对于产品的特性、品牌和型号更加了解，更加具有发言权。因此，在 2011 年一轮的机械设备国际比较中，各个国家统计局和区域协调员要建议将他们认定的重要设备产品加入设备的核心产品清单，并且坚持将这些重要设备产品加入到区域的核心产品清单中。

4.4.2　2011 年一轮机械设备国际比较数据收集方法的改进

1. SPD 表的改进

（1）机械设备的 SPD 表进一步具体化、详细化。机械设备的 SPD 表一般都是专家制定的，统一规定了所要收集价格数据的机械设备的类型、规格、型号等问题，在收集的过程中是否要增加额外的某些特征也是根据专家的意见进行选取的，存在很大的主观性。因此，在 2011 年的国际比较中，对于产品的结构描述会更加具体化、详细化，以便使各个国家能够在相对宽松的条件下进行数据收集，保证数据的有效性。在这方面，欧盟选择较小的产品，更详细地描述产品的使用方法，值得借鉴。但是不要用一种系统的方法建立回归方程，因为这样会需要太多的观测数据。

（2）重新设计数据收集的基本类个数。对于机械设备的基本类个数，在前文中已经进行了详细介绍，在 2011 年的国际比较中，基本类个数必须重新进行设置，减少基本类的个数，以便与国民核算更加紧密地结合在一起。要对 2005 年数据收集的核心清单进行简化，重新确定具有代表性的机械设备的核心清单。

（3）注重机械设备代表性可比性的问题。未来调查的目标是收集完全相同规格的设备的价格，或者至少是等效设备的价格数据，因此代表性的问题必须给予特别关注，排除非代表性对国际设备价格比较的影响。

2011 年的机械设备在规格品的选择上，借鉴欧洲统计局和 OECD 的方法，为保证设备产品的可比性，选择跨国集团的设备产品，一共选择了 190 种代表规格品，作为全球的设备产品核心目录。

2. 数据来源和调查问卷的改进

1) 考虑设备原产地问题

在 2011 年的 ICP 中，考虑了设备的原产地问题，在产品清单中会尽可能地反映各个国家进口设备的来源国。大部分国家的机械设备都要靠进口，如果在清单中能够很好地反映设备的原产地问题，对于进行设备的价格收集会有很大的帮助，并且有助于进行设备价格有效性的检验。而且有了设备的原产地，在利用价格因素法计算 PPP 时也便于各种差价的获得，同时对各种数据进行一定的核查。

另外，考虑设备原产地问题对于解决二手产品的问题也会有很大的帮助。知道了二手产品的来源，在将二手产品的价格进行拆分的过程中会比较明确，便于价格的核算。同时，也有助于辨别产品是否为二手产品。

2) 利用有用的网络资源信息

在进行数据收集的时候，不能只对参与国设备的销售点或是购买者进行调查，要学会利用网络资源，很多数据都可以从网上得到。国际运输费用和关税就可以通过网络资源获得一定的信息。国际上的船务公司都有自己的网页，可能会公布一些有关货物运输成本方面的信息，如美国的全球航运公司，能够从他们的网页上得到任何类型任何重量的机械设备从美国的主要港口运到世界各地的报价。另外，世界海关组织有一个关税数据库，关税是根据协调系统的七位数代码列出的，几乎所有的国家在对外贸易统计中都使用这种标准分类法。

表 4.10 就是从某船务公司网站得到的从洛杉矶将 20 集装箱的农业机械设备运到亚洲 10 个目的地的航运成本。

表 4.10　某船务公司的航运成本实例

目的地	成本/美元	目的地	成本/美元
曼谷	1 474	中国香港	1 048
金奈（马德拉斯）	2 061	雅加达	1 473
吉大港	2 368	卡拉奇	2 411
科伦坡	2 061	上海	1 082
海防	1 873	新加坡	1 373

资料来源：世界银行 ICP 技术咨询小组会议资料 2009 年

但是，并不是所有的网络资源都是可以直接利用的。例如，关税数据库就把亚洲的两个大国——印度和孟加拉国忽略了。而且在这个数据库中，每个国家的海关产品拥有两个或两个以上的关税，虽然适用于各个国家的各种群体，但是世界海关组织的数据库并没有指出哪种关税适用于哪个国家，因此，这就需要询问每一个进口国哪种关税适合哪种海关产品。而且，各个国家的关税结构也是不同的，有的很简单，有的很复杂，因此关税的计算方法也是不同的。有些数据虽然可以通过网络资源获得，但是一定要考虑其数据的可比性和有效性，以防采用了错误的或是不可比的数据，给比较带来一定的误差。

3）设计新的调查问卷

2005 年的调查问卷存在很大的问题，因此 2011 年要重新设置调查问卷，并且总结出了如下五项建议。

（1）这个调查问卷在接下来的几个月中将在来自不同地区的大约 10 个国家进行试点测试。国家的选择由各地区的协调员进行商定。

（2）在一些具体的问题的回答上，可能需要全球办公室的顾问或是区域办公室工作人员对一些国家进行访问。

（3）试点测试工作之后，在区域基础上展开调查，区域联络员将负起编辑和验证所回复的问卷信息的责任。引入区域协调员是期望产生更高的响应率及更可靠的数据。

（4）调查在 2010 年、2011 年和 2012 年实施，且分别收集 2009 年、2010 年和 2011 年的数据。只有 2011 年的数据用于该轮的机械设备国际比较，而其他年份的数据将用来测试调查方法和相应的调整过程。

（5）各个地区的所有参与国家都必须完成这个调查问卷。这将有助于由标准方法得到的数据结果和价格因素法得到的数据结果间的比较。

表 4.11 是草拟的针对进口机械设备的调查问卷，从下面的问卷中可以看到增加了对二手设备的调查，这是 2005 年的调查问卷中没有的。

表 4.11　草拟的进口设备的调查问卷

国家_____币种_____单位（千，万，等）_____年份_____

序号	描述	金属制品和设备	运输设备
1	应用于标准出厂价的附加费或折扣	%	%
2	以本国货币表示的进口货物的到岸价格		
3	以本国货币表示的国际运费		
4	以本国货币表示的国际保险费用		
5	以本国货币表示的海关关税		
6	以本国货币表示的非抵扣增值税和其他产品税		
7	贸易差价（综合批发和零售）：以本国货币表示的金额，或估计比率（占到岸价格的百分百）	%	%
8	安装费用：以本国货币表示的金额，或估计比率（占到岸价格的百分百）	%	%
9	进口的机械设备中二手设备的百分比	%	%

4.4.3　用价格因素法计算 PPP

计算 PPP 一般采用的方法是直接收集市场交易的价格数据，即所谓的标准方法，但是这种方法需要投入大量的人力、物力和财力，对国家的经济实力具有一定的要求。因此，对于很多发展中国家来说，用标准方法收集价格数据是比较困难的，而且发展中国家的机械设备大部分需要进口，针对这种情况，2011 年一轮的机械设备国际比较采用一种新的方法进行 PPP 的计算——价格因素法。价格因素法计算 PPP 主要适用于机械设备大部分需要进口的国家。

1. 价格因素法的基本原理

价格因素法的基本原理是将机械设备最终需要收集的价格分解成若干相关的价格因素。一般情况下，几乎所有的机械设备都需要依靠进口的国家会使用价格因素法。对于一个进口设备，其价格可以分解成出厂价格和一系列成本价格，可以将其分解为购买者将其从出产地带到所使用地的过程中获得的各种差价费用，这些差价费用在表 4.12 中列出。其中，包括除运输设备、安装成本费用以外的贸易及运输费用、关税和其他费用。

表 4.12　进口设备在进口国安装和准备使用的过程中所包含的各种费用

运算	在出口国的标准出厂前价格
加	对国家或地区扣除折扣的附加费
加	在出口国扣除补贴后的产品税
加	在出口国的贸易利润
加	在出口国的拖运费（从工厂到码头）
加	在出口国的码头使用费
加	在出口国的相关海关文件的费用
等于	在出口国的离岸价格
加	国际运费
加	保险费用
等于	在进口国的到岸价格
加	在进口国的相关海关文件的费用
加	在进口国的海关关税
加	在进口国使用码头的费用
加	在进口国扣除补贴后的产品税

续表

运算	在出口国的标准出厂前价格
加	在进口国的贸易利润
加	在进口国的运费（从码头到使用设备的目的地）
加	在目的地的安装费用
等于	在进口国安装、准备使用的价格

资料来源：2009 年世界银行 ICP 技术咨询小组会议资料

为更好地理解价格因素法的原理，下面看一个具体的例子。

假设有两个国家——A 国和 B 国，它们从相同的厂家引进一个特殊类型的设备。如果在两个国家所产生的所有差价费用都用相同的货币表示，如美元，看一个公式

$$\frac{P_A}{P_B} = \frac{XR_{A/US}(F + a_1 + a_2 + \cdots + a_n)}{XR_{B/US}(F + b_1 + b_2 + \cdots + b_n)} \tag{4.1}$$

式（4.1）中，P_A 和 P_B 是用各自国家货币表示的机械设备在这两个国家准备安装使用的价格；$XR_{A/US}$ 和 $XR_{B/US}$ 是这两个国家的币种相对于美元来说，一美元可以兑换的各自国家币种的数量；F 是指用美元表示的机械设备的出厂价格。无论是在出口国还是 A 国本身，$a_1, \cdots, a_n$ 表示用美元表示的在进口国 A 通过进口所发生的各种差价。同样的，$b_1, \cdots, b_n$ 表示在进口国 B 国通过进口设备所产生的各种差价。而 P_A/P_B 表示双边国家购买机械设备的 PPP 问题，且 B 国为基准国。$XR_{A/US}/XR_{B/US}$ 表示两国间的兑换率。由此式（4.1）可以改为

$$PPP_{A/B} = \frac{XR_{A/B}(F + a_1 + a_2 + \cdots + a_n)}{(F + b_1 + b_2 + \cdots + b_n)} \tag{4.2}$$

式（4.2）就变成 A、B 两国间 PPP 比较与两国兑换率之间的关系式了。需要特别指出的是，此处把 B 国作为双边比较的基准国。再进一步，如果把 a_i 和 b_i 变为出厂价的比率并且记为 α_i 和 β_i，那么式（4.2）又可以变为

$$PPP_{A/B} = \frac{XR_{A/B}(1 + \alpha_1 + \alpha_2 + \cdots + \alpha_n)}{(1 + \beta_1 + \beta_2 + \cdots + \beta_n)}$$

$$= XR_{A/B}\left(\frac{1 + \sum_{i=1}^{n} \alpha_i}{1 + \sum_{i=1}^{n} \beta_i}\right) \tag{4.3}$$

式（4.3）中，大括号中的式子被称为调整系数，其使两国间的汇率等于 PPP，是在两国间发生的所有差价费用加总的总和之比，这些费用是指在上表中列出的各种项目与出厂价格之比。上面所列出的就是用价格因素法计算 PPP 的具体的计算过程。

由以上价格因素法的基本原理可知，在使用价格因素法的过程中，因为将价格进行了分解，所以会产生多个差价费用，如进口设备的到岸价格、运输费用、安装成本、国际保险等，这些费一般都比较好理解，前文中也有简单介绍，在此只对进口产品的到岸价格进行简单说明。

到岸价格是在进口国边境交付的价格，包括在那一点发生的任何保险和运输费用，但是不包括关税或进口产品的其他税费，也不包括在进口国家的贸易运输等费用。到岸价格是评估机械进口的标准方法，因此，进口设备产品的到岸价格可以从对国际机械设备贸易的常规统计数据中直接获得。这里所说的进口设备产品是那些固定资本形成总额的部分组成部分。组成固定资本形成总额的设备产品可以用国际贸易标准分类（standard international trade classification，SITC）或海关的机械贸易分类来鉴别。一些商品，如机动车辆和私人电脑，都是国家或家庭资本形成或最终消费的组成部分。为最终消费而进口的产品应排除在外。

2. 价格因素法在实际中的应用

虽然价格因素法在很多国家是比较容易操作的，但是在实际应用中也存在一些不可调和的问题。

首先，前文提到的出厂价是不可能获得的，进口国的统计局没有相关的出厂价信息，并且他们也不会获得这些设备从出口国传送到进口国的过程中所产生的各种成本或差价的任何信息。另外，在实际中，生产商也不会把相同的设备以相同的出厂价出售给不同的国家，他们会把相同设备的价格调整到每一个进口国能够支付的价格。一般所说的相同机械设备的出厂价格是指标准出产价格是相同的，如果用这个价格，那么前文提到的式（4.3）就成立了，但用这个价格明显是不合实际的。因此，在实践中用其他价格来代替出厂价格是有必要的，当然这个价格即使是不一致的，也必须是类似的价格。最好的选择是使用出口国的离岸价格，但是大多数的国家都用到岸价格报告他们的进口货物，到岸价格包括将货物运送到进口岸处的运费和保险费，因此建议以总的国际保险和运输费用比上商品总进口价值量为基础，将到岸价格近似的转化为离岸价格。

其次，应该把汇率调整成以金属制品和设备、运输设备两大群组为来源的设备物品的近似 PPP。这意味着在式（4.3）中用来调整系数的各种差价不是从特定国家进口特定型号机械设备时所提到的成本价格，而是从任何国家进口的所有这两大群组的设备物品的差价的平均值。例如，运输费用是指把金属制品和设备、运输设备分别作为一个整体，把这两个整体从抵达的港口运送到它们使用的地方所收取差价的平均值。

各个国家也要提供进口的机械设备的两大组的到岸价格、所有进口设备的到岸价格和所有进口设备的国际保险和运输费用。表 4.13 是用价格因素法对金属制品和设备、运输设备这两大组的价格报告表格。

表 4.13　价格因素法的报告表

国家____	币种_____		年份_____
项目	描述	金属制品和设备（组 150110.0）	运输设备（组 150120.0）
1	进口设备的到岸价格		
2	关税		
3	不可抵扣的增值税或其他产品税费：数目和占到岸价格的百分比	%	%
4	在进口国的运输费用：数目和占到岸价格的百分比	%	%
5	在进口国的批发和零售贸易利润：数目和占到岸价格的百分比	%	%
6	安装成本：数目和是占到岸价格的百分比	%	%
7	总的进口货物的到岸价格中的所有价格项目，包括那些本地居民和非本地居民提供的保险费和运输费用		

完成报告表格的国家：
地址：
e-mail：
电话：
通信地址：

资料来源：世界银行. 2013. 世界经济规模测度[M]. 世界银行印刷部

3. 调整系数的计算

区域协调员可以利用表 4.13 中收集的信息计算近似形式的调整系数，并且与汇率相乘得到近似的 PPP。需要如下四步。

第一步：到岸价格向离岸价格的转换。把报告中提到的进口这两大群组中任何一组设备产品的到岸价格，通过用总的国际保险及运输费用与总机械设备进口的到岸价格比例转化成近似的离岸价格。这个离岸价格用作最接近出厂价格的近似值。

第二步：计算总差价与离岸价格的比率。接下来的每一个指标都是与进口设备产品的近似的离岸价格的比率来计算的。总差价为关税、不可抵扣的增值税和其他产品税、运输费用、批发和零售贸易利润、安装费用的和。

需要注意的是，金属产品和设备、运输设备的计算是分开来计算的。每个国家的比率进行加和计算，$1+\sum_{i=1}^{n}\alpha_i$ 为国家 A 的，$1+\sum_{i=1}^{n}\beta_i$ 为国家 B 的，以此类推，在这个地区的所有国家都使用价格因素法。

第三步：计算双边 PPP。每一对比国家间的汇率乘以相关的调整系数就得到金属制品和设备、运输设备的双边国家的 PPP。

第四步：多国比较的实现。第三步计算得出的 PPP，是双边国家 PPP。将这些 PPP 通过 EKS 方法进行传递后，可实现多国比较。

表 4.14 给出了一个具体的例子，按照上述的四步进行计算调整系数和 PPP。

表 4.14　计算调整系数和 PPP

项目	国家 A-用本国货币表示的所有价格数据	国家 B-用本国货币表示的所有价格数据
进口的金属制品和设备的到岸价格	3 000	16 000
关税	250	800
不可抵扣的增值税和其他产品税	300	1 000
运输费用	80	300
批发和零售贸易利润	160	800
安装费用	120	580
所有进口的机械设备的到岸价格	75 000	340 000
所有进口的机械设备的保险和货运费用	800	3 000
每一美元换算的当地货币的数量	35	75

资料来源：世界银行.2010 年第四次技术咨询小组会议暨第三次区域协调员会议

下面根据表 4.14 的具体数值进行计算。

首先，第一步将进口的金属制品和设备的到岸价格转化为近似的离岸价格。

在 A 国家：$3000 \times (1-(800/75\ 000))=2968$

在 B 国家：$16000 \times (1-(3000/340\ 000))=15859$

第二步，计算所有的差价与近似的离岸价格的比值。

A 国：$(250+300+160+80+120)/2968=0.307$

B 国：$(800+1000+800+300+580)/15859=0.219$

第三步，将汇率调整为近似的双边 PPP。

以 B 国为基准国，两国的汇率为 A/B=35/75=0.467。

以 B 国为基准国，PPP 为 $PPP=0.467 \times (1+0.307)/(1+0.219)=0.500$。

以 A 国为基准国，两国的汇率为 B/A=75/35=2.143。

以 A 国为基准国，PPP 为 $PPP=2.143 \times (1+0.219)/1+0.307=2.000$。

这样就得出了两国比较的转换因子 PPP。

因为在表 4.14 中只有两个国家，所以第四步是不需要的。当超过两个国家使用价格因素法进行比较时，这些国家通过价格因素法获得的 PPP 将通过 EKS 程序传递。对于 EKS 法在后文将详细介绍，在此不再阐述。

在这个例子中，在工作表第一部分列出的差价，A 国一般都高于 B 国，这表示在 A 国，PPP 要高于它的汇率；而在 B 国，PPP 要低于其汇率。如果汇率已经替代 PPP 来使用，那么在 A 国已经高估了其设备商品的总值，而在 B 国却低估了其设备商品的总值。

4. PPP 的汇总和链接

在 2005 年的机械设备国际比较中，将全球划分为六个区域，先进行区域内的比较，然后再链接成全球性的比较结果。不同的区域，其采用的内部 PPP 的连接方式不尽相同，OECD 和欧盟采用 EKS 法，而其他地区选择了 CPD 法。2011 年一轮的机械设备国际比价对区域内部 PPP 的连接方式也没有做统一的要求，认为各个区域内部的连接方法都比较成熟，所以可以沿用 2005 年一轮比较中的方式，选择最适合自己区域的方法。

2005 年的机械设备国际比较采用环形国法对区域间的 PPP 进行链接，也就是在各区域内选择几个环形国家或地区，通过这些环形国家或地区进行各区域间的机械设备比较。但是，在比较的过程中，不论是产品规格表的制定，还是数据的收集和计算，都会受到环形国家或地区自身支出结构和价格水平的影响，会对整个比较的过程产生不良的影响，造成最后比较结果的扭曲。

2011 年一轮的比较采用全球核心产品目录法对区域间 PPP 进行链接，具体方法为：首先，全球办公室提供全球的核心产品清单，各个参与国根据这个清单收集设备产品的价格和支出数据，这样就能保证各个国家或地区产品的一致性，有助于最后的 PPP 连接；其次，各个国家或地区将收集好的数据提交给全球办公室，将这些设备产品分为金属制品和设备、运输设备两大类，分别计算这两大类的综合 PPP；最后，采用加权的 CPD 法，将区域的 PPP 连接起来，得到全球的 PPP，在这个过程中要将原来用区域基准货币表示的 PPP 统一转化为用美元表示。

这种方法有两个好处：一是它收集价格数据的依据是全球核心产品清单，这就保证了收集的价格在各个国家都是可比的，避免了环形国家或地区自身支出结构特点造成的比较结果的偏差；二是该方法采用加权的 CPD 法将区域的比较结果连接成全球的比较结果，使区域比较结果得到了很好的利用和保存。

但是，这种方法也有不足之处：一是大大增加了收集价格数据的数量，加重了调查负担；二是各个国家或地区要根据全球的产品核心清单收集相关数据，而这个清单中的一些设备产品可能不是本区域内的代表性产品，但仍需要收集相关数据，这不但增加了工作的难度和强度，甚至会降低数据的可信性，因为各个国家或地区对于不是本国或本地区的代表性产品，不一定熟悉，可能会产生一定的理解偏差，在数据收集时出现错误；三是在进行数据验证和最后计算时，数据规模会非常巨大，无形中增加了工作难度，而且价格数据奇异值的比例增大，数据准确性的鉴定难度较大。

4.5　机械设备国际比较的重点、难点分析

4.5.1　设备产品核心清单的制定和数据质量的保证

1. 如何拟定机械设备国际比较的核心产品清单

要进行机械设备的国际比较，收集数据是关键的一步，而进行数据的收集，必须要有明确的核心产品清单，才能够根据清单去收集设备的价格数据。因此，制定核心产品清单是国际比较中机械设备比较的重点和难点。

制定的核心清单不但要反映全球市场和产品，而且要在各个地区具有代表性和一致性。在实践中，针对 2011 年一轮机械设备国际比较，多数专家认为要以 2009 年欧盟统计局的清单为起始点，同时要适当地包含 2005～2006 年的结果。专家还认为，可以将清单分为专利产品和非专利产品两类。在最后确定清单之前可以进行试点工作，选择两个地区进行清单的试点工作，明确测试的总体目标。在测试的过程中，要明确哪些是专利产品，哪些是非专利产品；哪些非专利产品和项目被提交了，哪些不包括在清单中的项目被提交了等。通过这些测试，将存在偏差的产品剔除，确保最后的清单要反映全球市场和规模，确保最后的清单可以保证各地区的平衡。

在制定清单的过程中，还要充分考虑产品的代表性问题。在进行国际比较时，确定的产品不仅要具有代表性，还要具有可比性。不能确定的产品只是某一地区的代表性产品，但是却不存在可比性。清单中的产品要具有全球代表性，因此在制定清单时，一般要选择国际性的大品牌产品，在全球范围内都能够找到的产品，这样在收集价格数据的时候才能收集质量规格一致的产品。另外，由于很多国家都需要进口机械设备，而且一般都会选择比较大型的品牌，这有助于收集到质量规格一致的产品。

2. 如何保证数据的质量

统计数据的质量并不是说数据没有错误就行，还包括很多方面，如选择数据是否适用于该项活动、所选的数据是否具有时效性、所选的数据是否能够与之前的数据进行比较等。不论进行何种统计活动，数据质量都是必须首先要考虑的。

在机械设备的国际比较中，同样要特别重视数据的质量问题。在比较的过程中，数据的质量不仅受到数据收集阶段抽样调查的影响，还受到一些人为因素的

影响。例如，在报告数据的过程中，因为某些原因会存在报告虚假数据、编造不存在的数据或不肯上交已经收集的数据等情况，这些错误都会对数据的质量产生不良的影响。另外，不论在数据的收集还是验证阶段，一般都是人为操作的。因此，在操作的过程中产生错误是不可避免的，如抄错某项数据或在计算的过程中产生错误等，这些错误都会造成数据的质量问题。

因此，在进行国际比较数据的收集和处理过程中，一般都选择具有专业知识的人员，并且必须进行一段时间的培训才能进行实际工作。这些工作人员不但要对设备市场有所了解，具备一定的统计技能，而且要会操作相关的数据处理软件。在数据收集和处理过程之中，要不断反复地检验，以确保数据的质量。

数据验证阶段对于保证数据的质量也是非常重要的。各国国家和区域负责人员都必须对收集的数据进行相关检验，确保数据的有效性、一致性，检验是否存在重复收集的情况。所有的这些工作都是为了将有问题的数据检查出来，加以修正或者丢弃，以保证数据的高质量。

另外，在技术提高的同时，也要在理论框架上加强改进。随着国际比较不断的推进，全球办公室也不断地提出保证数据质量的措施，逐渐形成了比较成熟的数据质量保证框架体系，主要包括六个方面：提高数据质量的前提条件、诚信保证、统计方法健全、数据准确和可靠、数据适用、数据可获得。这六个方面要渗透在机械设备国际比较的各个流程中。

4.5.2　设备产品代表性与可比性的平衡

1. 产品代表性与可比性的内涵

产品代表性是就单个国家而言的，代表性产品是指在基本类支出中所占比例较大的产品。一般由专家挑选代表性产品，因此，专家经验的多少决定了代表性的好坏。

产品的可比性是指在比较的过程中，各国选择的设备产品性能是相同或基本等效的，遵循多个国家中同质设备才能进行比较的原则。产品的可比性需要两个标准，一是具有相同的物理特性及经济特性；二是消费者认为没有差异的产品。不论哪个标准都是相同的原则：消费者愿意支付的价格相同。虽然影响产品价格的因素很多，但在 ICP 中侧重的产品特性是对价格有直接影响特性，如产品的包装、重量、体积等物理特性及品牌等。在 ICP 中，一般用 SPD 表来确保产品的可比性。

2. 产品代表性和可比性的矛盾性

产品的代表性和可比性很容易出现矛盾的情况，即具有代表性的产品不一定具有可比性, 具有可比性的产品不一定具有代表性。在进行机械设备国际比较的过程中, 侧重点不同就会带来不同的结果。如果相较于代表性更加重视可比性, 那么在选择设备产品时, 可能会选择各个国家都有而在本国却很少的设备, 这样的设备价格势必会较高, 因此, 在最后的比较中会造成对 GDP 的高估; 相反地, 如果更加注重于代表性, 选择的产品的价格可能会比较低, 最终造成对 GDP 的低估。这两种情况都是不可取的, 必须同时重视代表性和可比性。

在一些发达的地区, 可能某些高档商品是该地区的代表性产品, 而在一些欠发达的地区, 却是一些低档品对该地区的影响较大。因此, 在国际比较时, 为了保证商品的代表性和可比性, 就会选择两个地区中都有的一些介于高档品和低档品中间的产品来代替。这无形中提高了欠发达地区的价格水平, 降低了发达地区价格水平, 最后的比较结果肯定是高估了欠发达地区的经济总量, 低估了发达地区的经济总量, 导致比较结果的不可信。因此, 为了避免这种情况发生, 在进行国际比较时, 要对全球区域进行划分。在划分的过程中, 划分在同一区域的国家, 经济发展情况要相近, 地理位置也比较接近, 这样能够使支出结构和市场情况有一定的相似性, 使得所选择的设备产品在各个国家能够有比较均衡的代表性和可比性。

另外, 在 4.4 节的讨论中, SPD 表的使用对保证设备产品的可比性和代表性也有一定的帮助。因此, 要综合各方面的因素保证设备产品的代表性和可比性。

4.5.3　PPP 的计算方法

1. 价格因素法中涉及的各种差价

用价格因素法计算 PPP 的基本原理是将机械设备的价格分解成各种组成部分的价格。这些价格数据包括产品进出口的关税, 设备产品从出口国运输到进口国过程中产生的国际运费和保险费, 以及从进入进口国到设备安装使用过程产生的运输费用、安装成本等费用。但是, 在实际计算过程中, 因为出厂价的不可用性, 需要将设备产品的到岸价格转化为近似的离岸价格, 然后再利用价格因素法的公式计算设备产品的 PPP。从价格因素法的式 (4.3) 中可以知道, 要先进行调整系数的计算, 然后利用两国的汇率计算近似的 PPP。因此, 价格因素法实际上可看成是汇率调整法, 通过在汇率上增加利润率、税率等使其近似的等于购买者价格比率。

对于价格因素法, 前文已经详细讨论过, 要用价格因素法计算 PPP, 取得从运输到安装使用过程中的产生的各种价差是必不可少的, 否则将无法计算调整系数，而各种差价的获取就是重点难点所在，必须加以重视。

另外，由式（4.1）可知，要用到出厂价格，但是在实际情况中，出口到各个国家的出厂价格是不同的，即使是相同的产品，厂商也会根据各个国家的实际情况对出厂价格进行调整。虽然标准出厂价格是相同的，但是用在式（4.1）中却又不符合实际情况，因此，需要选择类似的价格代替出厂价格，一般选择出口国的离岸价格。而大多数的国家都用到岸价格报告其进口货物，因此，又需要将到岸价格转换为离岸价格，可见对于出厂价格的处理也是比较烦琐的，在这些转化的过程中如果有一项出错就会影响整个国际比较的结果分析，必须加以重视。

2. 多边国际比较中的 EKS 法

1）EKS 法在综合购买力平价中的应用

机械设备国际比较的最终目的是通过计算各级的 PPP，最后汇总为全球的 PPP 进行国家间的比较。各级 PPP 的计算方法也有所差别，如在计算基本类的 PPP 时，一般采用 EKS、CPD、GK 等方法，而计算综合 PPP 一般采用 EKS、GK、最小间隔树法等方法。因此，有些方法是可以通用的，限于篇幅，下面只对 EKS 法做简单地讨论。

在进行多边 PPP 计算时，使用双边 PPP 的计算方法得出的结果一般是没有传递性的。而在进行机械设备国际比较时，PPP 的可传递性是一个非常重要的。只有 ICP 所得出的结果具有传递性，才能进行多边比较。因此，必须使用一种方法将没有传递性的 PPP 转化为有传递性的 PPP。EKS 就是所需要的方法，首先对 EKS 法在 PPP 汇总中的应用进行简单的讨论。

假设有 C 个国家，使用 EKS 法计算国家 k 基于国家 j 的 PPP，首先，计算 k 国与其他 $C-1$ 个国家的直接双边 PPP，一般采用双边费雪 PPP 指数；其次，计算 j 国与其他 $C-1$ 个国家的直接双边 PPP；最后，利用公式计算两组 PPP 的加权平均，得到的就是用 EKS 法计算的 PPP，记为 PPP_{EKSjk}：

$$PPP_{EKSjk} = \left\{ \prod_{l=1}^{c} \frac{PPP_{jl}}{PPP_{kl}} \right\}^{\frac{l}{c}} \tag{4.4}$$

由式（4.4）可知，使用 EKS 计算出的 j、k 两国的 PPP 是 C 个国家中所有的间接 PPP 的几何平均数。其中，当 $l=j$ 或 $l=k$ 时，$\frac{PPP_{jl}}{PPP_{kl}} = PPP_{jk}$，这意味着 j 和 k 之间的直接双边比较结果在 EKS 中的几何平均数计算了两次，即其权重比其他间接比较要高。下面看一个简单的例子。

假设有五个国家进行机械设备的国际比较，并且采用 EKS 法进行汇总。各国的直接双边费雪 PPP 指数如表 4.15 所示。下面计算国家 1 和国家 3 之间的 PPP。

表 4.15　五个国家的直接双边费雪 PPP 矩阵

k ＼ j	1	2	3	4	5
1	1.000	2.000	1.300	1.500	2.100
2	0.500	1.000	1.700	2.200	0.526
3	0.769	0.588	1.000	0.556	1.100
4	0.667	0.455	1.800	1.000	2.300
5	0.476	1.900	0.909	0.435	1.000

首先，计算国家 1 与其他四个国家的直接 PPP，即表 4.15 中的第一行；其次，计算国家 3 与其他国家的直接 PPP，即表 4.15 中的第三行；最后，根据式（4.4）计算 EKS 的 PPP：

$$PPP_{EKS13} = \left\{ \prod_{l=1}^{5} \frac{PPP_{1l}}{PPP_{3l}} \right\}^{\frac{1}{5}} = \left(\frac{PPP_{11}}{PPP_{31}} \times \frac{PPP_{12}}{PPP_{32}} \times \cdots \times \frac{PPP_{15}}{PPP_{35}} \right)^{\frac{1}{5}}$$

$$= \left(\frac{1}{0.769} \times \frac{2}{0.588} \times \frac{1.3}{1} \times \frac{1.5}{0.556} \times \frac{2.1}{1.1} \right)^{\frac{1}{5}} = 1.969$$

可见，国家 1 与国家 3 间的 PPP 为 1.969，以此类推，能够计算其他各对国家之间 EKS 的 PPP。

2）EKS 法在基本类 PPP 计算中的应用

EKS 法经历了三个变种，最早是原始的 EKS 法，它是所有 EKS 法改进的基础。其基本思路是，先计算产品的年平均价格，然后计算所有产品的年平均价格的几何平均数，得到的就是基本类的 PPP，计算方法比较简单。计算的方便性是原始 EKS 法最大的特点，并且在计算的过程中 PPP 是能够传递的，这有助于多变比较的进行。但是，这种方法给具有不同代表性的产品赋予了相同的权数。这比具有代表性的产品更能说明经济现实的状况是不同的。

基于原始 EKS 的缺陷，出现了 EKS* 法。其在原始 EKS 法的基础上引入了代表性的概念，对代表性产品和非代表性产品进行差别处理。EKS* 法可以看做是一种加权的 EKS 法。例如，应该将用于计算 j 国和 k 国 PPP 的产品分为三类：一种是在 j 国有代表性也有价格数据，在 k 国没有代表性但有价格数据；第二种是在 k 国有代表性也有价格数据，在 j 国没有代表性但有价格数据；第三种情况是在两国都有代表性也有价格数据。EKS* 法给这三种产品分别被赋予了不同的权重，这样就考虑了产品的代表性问题，剔除了在两国都不具有代表性的产品。但是，通过 EKS[*]法得到的 PPP 不一定都是无偏的，如 k 国的代表性产品若都包含在 j 国的代表性产品中，就会出现偏差。

基于 EKS[*]法存在的问题，又出现了第三种 EKS 法的变种——EKS-S 法。为了解决偏差问题，EKS-S 法进行了一定的改进。首先，将所有的产品和对应产品的 PPP 分为三组，这三组中都含有各不相同的产品，其中第二组为两个国家中都具有代表性的产品。其次，将第二组的设备产品的 PPP 计算两次，增加可信性。这样之后，三组的权数重新确定了，在保持总权数不变的情况下给第一组和第三组赋予相同的权数，而第二组的权数保持不变。最后，用新的调整之后的权术计算三个组的 Jevons 指数，并计算其加权几何平均数。之后的计算与 EKS[*]法一致，这样就考虑了估计值的无偏性问题。

EKS 法是在 ICP 中应用最早的方法，在不断的比较中该方法也在不断改进和变化，它最大的特点就是将计算的不可传递指数转化为可传递的指数，这在多边国际比较中是非常重要的。

3. 用 PPP 进行机械设备国际比较的不足

1）代表规格品的可比性和代表性互相矛盾

在机械设备的国际比较中，各国根据全球办公室制定的产品规格表去收集设备产品的价格和支出数据，但是产品规格表中的产品很难同时满足代表性和可比性的要求。发达国家的机械设备质量往往要比发展中国家高出很多，发展中国家的机械设备质量低价格也低，甚至是二手产品，而发达国家中的机械设备质优价高。这样，在选择设备产品时，就不可能使选择的设备产品既在发达国家具有代表性，又在发展中国家具有可比性。

而在进行 PPP 计算时，如果选择在发展中国家具有代表性的设备产品，那么在比较的过程中，就可能高估了发展中国家的经济规模；反之，选择可比性产品，就会对发展中国家缺乏代表性，同样会影响比较结果的真实性。

2）没有考虑商品的非物理性导致的质量差异

商品质量差异受两方面的影响：一是受产品的特性等物理性差异的影响；二是除物理特性之外的其他因素的影响，如产品的购销环境、服务水平等。在国际比较的过程中，只考虑了第一方面的影响，而没有考虑第二种非物理特性的影响。但是，在实际情况中，即使物理特性相同，在不同的地方或不同的季节出售，价格也会有所不同。对于发展中国家的产品，由于销售环境差、服务水平低等条件，产品销售的追加值会比较少，产品的价格也就比较低；相反地，在发达国家出售的产品，销售环境比较好，而且服务质量比较高，产品的追加值就比较高，产品的价格也就相对比较高。但是，在机械设备的国际比较中没有考虑这方面的影响，从而在一定程度上高估了发展中国家的货币 PPP，进一步高估了其经济发展规模和 GDP。

3）进口设备类型差别的影响

对于大型的机械设备，大部分的国家都是靠进口的。这样，由于各个国家的经济实力或经济行业的不同，选择进口的机械设备类型也会有很大差别。例如，发展中国家经济欠发达，工业发展比较缓慢，农业方面比例比较大，因此，在选择进口的设备类型时，会偏重于适合农业生产的设备，而且即使选择其他的设备，也会选择几个比较便宜的类型；发达国家工业所占比例比较大，因此，在选择设备类型时，会偏重于选择适合工业发展的设备，而且设备的价格也比较昂贵。因此，在进行国际比较时，由于所选的设备类型不同，在制定产品清单时会存在一定的难度，在计算购买力时也会存在一定的难度。

4）服务价格不可比

无论在哪个国家和地区，商品的服务价格是不能直接利用市场价格进行衡量的。对于各种服务性的工作，各个国家都会给予一定程度的价格补贴。不同的国家在这方面的差异较大，并且补贴的范围也有很大的不同。发展中国家的补贴范围更广，政府的支持和管理力度更大。因此，服务价格在不同国家之间的价格是不同的，不能直接进行比较。在机械设备的生产、运输或安装使用的过程中都会牵扯到工人提供的服务问题，因此，对于服务价格的不可比性也会影响到机械设备的国际比较。

在 ICP 中，采用投入法来代替其服务价格。但是这种方法有一个前提，就是劳动生产率相同。这种假设明显是不实际的，在发达国家中的劳动生产率明显高于发展中国家，这也正好印证了同样的服务在发达国家的工资明显高于发展中国家的工资。另外，在不同国家的政府服务问题也是比较难的问题。因此，服务价格的不可比性也同样影响到 PPP 的计算，进而影响到机械设备的国际比较。

5）各国数据收集统计能力存在差异

ICP 关键的一步就是价格数据的收集工作，而收集的价格质量与国家的数据收集能力是直接相关的。由于世界上各个国家的经济实力之间存在差别，而收集价格数据不单单需要专业的技术水平，还需要大量的人力、物力、财力的投入。因此，发达国家在价格收集能力方面要明显的强于发展中国家。

另外，由于各个国家收集价格数据能力的不同，在收集的价格数据的类型方面也会存在很大的差别，正如前文所提到的，有些国家提供的数据包含差价信息，而有些国家提供的数据没有包含差价或难以辨别是否包含差价。这些数据类型的不确定性会影响到 PPP 的计算，进而影响到国际比较的进行。

4.6 机械设备国际比较研究展望

中国虽然已经成为世界第二大经济体，但是与其他国家相比，人均 GDP 很低，近年绿色 GDP 的呼声越来越高，中国随着经济的高速发展，环境出现了很大的问题，如果按照绿色 GDP 推算，中国的人均 GDP 会更加落后。中国要想在未来的世界经济强国中争得一席之地，必须要清醒地认识到自己的劣势，更要清楚地认识到自己的优势。因此，要积极地参与到 ICP 中。

本章梳理了机械设备国际比较的四个基本流程，并且对各个流程中涉及的各种各样的方法进行了分析和讨论，提出了存在的问题和相应的解决办法。通过本章的研究，我们对机械设备的国际比较有了深入的了解，并且得到了一些有益的结论。

（1）机械设备的国际比较的四个环节环环相扣，前一个环节是下一个环节的基础。因此，在进行比较的过程中，每一环节都必须谨慎，哪一环节出现错误都会造成比较结果出现偏差。

（2）在选择规格品时，尽量选择跨国大品牌，这样能够保证产品的代表性和可比性，而且收集价格数据也比较容易。但是，要注意并不是相同型号的设备产品一定具有相同的技术特性，因为厂商会根据每个国家对设备的最低安全标准对这些技术特性进行调整。

（3）对于机械设备 PPP 的逐级汇总时与其他的比较有所不同，机械设备的国际比价不进行基本类一级 PPP 的计算，而是直接计算金属制品和设备、运输设备两大组的 PPP，这是机械设备的特殊之处。

（4）对于机械设备大部分通过进口的发展中国家，为了方便数据的收集和 PPP 的计算，采用了新的计算 PPP 的方法——价格因素法。这种方法能够减少大量人力、物力、财力的投入，而且对于二手设备产品的价格数据的收集也有一定的帮助，这是机械设备国际比较的创新之处。

（5）在规格品的制定过程中，采用 SPD 表，有利于更加详细地描述设备的相关信息，便于设备产品价格数据的收集。

目前，我国对于 ICP 的研究还处于初级阶段，对于机械设备单个项目研究更是空白。因此，中国对 ICP 的研究和参与还有很长的路要走，基于本章研究的基础上，对于我国在参与 ICP 方面提出以下四点建议。

（1）完善机械设备在国民核算中的分类体系。进行机械设备国际比较很重要的一步就是 GDP 支出分类大的划分，而我国在国民核算体系方面的划分还存在一定的不足。在国民核算体系的划分方面还不够细致，分类的口径与国际标准有很大的差距。另外，服务业统计基础更为薄弱，对服务业的调查缺乏统一的标准，不能很好地计算服务的价值，在比较中存在一定的差距。因此，要更好地进行国际比较，国民核算体系必须加以完善，与国际接轨。

（2）选择适合自己的机械设备国际比较方法。国际上机械设备比较，对于进口的机械设备选择的方法是价格因素法。此方法在计算的过程中需要获取运输、安装和使用过程中的各种价差，以及进行各种价格的转换。中国的机械设备大部分是靠进口的，而且还有一些属于二手产品，在进行计算的过程中也需要采用价格因素法进行计算。但是，鉴于中国的基本国情，在进口的机械设备类型、规格方面与世界发达国家间还存在很大的差异，在设备的运输、安装过程中存在的各个价差的获取也会存在一定的差别，因此，完全套用国际上的计算方法同样会使计算存在很大的误差性。因此，在进行机械设备的 PPP 计算的过程中，要结合中国的实际情况选择适合的方法。

（3）注重代表规格品的选择。在选择规格品时，不仅要考虑这些规格品与其他国家相应产品的可比性，还要考虑这些规格品在我国的代表性，尽量使选择的规格品能够体现我国在这些产品上的实际购买水平。根据我国的实际情况，可以利用消费物价指数获得想要的相关数据，因为在进行物价指数的调查时，选择的产品在我国都是具有代表性的产品，其中可能包括我们需要的设备产品的价格数据。而对于一些进口的设备类型，可以通过海关的相关数据获得。

（4）完善机械设备价格指标体系。机械设备本身具有一定的特殊性，因此，我国应该完善机械设备的价格核算指标体系，并且使机械设备的价格指标体系与整个的国民核算体系融合，便于在进行机械设备的国际比较时收集相关的价格和支出数据，使机械设备的国际比价更加顺利地进行。

参 考 文 献

从培华. 2007. 国际经济比较中量值统一的价值尺度——剖析联合国 ICP 方法的缺陷[J]. 统计研究，（5）：90-92.

巩斌. 2003. 对我国参与国际比较项目的思考[J]. 统计与咨询，（5）：18-19.

江健桐. 1993. 国际比较项目的发展和初步评价[J]. 统计研究，10（1）：76-80.

李晓超，余芳东，石婷，等. 2004. 新一轮国际比较项目中亚太地区的活动计划[J]. 中国统计，（6）：54-55.

王玲. 2002. 基于购买力平价（PPP）的中外经济实力比较[J]. 世界经济，（2）：12-18.

余芳东. 2000. 当前全球国际比较项目的现状、问题及建议[J]. 统计与预测，（3）：25-28.

余芳东. 2003. 购买力评价和汇率方法的差异程度及其原因分析[J]. 统计研究，（8）：3-7.

余芳东. 2008. 关于世界银行 2005 年 ICP 结果、问题及应用的研究[J]. 统计研究，25（6）：3-10.

余芳东. 2011a. 我国参加国际比较项目的过程、方法和结果[J]. 统计方略，（6）：18-20.

余芳东. 2011b. 2011 年新一轮国际比较项目（ICP）方法改进[J]. 统计研究，8（1）：11-16.

余芳东. 2012a. 我国参加国际比较项目（ICP）的演变历程[J]. 统计研究，（8）：108-112.

余芳东. 2012b. 亚行更新中国购买力平价的方法和结果研究[J]. 世界经济研究，（2）：16-22.

袁卫，邱东，任若恩，等. 2008. 专家诠释 ICP[J]. 统计研究，（6）：11-15.

张迎春. 2008. 关于国际比较项目的争论[J]. 中国统计，（5）：19-21.

张迎春. 2010. 中国提升 ICP2011 数据质量的途径分析[J]. 调研世界，（8）：18-20.

张玉胜. 2010. "以购买力平价换算 GDP" 具有积极意义[J]. 观察与思考，（12）：6.

赵美超. 2010. 揭开 ICP 的面纱[J]. 数据，（7）：26-27.

钟宁桦. 2010. 度量中国经济：购买力平价的适当应用[J]. 经济研究，（3）：27-38.

Angus D，Heston A. 2010. Understanding PPPs and PPP-based national accounts[J]. American Economics Journal，2(10）.

Angus D. 2004. Purchasing power parity exchange rates from household survey data：India and Indonesia[J]. SSrn Electronic Journal，3.

Asian Development Bank. 2007. 2005 International Comparison Program in Asia and the Pacific：Purchasing Power Parity Preliminary Report[M]，Manila：ADB.

Balk B M. 2001. Aggregation methods in international comparisons：what have we learned[J]?Erim Report，48：861-902.

Barnett W A，Diewert W E，Zellner A. 2009. Introduction to measurement with theory[J]. Macroeconomic Dynamics，13（2）：151-68.

Erwin D W. 1988. Test approaches to international comparisons[J]. Physic Verlag HD：67-86.

Erwin D W. 2008. New methodology for linking regional PPPS[J]. ICP Bulletin 5，1：10-21.

Erwin D W. 2010. Understanding PPPs and PPP-based national accounts：comment[J]. American Economic Journal，Macroeconomics，2：1-12.

Feenstra R C，Heston A，Marcel P，et al. 2009. Estimating real production and expenditures across nations：a proposal for improving the penn world tables[J]. Review of Economics and Statistics，91（1），201-212.

Geary R G. 1958. A note on comparisons of exchange rates and purchasing power between countries[J]. Journal of the Royal Statistical Society Series A，121（1），97-99.

Mick S. 2009. The hedonic country product dummy method and quality adjustments for purchasing power parity calculations[J]. IMF Working Paper，9：271.

Mick S. 2010. IMF applications of purchasing power parity estimates[J]. IMF Working Paper，8：253.

Rao D S，Rambaldi P A，Doran H. 2010. Extrapolation of purchasing power parities using multiple benchmarks and auxiliary information：a new approach[J]，Review of Income and Wealth，56：59-98.

Rao D S. 2004. The country-product-dummy method：a stochastic approach to the computation of purchasing power parities in the ICP[C]. Vancouver：A Paper for Presentation at the SSHRC Conference on Index Numbers and Productivity Measurement to be held during 30 June-3 July.

Sergey S. 2005. Calculation of the Results of the Eurostat GDP Comparison with the Use of Fixity[R]，Statistik Austria：ICP Technical Advisory Group.

Sun C，Swanson E. 2009. Estimation of PPPs for non-benchmark economies for the 2005 ICP Round[J]，ICP Bulletin 6，1：20-23.

Taylor A M，Taylor M P. 2004. The purchasing power parity debate[J]. Journal of Economic Perspectives，18（4）：135-158.

附　　录

Example of SPD/PS for Equipment Goods

Basic Heading：General-Purpose Machinery Basic Heading Code：150112.1

Product Name：COMPRESSOR　　　Code：01

DESCRIPTION

These are air compressors. They may be electrically driven or powered by a diesel or gasoline engine. They are most often used to power construction and drilling equipment.

MANUFACTURER AND MODEL NUMBER

Preference order Manufacturer Model number
Preferred model Atlas-Copco XM 659P
Alternative 1 Mitsubishi 400098
Alternative 2 Rand L-M 51
Other model Specify___

PRICE（in local currency units）

A Price of equipment
B Installation cost if not included in A
C Transportation cost if not included in A
D Nondeductible tax if not included in A
E Deductible tax if included in A
F Discount if not included in A
G Total cost[A+B+C+D−E−F]

PRODUCT CHARACTERISTICS
This part is to be completed only if other model has been priced.
Main Characteristics
Power required（kW）
Max. pressure（bars）
Rated operating pressure（bars）
Rated delivery volume（liters/min.）
Shipping weight（kg）
Max. speed（rpm）
Sound level
Maximum pressure（dBA）
Operating pressure and volume（dBA）

Other Features

Rotary   □Integral discharge dryer
　　□Rotary screw   □Portable
　　□Reciprocating piston   □Stationary

Integral storage（liters）：_____

Number of stages：_____　　Height（mm）：_____

Outlet size：_____　　　　　Length（mm）：_____

Number of outlets：_____　　Width（mm）：_____

☐ Sump drain

☐ Storage drain

Drive：　　☐ Belt

Cooling：☐ Air　　　　☐ Shaft/disconnect

　　　　☐ Liquid　　　☐ Direct/coupled

　　　　☐ Closed system

　　　　☐ Open system

Controls：☐ Mechanical　　☐ Electrical

　　　　☐ Hydraulic　　　☐ Electronic

资料来源：世界银行.2013.世界经济规模测度[M].世界银行印刷部

第 5 章　住房服务国际比较方法国际前沿与问题

5.1　住房服务国际比较的基本范畴

本节主要从住房分类、数据收集及数据有效性检验等方面，介绍了住房服务国际比较的基本范围。这一部分是论述住房服务支出估算及 PPP 计算的基础，针对不同的住房类型，在估算支出时将采用不同的数据收集方法，以及不同的 PPP 计算方法。通过这几个方面的论述，可以从整体上对住房服务国际比较有一个清晰的认识。

5.1.1　住房服务国际比较概述

随着世界经济总量的不断增加，经济全球化的进程进一步加深，各国需要准确的理论方法来评价其在世界中的地位，从而更清楚地认识到自身发展的情况。为了改进使用汇率法进行国际比较容易产生的偏差及波动性的缺陷，联合国于 20 世纪 60 年代末发起了一项全球性的统计活动，这项统计活动就是 ICP。ICP 的主要目的是通过 PPP 作为货币转换因子进行国际比较，并以此推进各国统计标准化和统计能力的建设。ICP 以支出法 GDP 统计为框架，在各国分别进行消费、投资和净出口的价格调查，以进行各国 GDP 的实际物量比较，从而计算出 PPP 指数（即空间价格指数）。

ICP 发起至今已将近 50 年，由于参与国可以从项目活动过程中在统计理论、支出法 GDP 核算、价格调查等方面学习、借鉴和掌握国际标准及先进国家行之有效的方法，同时，随着数据质量和结果可靠性不断提升，参与国从最初的 10 个升至 2011 年 ICP 中的 199 个。ICP 在理论方法上有三个主要的组成部分：第一部分是概念框架，它主要取决于构成 GDP 的最终支出；第二部分是所搜集的一篮子商品和服务的产品价格，这些产品在参与国家和地区之间必须是可比的，并且在参与国家和地区的最终支出中占有重要地位；第三部分是用于估算 PPP 的方法，首先是区域内的区域比较，然后是区域间的全球性比较。2011 年的 ICP 将 GDP 分为包括住户消费支出在内的七个主要项目。而住户消费支出又分为 13 个类别，住房便是其中之一。

住房支出是住户消费支出的重要组成部分，但是在全球范围内，现代化的大楼与茅舍草屋共存。世界上一些国家的大多数居民居住在租赁住房中,而另一些国家的大多数居民居住在自己所有的住房里。这些都给住房服务的比较带来了一些困难。尽管租赁调查可以提供基于租赁住房的住房支出,但是那些居住在自己住房里的居民所支付的住房支出却是难以估计的。在 SNA 中,居民居住在自己的住房中,就相当于自己向自己出售住房服务,这里所支付的住房服务支出被定义为虚拟租金。在自有住房虚拟租金的估计中,可以采用"相似"租赁住房类比的方法,这里的"相似"可以通过住房的类型、位置及设备来判定。首先,将实际支付的不同类型住房的平均租金制作成价格矩阵;其次,根据自有住房的类型等信息类比矩阵中的价格数据,从而确定某种自有住房的虚拟租金;再次,乘以该类型自有住房的数量;最后,将各种类型自有住房租金汇总为一个经济体的总自有住房租金。这种方法所面临的问题是:一些经济体没有发达的租赁市场和广泛的可对比租赁住房。在 2005 年的 ICP 中,当某些经济体没有合适的租赁市场来估算自有住房租金时,对自有住房租金估算的一种替代方法是用户成本法,基于 2005 年 ICP 住房虚拟租金的估算经验,在 2011 年的 ICP 中继续使用了该方法。用户成本法是假设住户将房屋出租给租客时,住户按市场价格计入账户的成本,这些成本包括中间消耗、其他生产税(减去补贴)、固定资本消耗和实际营业盈余净额四个部分。5.3 节将对这一方法进行深入讨论。

　　在 2011 年的 ICP 中,所有参与的国家或地区都需要搜集来自全球清单的住房类型和住房存量数据的年平均租金,其中住房存量数据包括但不限于住房数量、每平方米可用面积和质量指标信息。另外,国民账户中进一步区别了这些租金是实际支付的租金还是估算的租金。但是,并不是所有的国家和地区都可以提供租金和住房存量数据,只有些许国家和地区可以提供部分住房类型的租金及有限的住房存量数据,因此,区域协调人决定每个区域采用最适合本区域的方法搜集数据。

　　非洲、拉丁美洲及西亚地区计算本区域的 PPP 是基于全球清单的住房类型而搜集的住房租金。和其他的住户消费支出一样,采用 CPD 法,但是缺乏重要性指标。亚洲、太平洋和独联体地区,经过对可用数据的深入分析之后,采用物量方法来计算住房服务的 PPP。OECD/欧盟具有较高的市场化程度,所以同时收集了住房租金与住房存量的相关数据。通常情况下,一个拥有发达租赁市场的国家或地区,其 PPP 取决于租赁数据;然而,对于一些租赁市场不发达的国家和地区,住房存量数据可用于获取间接 PPP。间接 PPP 是基于住房租金乘以住房数量就等于住房支出这样的数学关系计算得到的,间接 PPP 可以通过来自经济体国民账户的租金支出和经过质量调整的住房存量数据估算的租金实际支出得到。这里涉及的估算实际支出的数量方法及估算 PPP 的间接方法,将在 5.4 节详细阐述。

PPP 计算出来以后，需要关注的便是各区域的连接问题。对于独联体区域而言，通常是以俄罗斯为"桥梁"与其他区域相连接的。非洲、拉丁美洲及西亚地区的连接通常利用的是租赁数据；同时，租赁数据也用于以上区域 PPP 的计算，连接这几个区域的因素是通过 CPD 法计算得到。对于亚太和 OECD/欧盟地区而言，通常是使用住房存量数据对区域间及世界其他地区进行连接的。关于住房服务国际比较的各区域连接问题，本书未能进行深入研究。

因为各经济体提供的住房存量数据需要仔细分析，所以对住房数量测量指标的选取就显得尤为重要。这里的最优指标是以平方米计的可用面积，但是，该指标数据的搜集很困难，因此通常各经济体并不使用该项指标。全球办公室对此提出的建议是基本数量信息使用住房数来衡量，这让每一个经济体在区域内都可以提供一个充分的估计，而且住房数无需进一步区分。对于经济体估算的住房数是否具有合理性，是通过住房数比总人口数的比率来判断的，经济体拥有过高或者过低的比率都不能包含在连接过程中。为了让每个经济体估计的住房数都是合理有效的，还需要对住房数据进行质量调整，对于质量调整，分别有以下三个质量指标：住房的电力、住房的水及住房的私人厕所。一个经济体的住房数只有经过了这三个指标的调整，一个合理的住房数才可以包含在连接过程中。

本节后面的内容将主要从住房服务划分、数据有效性及 PPP 计算方法三个方面论述，以便从整体上对住房服务的国际比较有一个清晰的认识。

5.1.2　住房服务的分类

ICP 的基本目的是以 PPP 为转换因子，来比较各经济体的实际 GDP，在计算 PPP 的过程中，以 GDP 支出分类数据作为权数。在 2011 年的 ICP 中，将 GDP 划分为七个主要项目、26 个类别、61 个组、126 个大类和 155 个基本类。在七个主要项目里有住户消费支出和政府为居民服务的消费支出两个主要项目涉及住房服务，共包含八个基本类，如表 5.1 所示。

表 5.1　ICP 中住房服务类别体系构成

核算代码	涉及内容
110000	住户消费支出
110400	住房、水、电、气和其他燃料
110410	实际和估计的住房租金
110411	实际和估计的住房租金
110411.1	实际和估计的住房租金

续表

核算代码	涉及内容
110430	住房的维护和修理
110431	住房的维护和修理
110431.1	住房的维护和修理
110440	水的供应和住房相关的服务
110441	水的供应
110411.1	水的供应
110442	住房相关的服务
110442.1	住房相关的服务
110450	电、气和其他燃料
110451	电
110451.1	电
110452	气
110452.1	气
110453	其他燃料
110453.1	其他燃料
130000	政府为居民服务的消费支出
130100	住房
130110	住房
130111	住房
130111.1	住房

资料来源：依据 2011 年的 ICP 手册改编

　　依据表 5.1 的分类体系对住房服务支出的核算方法将在 5.3 节中进一步阐述。从表 5.1 中涉及的实际住房租金和估计住房租金这一基本类可以看出，在住房服务中显然涉及"租赁住房"和"自有住房"两种分类。这是依据住房所有权对住房进行的分类，其中租赁住房是指被调查住房的居住者并不是住房所有者的一类住房；而自有住房是指被调查住房的居住者和住房所有者是同一个人的一类住房。之所以这么分类是因为租赁住房和自有住房在估计住房服务支出的方法上存在较大差异，且自有住房支出的估计比租赁住房支出估计更加困难。因此，为了清晰地核算住房服务支出将住房分为租赁住房和自有住房两大类。而在对住房进行调查时，需要对住房特征进一步分类，在 ICP 手册中又依据住房特征将其进一步分为"现代住房"和"传统住房"。

　　现代住房是指由专业的建筑企业使用耐久性材料建造而成的住房，通常的耐久性材料包括混凝土、瓷砖、水泥砖和瓦片等建筑材料，其所拥有的便利设施通常包括电、水、私人卫生间、空调或是集中供暖设备。大多数在城市范围内的住房被划分为现代住房。典型的现代住房又被分为独居家庭住房（house）和公寓

（apartment）两种类型。独居家庭住房是坐落于私人土地上的住房，其独立于周围其他的住房或是与相邻的住房共用同一面墙。公寓通常是指具有多个楼层，且不是坐落于房屋所有者私人土地上的住房，通常情况下公寓中的住户共用一个出口大厅、楼梯井或是电梯。

传统住房是指由家庭成员或是其他不支付报酬的劳工使用不太耐久的材料建造而成的住房，通常不太耐久的材料包括黏土、芦苇、竹子、木材、茅草和棕榈叶等建筑材料，其所拥有的便利设施通常最多只有电和水，而不会再有其他的便利设施。从传统住房的定义来看，传统住房一般坐落于农村地区。

关于现代住房和传统住房的二元分类还需要注意以下三点。

（1）对于在大城市或离城市很近的贫民区的住房而言，如果住房是使用像煤渣砖这样的耐久性材料建造，并配有电和水这样的便利设施，那么这样的住房应被分类为现代住房。

（2）对于农村地区由家庭劳工建造的住房而言，如果住房的墙壁和屋顶是使用耐久性材料建造的，并且配有电和水这样的便利设施，则这样的住房是现代住房；同样，在城市地区由家庭劳工建造的高质量住房也是现代住房。

（3）对于将住房的特征分为差、一般和优质三种分类的国家而言，这样的分类并不能清楚地对应现代住房和传统住房的二元分类，所以，通常认为农村地区差的住房类别对应于传统住房。

为了便于各国不同住房资本质量的连接，在这里对于住房所拥有的便利设施也分别给出了相应的定义。住户使用的电可以是电力公司供应的电，也可以是住户使用汽油机、柴油机或是风力发的电。这里的水是指自身管道自来水，或是住户使用的地下井水，但是来自公共水塔或水井的水不应计入，因此，水强调的是其内部性。私人卫生间是由住户管理使用的，分为自动冲水型卫生间和生化卫生间，既可以在住房内部也可以与住房分离。而对于空调或是集中供暖通常存在与现代住房中。图 5.1 对住房分类进行了简单归纳。

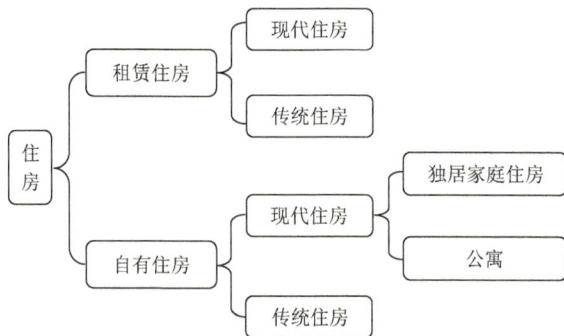

图 5.1　住房分类简要归纳

5.1.3　住房服务数据收集与有效性处理

明确住房的类别以后，需要对住房进行调查并搜集数据，用于计算住房服务 PPP。ICP 建立了三级协调管理机制，即全球、区域和国家。首先，ICP 全球办公室负责提供全球住房的 SPD 表；其次，区域协调人在全球 SPD 表的基础上，结合本区域的实际情况，得到本区域的 SPD 表；最后，各个国家在区域 SPD 表的基础上，得到本国家的 SPD 表。依据住房类别划分和产品规格表，搜集住房数据由租赁调查问卷和住房服务问卷两种形式完成。租赁调查问卷涉及住房类别、住房寿命、便利设施、年度租金和住房位置等信息；住房服务问卷涉及住房单元数、房间数、居住人数、可用面积、占地面积和便利设施等信息。表 5.2 提供了两种问卷所涉及的内容。

表 5.2　数据收集方法汇总

方法	调查形式	调查内容	提供的信息
租金法	租赁调查问卷	住房类别；住房大小；电、水；私人卫生间；空调或集中供暖；建筑寿命	年平均租金；位置信息
数量方法	住房服务问卷	住房单元数；房间数；居住人数；包括电、水和私人卫生间的质量信息；租赁住房和自有住房单元的百分比	依据住房类别、建筑类别和住房位置的不同分别提供数量信息

注：本章附录提供了住房服务问卷的详细内容

在 2011 年的 ICP 中，要求所有参与国际比较的国家同时提供租赁调查问卷和住房服务问卷，对于两种问卷的内容需要注意以下三个方面。

（1）两种形式的问卷均涉及住房的位置信息，而在国际上对于城市和农村没有统一的界定标准，因此，各国在进行调查时，需要根据本国对城市和农村的定义进行住房位置的划分。

（2）在住房服务问卷中涉及的房间数是国家用于记录居住者生活空间的指标，而在租赁调查问卷中则使用平方米来测度居住者的生活空间。这里的房间主要包括卧室、客厅、饭厅、书房和用作饭厅的厨房等，不包括走廊、杂物间、浴室、卫生间及仅用于做饭的厨房。这里需要注意的是，在计算住房服务 PPP 时，涉及的住房服务支出是用实际或虚拟的每平方米租金表示的，因此，对于只记录房间数的国家需要对房间面积进行粗略的估计。

（3）在住房服务问卷中涉及的可用面积指标，主要是指起居室、厨房、杂物间、浴室、卫生间和走廊的占地面积，不包括楼梯、无遮蔽阳台、露台、地窖和阁楼的面积。对于阁楼而言，TAG 会议小组认为，其天花板高度超过 1.7 米时，可以包括在可用面积之内。

住房服务是通过两个调查来实现的，在调查实施过程中会不可避免地出现各种误差，因此，需要对每个调查进行验证。通常验证分为三个阶段：经济体内的验证、经济体间的验证及全球验证。下面将分别阐述每个调查所必要的验证步骤。

第一，经济体内的验证。在有些国家，国家统计部门有能力通过自身规范的调查体系来完成住房服务的数据调查，那么这些国家不再需要区域协调人进行验证。但是，在有些情况下，ICP 的调查是与统计部门相脱离的，那么这时就需要区域协调人对搜集来的数据进行质量检验。在经济体内的验证阶段，租赁调查和数量调查数据分别要经过以下验证步骤。

对于租赁调查数据而言。首先，是对初始数据的验证，需要检验租赁价格和元数据可能存在的差异和错误。国家协调人需要确认租赁租金是否是市场租金，如那些居住在较低租金公租房里的雇员所支付的租金并不是市场租金，这样的租金不能记录在问卷中。其次，是进行统计检验。对于租金的检验，可以通过 Quaranta 表和 Dikhanov 表等进行检验，但是对于这两种方法而言也会出现数据量不足的困难。为了能更好地进行统计检验，需要运用完备的市场知识对数据进行验证，如在收集的数据时，当农村的住房租金高于城市时，可以认为是数据收集时出现了错误。最后，是对数据的时间分析。如果住房服务数据是从以前某轮 ICP 获取的，那么国家协调人需要对这部分新信息的有效性进行时间分析。另外，对于每个调查的年度租金是通过每年两次调查的租金取平均得到的，所以也需要考虑租金的季节性因素。

对于数量调查数据而言。首先，是对初始数据的验证，可以进行一些简单计算进行检验，如检查总的住房数、总的建筑类型等是否匹配。其次，在对物量数据的验证时，只能依靠国家协调人对数据来源进行评判，而没有合适的统计方法进行验证。最后，因为物量数据同样可以来自更早一轮的 ICP 数据，或是来自最新的普查数据，所以也要对物量数据进行时间分析。

第二，经济体间的验证。这一验证过程由区域协调人完成，主要是为了完成经济体与经济体之间的数据审核工作，在这一部分阐述的过程中，主要是假设在经济体内的审核已经由国家协调人完成，这里重点阐述与经济体内审核不同的部分。

对于租赁调查数据而言。首先，是对初始数据的检验。区域协调人需要确认一个国家或地区提交的住房类型数据是否符合国际规定；同时，检验这些元数据是否转化为共同货币，因为各国提供的数据通常是用本国的货币单位（local currency unit，LCU）表示的。其次，是对数据进行统计检验和时间分析。可以通过 Quaranta 表和 Dikhanov 表等检验潜在的错误和异常值；时间分析可以帮助区域协调人研究租赁市场的发展趋势。最后，是对 PPP 的计算和验证。当完成了经济体间的数据验证以后，就要计算基本类实际和估计的住房租金的 PPP 并验证它们。

对于数量调查数据而言。首先，是对初始数据的验证。在这里的验证方法和国家层面的验证方法基本相似，区域协调人需要确定各国提交的住房数据信息的相关程度及数据在国家间的可比性。同时，还需要完成对质量指标的完整性评价，因为 ICP 在更精确的比较中需要对相关数据进行质量调整，区域协调人对质量指标进行验证后，便可以计算出经质量调整的物量数据，质量调整的计算过程在后文中详细阐述。结合质量调整后的物量数据和支出数据可以得出住房服务间接 PPP，这同样可以帮助区域协调人检验住房数据信息是否有效。

第三，全球验证。在全球水平上的验证和区域验证是相同的，只是验证的范围更大了。全球办公室采用与区域协调人相同的方式确定区域间和国家间比较的一致性。住房服务问卷是所有参与 ICP 的国家所必须完成的，因此，国家协调人作为基层的验证人员，对提供丰富的数据信息并检验数据的有效性起到了重要作用。同时，因为没有既定的统计量来验证住房服务问卷所搜集信息的准确性，所以通常需要资深的区域协调人凭借经验去判断。

5.1.4　PPP 计算的数字示例

完成了数据的搜集和整理之后，就需要计算ICP中的货币转换因子——PPP。通俗地说，PPP 就是一种价格比率，最早是由瑞典经济学家卡塞尔提出的。PPP 的基本思想是：一个国家的单位货币所能购买的商品和劳务，相当于在其他国家购买同质商品和劳务的数量，即 PPP 消除了价格水平在各国之间的差别，反映的是各国单位货币在国内的购买能力。在国际比较过程中，使用 PPP 作为转换因子来比较各个国家的 GDP，实际上就是用 PPP 代替了汇率来换算 GDP 进行国际比较。虽然 PPP 在世界上仍然存在一些争议，但是汇率不能反映各国价格水平的差异，而使用 PPP 更为直接。因此，专家更认同使用 PPP 作为转换因子。

在 5.1 节中提到 ICP 由三个部分组成，其中第三部分是基于产品、基本类及 GDP 的 PPP 计算。PPP 的计算通常包含以下三个部分：①以 SNA 的分类为基准，确定 GDP 的支出分类；②依据重要性和可比性搜集支出分类数据，并计算平均价格；③计算货币转换因子。货币转换因子是用于连接两个或多个国家 GDP 的桥梁，使两个或多个国家的 GDP 达到可比性。在 ICP 中依据涉及国家的多少可以分为"双边比较"和"多边比较"。顾名思义，双边比较是指在比较时，只考虑两个参与比较国家的信息，而不考虑其他国家的信息；多边比较不仅考虑两个国家，还需要考虑更多国家的信息。这说明多边比较要比双边比较复杂得多。下面以来自 ICP 手册中的一个简单例子说明双边比较时 PPP 的计算过程（表 5.3）。

表 5.3　PPP 的计算

支出类别		A 国			B 国		
		价格 P_A（用 A 国货币表示）	人均支出额		价格 P_B（用 B 国货币表示）	人均支出额	
			绝对数	比例/%		绝对数	比例/%
1	1	6	1375	38	2	1400	50
	2	7			9		
2	1	10	1125	28	5	600	30
	2	60			25		
	3	55			23		
3	1	80	1800	34	65	1100	20
	2	100			86		

资料来源：ICP 手册

首先，分别对三个支出类别所包含的商品项目价格取几何平均，得出平均价格比率。

$$\left(\frac{P_A}{P_B}\right)_1 = \sqrt{\frac{P_{A_1} \times P_{A_2}}{P_{B_1} \times P_{B_2}}} = \sqrt{\frac{6 \times 7}{2 \times 9}} = 1.5$$

$$\left(\frac{P_A}{P_B}\right)_2 = \sqrt{\frac{P_{A_1} \times P_{A_2} \times P_{A_3}}{P_{B_1} \times P_{B_2} \times P_{B_3}}} = \sqrt[3]{\frac{10 \times 60 \times 55}{5 \times 25 \times 23}} = 2.3$$

$$\left(\frac{P_A}{P_B}\right)_3 = \sqrt{\frac{P_{A_1} \times P_{A_2}}{P_{B_1} \times P_{B_2}}} = \sqrt{\frac{80 \times 100}{65 \times 86}} = 1.2$$

其次，以两个国家中三个支出类别在 GDP 中所占的比例为权数，分别计算 A、B 两国的货币购买力比值。以 B 国的比例为权数的结果如下：

$$\left(\frac{P_A}{P_B}\right)_B = \left(\frac{P_A}{P_B}\right)_1 \times W_{B_1} + \left(\frac{P_A}{P_B}\right)_2 \times W_{B_2} + \left(\frac{P_A}{P_B}\right)_3 \times W_{B_3}$$

$$= 1.5 \times 50\% + 2.3 \times 30\% + 1.2 \times 20\%$$

$$= 1.68$$

以 A 国的比例为权数的结果如下：

$$\left(\frac{P_A}{P_B}\right)_A = \cfrac{1}{\left(\dfrac{P_A}{P_B}\right)_1 \times W_{A_1} + \left(\dfrac{P_A}{P_B}\right)_2 \times W_{A_2} + \left(\dfrac{P_A}{P_B}\right)_3 \times W_{A_3}}$$

$$= \cfrac{1}{\dfrac{1}{1.5} \times 38\% + \dfrac{1}{2.3} \times 28\% + \dfrac{1}{1.2} \times 34\%}$$

$$= 1.52$$

最后，计算 A、B 两国的货币 PPP：

$$\frac{P_A}{P_B} = \sqrt{\left(\frac{P_A}{P_B}\right)_A \times \left(\frac{P_A}{P_B}\right)_B} = \sqrt{1.68 \times 1.52} = 1.599$$

结果表明，B 国的单位货币的实际购买力相当于 A 国的 1.599 个货币单位。

在住房服务国际比较中，计算 PPP 可以概括为以下三步：首先，计算单个类型住房的 PPP，也就是某个类型住房的租金价格比率，这里需要注意质量调整，在后文中会详细论述；其次，是将单个类型住房的 PPP 汇总为基本类的 PPP；最后，是将基本类 PPP 汇总为综合 PPP。

5.1.5　小结

参与 ICP 的国家在 2011 年达到 199 个国家，中国也全面参与了 2011 年一轮比较。住房服务国际比较是 ICP 的一个重要组成部分，本节分三个方面从整体上对住房服务国际比较进行了阐述。

首先，是对住房分类的阐述，明确住房分类是进行住房服务国际比较的基础。在 ICP 中，将住房分为租赁住房和自有住房，这么分类主要是为了方便对不同类型的住房服务支出进行估算。在对住房按所有权进行分类后，又对住房进行了进一步的划分，分为现代住房和传统住房，其中，现代住房又被分为独居家庭住房和公寓两类。对住房类别的细分将有助于对住房服务支出数据的收集，使收集的数据更加准确，从而提高住房服务 PPP 计算的准确度。

其次，是对住房服务数据收集方法的论述，使用何种方法收集住房服务相关数据，是在明确住房类别以后。表 5.2 主要介绍了两种问卷，这两种问卷分别对应于租赁住房和自有住房。其中，租赁住房对应的租赁调查问卷适用于市场化程度较高的国家或地区，而住房服务问卷则适用于市场化程度不高的国家或地区的自有住房。

最后，简要阐述了住房服务数据的检验过程。分别从国家、区域和全球三个层面进行了论述，并且在每个层面又从租赁调查数据和数量调查数据两个角度进行了详细阐述。

本节以计算 PPP 的数字示例结尾，旨在说明 PPP 的计算过程。虽然本节对住房类型有一个较为明确的分类，但由于世界各国受到经济发展水平不同、人口分布密度不同等因素的影响，导致住房市场的市场化程度存在较大差别，同时住房类型也存在一定的不一致性，这就给住房服务国际比较带来了一定的特殊性。租赁住房与自有住房支出估计方法的差别，计算住房服务 PPP 时的质量调整，各类型住房服务 PPP 的汇总等，这些都是住房服务国际比较中的困难之处。所以，后文将重点论述住房服务支出的估计方法，以及住房服务 PPP 的计算方法。

5.2　住房服务支出的估算方法

对于一个完整的住房服务国际比较而言，可以认为包括以下三个方面：①依据全球办公室的住房分类，再结合本区域的实际住房特点，确定本区域的住房类型；②依据本区域住房类型，搜集各类型住房租金数据，估算住房服务支出；③依据支出数据，采用合适的计算方法，计算各区域的住房服务 PPP。这三个方面是依次紧密相连的三个步骤，在 5.1 节中已经对住房的分类做了一定论述，下面将主要论述第二部分——住房服务支出的估算。

与 ICP 中其他的基本类相同，住房服务 ICP 中也有两个部分需要讨论。一个是怎样估算 GDP 中关于住房服务的居民消费支出；另一个是如何估算住房服务的 PPP。在研究方法论之前，首先要明确对每个基本类要估算什么。依据表 5.1 关于 ICP 中住房服务分类体系，在 ICP 中有两个类别与住房服务有关。这两个类别涉及五个组、八个大类和八个基本类。其中，有两个基本类需要关于租赁住房的价格数据，分别是代码为 110411.1 的实际和估计的住房租金，以及代码为 130111.1 的住房。其余的六个基本类将通过居民最终消费调查收集价格数据。在政府为居民服务的支出下，基本类为 130111.1 的 PPP 的估算是参考基本类 110411.1 的 PPP 得到的，所以对于 PPP 的估算只需要关注基本类 110411.1 即可。住房服务与 ICP 中其他部分的区别主要是：住房服务的价格收集方法不是直接的，更进一步地说，住房可以按 5.1 节的论述分成两个子集，即租赁住房和自有住房。对于租赁住房而言，很容易知道住户为获得住房服务而支付了多少租金，这里最复杂的是对自有住房虚拟租金的估算。依据 SNA 的定义，居民住房消费支出应该包括住户为租赁住房实际支付的租金和住户为自有住房支付的虚拟租金。

住房支出是居民消费支出的重要组成部分，因此，准确核算住房服务支出并有效进行国际比较是非常重要的，但是由于各个国家的住房市场化程度不同，从而导致各个国家住房支出数据的收集存在很大困难。这里的住房市场化程度是指某些国家的大多数居民居住在租赁住房里；而在其他一些国家的大多数居民却生活在自有住房里。虽然租赁调查可以提供居民住房支出估计的数据基础，但是更困难的是自有住房虚拟租金支出的估计。本书主要介绍租金法和用户成本法，前者是在市场化程度较高的国家或区域，利用相同或相似的租赁住房类比得到自有住房的租金信息；后者则是在市场化程度不高的国家和地区，从住户的成本角度核算自有住房的租金信息。这里需要指出的是，在陈述住房支出估计方法时，默认的对象是现代住房，当涉及传统住房时会特别标注。同样，在 PPP 估算中如无特别说明都以现代住房为研究对象。

5.2.1　租金法估算住房服务支出

在使用租金法对住房租金进行核算前，首先要明确住房租金（代码 110410）的范畴，对于住房租金的范围要注意以下三点。

（1）租金是指对住房所在的土地，以及与住房相连接的车库或停车位使用所支付的费用。

（2）租金不包括对以下商品或服务的支付费用，这些商品或服务在居民最终消费支出中是被作为单独指标列出：①水的供应费（110441）；②垃圾的回收和处理，在居民最终消费支出中被作为住房相关服务（110442）；③保安、园艺、保洁、房屋照明及高层建筑中电梯的维修等，这些同样是放在住房相关服务（110442）中核算；④电力（110451）和燃气（110452）；⑤对供热厂提供的暖气所支付的费用，被计入其他燃料（110453）。

（3）租金包括住户对房屋的近期修理和维护所支付的费用，如更换破损的家具、替换损坏窗户玻璃等，但是不包括对房屋的大修、重建或是扩建，因为这些费用是作为固定资本形成总额处理的。

依据 1993SNA，居民消费支出中的住房服务支出应包括家庭住房租金的实际支出，以及自有住房业主假定放弃其房屋所有权而租住该房屋时所应支付的租金。对于住户实际支付租金的数据可以通过住户支出调查直接获得，还可以通过计算各类型住房的平均租金，然后将其与相应某类型住房数量相乘即可得到估算的住户实际支付租金。自有住房的平均租金可以通过租赁调查得到；住房数量信息可以通过人口和住房普查资料获取，亦可用当地政府为征税而保留的住房行政记录获取相关信息。在实践中，这些简单方法在一些国家可能变得很复杂，主要原因是有些雇主会为雇员提供低于市场租金的住房服务，同时政府也可能会干预住房租金或是给予住户补贴。因此，需要注意以下三点。

（1）如果雇主给雇员提供了免费或较低租金的住房，那么这类住房的市场价格和雇员支付的价格间的差额，在 1993SNA 中是作为实物收入来处理的。这些实物收入要作为雇员补贴的一部分，而且在居民最终消费支出的租金支出中，应该增加同样大小的租金支出。此时，在计算住房服务的实际支出时，雇员在住户支出调查及租赁调查中所上报的租金，必须是调整后的市场租金。市场租金价格即为实际支付租金加上估算的实物收入。

（2）在一些国家，政府会对低收入家庭进行住房补贴。1993SNA 是将这一补贴作为实物社会转移来处理的，而不是作为实物收入。这种补贴被视为政府在住房服务上的支出，不属于居民最终消费支出的范畴。这样一来，这些家庭所上报的租金就不需要调整，住户实际支付的租金（补贴）正好是用于计算住房实际支出的租金。

（3）还有一种情况是，政府会对租金的年增长率加以干预。但是，这种对年增长率的干预，只是降低了已经租用房屋的承租人的租金；对于新承租者而言，房东仍可以自由定价。这显然会导致类似住房的租金存在一定的差异——已经长期租占房屋的承租人支付了较低的租金，而新承租人却要支付相对较高的租金。在政府一方面干预了市场机制，另一方面却没有特定的调整方案出台的情况下，同种类型住房的租金支出将是所有这些不同租金的总和。

自有住房通过类比所估算出的租金被称为虚拟租金，SNA 表明对虚拟租金最好的估算方法是利用相似租赁住房租金的实际支出进行换算，这种方法又称为虚拟租金法。这里的相似是通过住房的类型、位置及住房内的便利设施来评判的。例如，某自有住房业主居住在大连郊区两层楼六个房间 200 平方米的独居家庭住房中，要对其所支付的虚拟租金进行估算，则采用相似位置的相似住房所实际支付的平均租金进行虚拟。通常是填写表 5.4（简化后的表格）所示的矩阵来测算每种住房的平均租金，然后将其与自有住房数量相乘，即可得到自有住房的总估算租金。

表 5.4　自有住房租金估算矩阵

地理位置	便利设施					
	可用面积小于 30 平方米		可用面积 30 到 70 平方米		可用面积大于 70 平方米	
	有自来水	无自来水	有自来水	无自来水	有自来水	无自来水
首都						
市中心						
市郊						
其他大城市						
市中心						
市郊						
农村地区						

注：表中填写的是单户住房的租金信息

对于每种类型的住房，都要填写与表 5.4 类似的表格。而表 5.4 只是一个例证性的表格，它只是列出了住房的两个方面：可用面积和水。对于其他便利设施而言，如室内卫生间、电力、中央暖气系统和空调等，需要以交叉分级的形式加入。例如，可用面积小于 30 平方米并且有自来水的住房需要进一步细分为有无室内卫生间。依据地理位置和便利设施对住房进行分类时，分类的结果取决于上述多种因素对租金水平的影响程度，且这种影响程度显然在不同的国家并不相同。此外，数据的可得性对于该矩阵信息的详细程度非常重要，所有可得的有关自有住房和租赁住房特征的信息，将是获得完整数据的重要保证。

为了进行这样的虚拟租金估算，需要收集全国各地各种不同类型租赁住房的租金支付信息。然而，问题在于许多国家只有在少数位置有租赁住房，因此这些国家的租赁住房并不具有普遍性，也就是说租赁住房的租金支付信息不具有代表性。例如，有的国家大多数租赁住房是为海外经理人所提供的奢华住房，通常这样的住房租金较高；而有的国家大多数租赁住房是为农民工所提供的几乎没有便利设施的住房，通常这样的住房租金较低。不论是上述两种情况中的哪一种，所调查得到的租赁住房租金都不能用来估算自有住房业主所支付的虚拟租金。同时，存在一个问题是，在许多发展中国家的农村地区，人们往往使用传统的材料，如竹子、泥巴、篱笆、茅草和棕榈叶等建造住房，而这些建筑通常不会出租。因此，很难找到相似的租赁住房对这些发展中国家农村地区的自有住房虚拟租金支出进行估算。

由于这些问题的存在，有些国家不对自有住房的租金做虚拟估算，或者有些国家只是对市区的自有住房租金做虚拟估算，而对农村地区的传统住房则不做虚拟估算，从而导致在国民经济核算中，住房服务支出的估算在许多国家被低估。在 2011 年的 ICP 中，对于那些租赁住房租金不具有代表性从而不能遵循 SNA 准则的国家，建议依据用户成本法对自有住房服务支出进行估算。在通常情况下，依据用户成本法对自有住房服务支出做出新的估算以后，会导致国内生产总值发生较大变化，提高国内生产总值国际比较的准确性；同时，用户成本法对住房服务支出的准确估算，使得物量方法得到的住房服务 PPP 更加准确。

由于上述诸多问题的存在，使得许多国家不能遵循 SNA 准则采用虚拟租金法，从而采用用户成本法。用户成本法的应用在 ICP 中的参考标准有如下三点。①一个国家的租赁住房占到所有住房的比例少于 25%；②一半以上的租赁住房被外国人占有、政府雇员占有或是其他支付很少租金的雇员占有；③租赁住房在全国的分布不均匀。

当某个国家的租赁住房满足以上三点中的任何一点时，这个国家应该使用用户成本法估算自有住房服务支出。

5.2.2 用户成本法估算住房服务支出

用户成本法的基本假定是自有住房业主将房屋出租给别人时按市场价格估算的所有成本。这些成本包括中间消耗（P2）、其他生产税（D29）、固定资本消耗（K1）和实际营业盈余净额（B2）。其中，中间消耗包括自有住房业主在居住的过程中对房屋的维修支出和为房屋购买的保险费用支出；其他生产税是自有住房业主为房屋或土地支付的税额，这里需要注意政府补贴，通常作为负税额；固定资本消耗表示房屋这一固定资产价值的减少，类似于会计上的固定资产折旧，需要注意的是，固定资本消耗针对的是生产资产中的固定资产，而土地是属于非生产资产中的自然资源，因此在估算固定资本消耗时需要剔除土地的价值；实际营业盈余净额为名义营业盈余减去名义持有收益后所得到的值。名义营业盈余由住房价值乘以名义利率得到，假设是自有住房业主将住房资产投入到资本市场所获得的营业性收入；同时，名义持有收益就等于住房价值乘以整体经济的通货膨胀率，表示由于价格变动而导致住房资产价值的变动；在估算营业盈余时需要注意包括土地的价值，因为自有住房业主所拥有的土地价值同样可以在资本市场获得营业性收入，在SNA 中住房下土地的租金收入被视为出租者的财产收入，但是特殊情况除外，如在我国土地不是个人所有。

在运用用户成本法对自有住房的支出进行估计时，需要一些合适的数据基础，通常这些数据来源于国民账户中的人口和住房普查。为了有效利用现有住房统计信息，区分不同住房类型，进而完成各类型住房的工作表。可以将住房区分为以下三种类型：独居家庭住房；在某些占地面积以下的公寓，如占地面积低于 30 平方米的公寓；在某些占地面积以上的公寓，如公寓的占地面积大于 30 平方米。表 5.5 给出了用户成本法所需要的数据项目和方法。

表 5.5　用户成本法估算自有住房支出

成本类别	项目编号	项目描述	涉及公式	值
中间消耗	UC01	住房的维修支出	NONE	
	UC02	为住房所支付的总保险费	NONE	
	UC03	为拥有者支付的保险	NONE	
	UC04	拥有者支付的净保险费	UC02−UC03	
	UC05	中间消耗总额	UC01+UC04	

续表

成本类别	项目编号	项目描述	涉及公式	值
其他生产税	UC06	拥有者支付的住房服务税	NONE	
	UC07	拥有者支付的关于住房及土地价值税	NONE	
	UC08	拥有者支付的总税额	UC06+UC07	
固定资本消耗	UC09	住房在当前价格下的固定资本消耗（不包含土地）	NONE	
营业盈余净额	UC10	年初住房存量的市场价值（包含土地）	NONE	
	UC11	年末住房存量的市场价值（包含土地）	NONE	
	UC12	年中住房存量的市场价值（包含土地）	（UC10+UC11）/2 或（K6+K8）	
	UC13	住房实际的年度回报率（包含土地）	NONE	
	UC14	实际营业盈余净额	（UC12×UC13）/100	
住房服务支出	UC15	住房服务的总成本	UC05+UC08+UC09+UC14	

注：表中所提到的住房均为自有住房，价格为当前市场价格

UC01：住房的维修支出是指修复或更换住房中破旧或损坏的部分时所支付的费用，如修补屋顶、更换窗框和粉刷外墙等。需要注意的是，那些明显延长住房使用寿命和明显增加住房价值的大型维护修理支出不属于中间消耗，这部分在 SNA 中被视为固定资本形成总额。

对于维修支出数据而言，最常用的方法是从居民支出调查中获得。在有些国家住房的维修支出被认为是居民最终消费支出的独立组成部分，当使用用户成本法时，维修支出必须作为租金的一部分而不能是一个独立的支出项目。这是因为当一个国家使用了用户成本法的标准程序以后，租金已经包含了这部分支出，如果仍将维修支出作为居民消费支出的一个独立组成部分，必然会导致重复计算。

UC02：为住房所支付的总保险费是指为住房本身所支付的保险费用，而不包括房屋内部物品的保险费用。对于房屋内部物品的保险费用而言，在居民最终消费支出中是作为独立的一个支出项目而存在的。如果可获得的保险费用额数据是这两种保险费用的总计，则可以按住房价值和内部物品价值的比率来分配这两种保险费用。

UC03：为拥有者支付的保险是指住房拥有者以外的个人或机构为住房本身支付的保险费用，如政府或企业给予的保险费用补贴。

UC06：自有住房业主支付的住房服务税是从个人居住在房屋内而享受的服务价值估算得到的，住房服务税是任何此类税收的总和。需要注意的是，业主所获

得的用于支付房屋支出的政府补贴，应该作为负的税收。例如，政府为减缓购房压力而设置的抵押贷款补贴政策。

UC07：拥有者支付的关于住房及土地价值税是指为他们所拥有的住房和住房所在的土地支付的税额，也成为"财产税"。

UC09：住房固定资本消耗是在当前价格下测量的住房价值折旧额，有时又称为现行重置成本折旧。也就是说，固定资本消耗的估计必须是从当前价格下的住房资本中获得的。住房资本的估计通常使用永续盘存法（perpetual inventory method，PIM），该方法在 OECD 手册中有详细介绍。然而有些国家没有应用于永续盘存法的有效数据，这时可以选用另一种方法近似估计住房资本，如表 5.5 所示。在估算固定资本消耗时，需要注意剔除土地的价值，因为依据国民经济核算理论，土地属于非生产资产中的自然资源，而固定资产是生产资产。

UC10、UC11：自有住房存量的价值是这些住房在当前市场价格下的净价值。在这里分别估计住房年初存量的市场价值和年末存量的市场价值，从而取平均得到住房年中存量的市场价值。而在表 5.5 提供的方法里，直接估计的是住房年中的市场价值，所以不存在取平均这一步，同时注意表 5.5 是将住房和土地的价值分开计算的。

UC13、UC14：住房实际的年度回报率是用于计算营业盈余净额，建议使用 2.5%作为实际回报率的参考值，在后文将进一步讨论使用这一回报率的原因。同时注意到，回报率和当前住房价值都是使用年中的数据。

通过表 5.5 可以看到，对于用户成本法而言，在使用时有以下三个难点：①在计算固定资本消耗（UC09）和营业盈余净额（UC14）之前，需要估算当前市场价格下的住房资本存量价值；②住房资本存量估计出来后，要利用折旧率估计固定资本消耗（UC09）；③选用适用于自有住房存量现值（UC12）的实际回报率（UC13），以估算营业盈余净额（UC14）。这三个方面反映出在应用用户成本法时，首先要估算住房资本存量才能估算固定资本消耗；当住房资本存量和实际回报率都确定后才能估算出住房的营业盈余净额。

1. 用户成本法的三大难点

对于用户成本法存在的三个难点，本小节将依次进行论述。从 OECD 手册中可以知道，使用永续盘存法估计住房资本存量价值时，需要知道固定资本形成总额的长期时间序列数据、资本资产的价格、资产的平均服务寿命及在平均服务寿命期间的资产折旧分布。然而，许多国家缺乏使用永续盘存法所需要的资本资产估计和平均服务寿命期间的资产折旧，这个时候可以用表 5.6 提供的方法估计当前价格下的住房资本。使用该方法时应注意以下两步：第一步，确定住房分类体系以区分一国自有住房的主要类别；第二步，分类别估算自有住房资本。这里住房类别的划分，可以参照前文提到的三分法，分别是独居家庭住房和按面积划分的两类公寓。

表 5.6　当前市场价格下住房资本的估计方法

项目编号	项目描述	涉及公式	值
K1	最近一次人口普查时住房单元数	NONE	
K2	最后一次普查到调查年中的住房增长率	NONE	
K3	估计调查年中的住房数量	K1×K2	
K4	在调查年新建住房的平均价格（不包括土地）	NONE	
K5	在调查年，住房的平均净价值（不包括土地）	K4×（1-A/L）	
K6	在调查年市场价格下，住房资本价值（不包括土地）	K3×K5	
K7	在调查年，相对于住房平均净价值（不包括土地）的土地价值比率	NONE	
K8	在调查年，住房下土地的价值	K6×K7	

注：表中所提到的住房均为自有住房

K1：人口普查可以收集到一些关于住房的信息——至少会涉及自有住房的数量信息，通常在普查中对这些住房可能还会有一些特征的描述，如房间数、面积等。越是近期的普查，对于调查年的住房资本估计就越好，因此要求是最近一次普查的数据。在有些国家还会做一些"生活水平"的调查，通过这个调查可以获得一些关于住房的更具体的信息，如建筑的类别和住房拥有的便利设施情况等。

K2：从最近一次普查到当前年中的住房增长率数据，可以从一些数据资源中间接获取，如固定资本形成总额（gross fixed capital formation，GFCF）的统计数据、发放的建筑许可证数据、新建的和拆迁的建筑数据。在没有现存数据的情况下，TAG 会议小组建议使用一个较为合理的假设：自有住房数量增长率与人口的增长率是相同的。

K4：当前年新建住房的价格信息可以从很多的渠道获得，如房地产代理商、房地产开发商及反映住房价格的各类杂志等。需要注意的是，如果从这些渠道获得住房的价格信息，则应该扣除住房下土地的价值来调整住房价格信息，因为住房价格只涉及建筑主体本身。另外一种获得价格信息的方法是，可以通过建筑公司获得新建住房的成本信息，或者从一些国家为政府员工建造住房的市政工程部门获得。如果在估算价格信息的过程中使用了成本法，则需要将成本调整为市场价格，即在成本基础上加上边际利润的估算值。因为成本估算只涉及建筑物本身，所以使用成本法会很自然地将土地成本排除在外。

K5：由于 K4 是新建住房的价格，这一价格需要调整以使其接近按平均使用年龄折旧后的住房净价格。换言之，住房价格和使用寿命之间存在一定的关系，随着对住房的不断使用，其价值也在不断降低，这也就是所谓的折旧，那么住房的价格是怎样随着住房年龄的增长而减少的呢？最简单的假设是，住房价值每年下降相同的量，直到最后一年住房价值下降为零。在这样的假设下，按平均使用年龄折旧后的住房净价格（$P_{average}$）就等于新建住房价格（P_{new}）乘以剩余使用年限比率：

$$p_{average} = p_{new} \times \left(1 - \frac{A}{L}\right) \tag{5.1}$$

其中，A 表示住房的平均使用年龄；L 表示住房的预期寿命，对于住房的预期寿命而言，各国设有统一的标准可以参照。

直观上可以认为，住房资本是一个常量，因为每当有房屋达到预期寿命进行拆除后，就会建起新的住房，所以这个时候平均使用年龄也就是预期寿命的一半，也就是依据式（5.1）按平均使用年龄折旧后的住房净价格是新建住房价格的一半。但是通常情况下，住房资本并非是一个常量，因此，当住房资本发生变化时，住房资本的平均使用年龄将用（5.2）式表示：

$$A = \frac{\sum_i^L i(1+r)^{L-i}}{\sum_i^L (1+r)^{L-i}} \tag{5.2}$$

其中，r 表示每年住房资本存量的增长率，可以是表 5.6 中 K2 的值；i 表示调查年住房资本的使用年龄，其取值为 1, 2, 3, …, L。式（5.2）的分母表示在 r 的住房资本增长率下，i 年的住房资本存量；分子表示 i 年的住房资本存量的总使用年龄。观察式（5.2）可以发现，当住房资本是常量，也就是 $r=0$ 时，可以得到

$$A = \frac{\sum_i^L i(1+0)^{L-i}}{\sum_i^L (1+0)^{L-i}} = \frac{L(L+1)/2}{L} = \frac{L+1}{2} \tag{5.3}$$

通过式（5.3）可以发现，当住房资本是常量时，住房资本的使用年龄将近似等于住房预期寿命的一半，这和前文所述相同，说明这个表达式是符合实际情况的。当住房资本是增加的，也就是 $r>0$ 时，新建住房数量将会超过旧住房数量，住房的平均使用年龄将会小于式（5.3）的中间值，从而由式（5.1）可知按住房使用年龄折旧后的住房净价格将是上升的；当 $r<0$ 时，则相反。这里 r 表示每年住房资本的增长率，也就是表 5.6 中 K2 的值，表 5.7 给出了 r 从 –1% 到 3% 时，不同预期寿命下的 $(1-A/L)$ 的值。

表 5.7　住房剩余使用年限比率的值

L ＼ r	−1	0	1	2	3
60	0.442	0.492	0.541	0.588	0.632
70	0.435	0.493	0.550	0.605	0.654
80	0.427	0.494	0.559	0.621	0.675

注：表中的数据结果依据式（5.2）得到

K7：提供的是相对于住房平均净价值的土地价值比率，可以利用该比率计算得出房屋下土地的价值 K8。估算住房资本是为了计算固定资本消耗和营业盈余净额，房屋属于生产资产中的固定资产，需要对其进行固定资本消耗的核算；而土地属于非生产资产中的自然资源，不属于固定资产也就没有固定资本消耗，所以在这里要区分房屋和土地的价值。同时，对于土地租金在进行国民经济核算时，将其计入出租方的财产收入而不是服务产出，所以在计算营业盈余时要包括土地的价值。土地价值比率数据可以从地产商或是官方的土地价值记录中获得；同时，一些国家可以参照与其具有相似人口密度和住房特征的邻国的比率数据。需要注意的是，在一些国家，其土地并不是个人所有，而只是划分给每个家庭建造住房，这时的土地对于住房所有者来说是没有价值的，因为土地不能交易也就失去了它的商业价值。

在能使用永续盘存法对住房资本存量进行估计的国家，住房固定资本消耗也就已经被计算出来了，因为在使用该方法的过程中需要估算固定资本消耗。在计算住房固定资本消耗时，通常假设住房资本直线折旧，也就是说在预期寿命里资产每年的消耗量是相等的；同时假定在预期寿命下资产的折旧分布符合钟形死亡率函数。这种计算固定资本消耗的方法被称为"钟形死亡率函数的直线折旧法"（straight-line depreciation with a bell shaped mortality function）。但是对于一些基础统计薄弱的国家来说，很难使用永续盘存法进行住房资本存量的估计，这时可以使用表 5.5 提供的方法进行资本存量的估计。针对于表 5.5 估计的住房存量（UC10，UC11，UC12），可以使用"没有死亡率函数的几何折旧法"（geometric depreciation with no mortality function）[1]来估计固定资本消耗，这种方法是钟形死亡率函数的直线折旧法的一种近似，其认为每年的固定资本消耗是在当前市场价格下住房存量价值的一个恒定比例。尽管这种方法是一种近似计算，但是它不需要计算死亡率函数，也就无需提供固定资本形成总额的长期时间序列数据。在利用没有死亡率函数的几何折旧法估算固定资本消耗时，用调查年的年中住房资本净价值（K6）

---

[1] 钟形死亡率函数可以选取威布尔（Weibull）分布和对数正态（Log-normal）分布等；关于资本存量测算的详细内容可参考 Measurement of capital stocks，consumption of fixed capital and capital services，OECD，Paris，2001。

乘以折旧率得到，其中折旧率 dr 为

$$dr = D/L \tag{5.4}$$

这里的 D 表示下降的平衡比率（declining balance rate），通常认为为 $1 \sim 3$，同时在欧洲和北美的住房数据中发现，当 $D = 1.6$ 时，估计出的住房固定资本消耗与使用钟形死亡率函数的直线折旧法估计的值最为相近，因此，通常建议将 D 的值设置为 1.6。L 表示住房的预期寿命。在这里可以举一个简单的例子说明这种方法的计算过程，假设调查年的年中住房资本净价值（K6）是 4000，同时某一种住房类型的平均预期寿命是 70 年，则固定资本消耗（consumption of fixed capital，CFC）为 $CFC = K6 \times dr = K6 \times (D/L) = 4000 \times (1.6/70) = 91$。对于住房资本的固定资本消耗计算，在保证数据有效性的前提下，应该对不同的住房类型分别计算固定资本消耗，同时在计算时要去除土地这一非生产资产；估计住房的预期寿命也应该是所有类型住房预期寿命的平均值，通常可以从人口普查数据中估计住房的预期寿命。表 5.8 更清晰地反映出计算固定资本消耗的过程。

表 5.8　当前市场价格下住房固定资本消耗的估计

项目编号	项目描述	涉及公式	值
CFC1	在调查年市场价格下，住房资本价值（不包括土地）	K6	
CFC2	住房的预期寿命（以年为单位）	NONE	
CFC3	住房的折旧率	1.6/CFC2	
CFC4	在当前市场价格下的住房固定资本消耗	CFC1×CFC3	

注：表中的住房均为自有住房

使用用户成本法估算自有住房支出的最后一项是营业盈余净额，营业盈余净额是住房资本价值乘以实际回报率。经济学家通常假定人们从资本资产中获得的营业盈余，至少与他们将这些资产投入到金融资产中获得的利润一样。因此，这里只要有一个合适的投资金融资产的回报率，就可以计算出营业盈余。在实践中有很多利率都可以作为回报利率的参考值。有些国家建有完善而广泛的住房贷款体系，这时贷款利率就是回报率的最佳参考值。没有类似贷款体系的国家，可使用公司或政府的长期（八年及以上）债券利率作为参考值。需要注意的是，所有利率都应该是新生债务利率，而非未偿债务的平均支付利率，因为后者反映的是上一年的利率水平。无论使用哪种利率作为名义利率，都需要减去整体的通货膨胀率转化为实际利率，这里的通货膨胀率可以通过 GDP 缩减指数或是所有项目的消费者价格指数获得。如果是在金融市场欠发达的国家，以上提到的两种利率都是不可行的，这时候 TAG 会议小组统一推荐使用 2.5% 作为年回报率。

住房所有者通常希望住房值的增长可以和通货膨胀率的增长相协调，这样

由于价格变化导致住房价值的上升，称为住房所有者的名义持有收益。这也就意味着用户成本法中的用户成本将被完整表述为

$$UC = IC + OTP + CFC + NOS - NHG \tag{5.5}$$

其中，UC 表示用户成本；IC 表示中间消耗；OTP 表示其他生产税；CFC 表示固定资本消耗；NOS 表示名义营业盈余；NHG 表示名义持有收益。这里的名义营业盈余是通过住房价值乘以名义利率得到；名义持有收益是通过住房价值乘以通货膨胀率得到。也就是说，式（5.5）的最后两项可以合并为一项，用住房价值乘以名义利率与通货膨胀率的差值，也就是住房价值乘以实际回报率。

需要注意的是，每年的名义利率和通货膨胀率都是不稳定的，从而实际回报率也就不稳定，导致估计的住房租金不稳定；然而实际情况是每年的租金是稳定的，因为对于租赁住房者而言，他们签订的几乎都是长期合同，从而避免了租金的大幅波动。正是这样的原因，需要用长期的平均名义利率减去长期的通货膨胀率得到一个稳定的实际回报率作为参考值。

2. 用户成本法用于传统住房

由于传统住房很少用于出租，很多国家都不能用标准方法来估算自有住房租金。尽管一些发展中国家通常会在世界银行或联合国发展计划的支持下周期性地开展有关生活水平的调查，这些调查收集了住宅方面的大量有用信息，其中一些调查，会让户主对其住房的年租金价值进行估算。但是在传统住房很少被出租的情况下，户主的估算并不可靠，所以也不能使用虚拟租金法对自有住房租金支出进行估算。国际比较方法手册建议对于传统住房使用用户成本法进行住房服务支出的估算。当使用用户成本法对传统住房服务支出进行估算时，需要对前文中的表 5.5、表 5.6 和表 5.8 的估算方法做适当调整。

首先，对于表 5.5 中的中间消耗来说，由于传统住房一般没有保险费，传统住房的中间消耗可能只有修理和维护两项支出。传统住房的建筑材料基本以自然材料为主，因此需要经常更换维修，而维修工作通常由家庭成员免费完成，这里用劳动投入成本代替劳动价值。具体而言，是要先估算每年的维修工时数，然后估算每小时或每日工资，将二者相乘即可得到年劳动投入成本，这里的难点是对每小时工资或日工资的估算。工资应是市场上非技术性农业雇员的工资水平，可以将其看做是维修和建造住房的机会成本，因为这些劳动的另一个最优用途即从事非技术性农业劳动。很多国家规定了农业劳动者的法定最低工资，在估算工资水平时可以参考这些数据。在有些情况下，可能需要在最低工资基础上向下浮动，以反映农村地区的真实工资水平。

对表 5.5 中的其他生产税而言，在一些国家政府会征收"小屋税"，这些通常是定额税，是所得税的一种替代税种。如果征收的税种与住房服务无关，则这些

税不应包含在 UC06 或 UC07 中。在大多数国家，对于传统住房的其他生产税的起征点为零。营业盈余净额这一项目的基本假定是业主会在获得住房与投资等量金融财产之间做取舍，具体而言，假定业主没有购房而是将资金投入金融市场获得的营业性收入。所以，现代住房服务支出在核算时应当包含营业盈余净额，但是传统住房通常由业主及其家庭成员使用自然材料自行建造而成，此类住房的回报率很低，在实际中可视为零。这也就是说，在传统住房的服务支出估算中不包含营业盈余净额。

表 5.6 对于住房资本存量的估算基本适用于传统住房，但是在估算住房建造成本时存在一个问题，即传统住房使用了由家庭成员自己收集的建筑材料，而使用这些自然材料通常不需要支付任何费用。为了解决这样的问题，这里同样使用劳动成本法估算这些建筑材料的价值。具体而言，就是要先估算出收集材料和建造住房的时间，然后将其与非技术农业工人的工资水平相乘。在利用住房资本存量数据估算表 5.5 中的固定资本消耗时，最重要的一点是确定住房的年折旧率。相对于现代住房，传统住房的预期寿命要短很多，一般是 5～15 年不等。在使用表 5.5 提供的没有死亡率函数的几何折旧法估算固定资本消耗时，传统住房的折旧率为 0.11～0.32，这个范围由前文计算折旧率的公式 D/L 得到。对于传统住房的预期寿命如果缺少确切的信息时，ICP 方法手册建议将预期寿命设定为 10 年，这样传统住房的年折旧率就是 0.16。可见这一折旧率明显高于现代住房的年折旧率 0.023，这主要是由于传统住房的预期寿命要远远短于现代住房。

根据经验，如果某些国家没有传统住房或者传统住房只占其住房存量的小部分，其比例低于 5% 时，就没有必要对此类型住房进行估算，即无需对传统住房服务支出和 PPP 进行估算。

5.2.3 ICP 中住房服务支出的重难点分析

住房服务支出估算是住房服务国际比较中最基础也是最重要的一个环节。依据租赁市场的市场化程度选择不同的支出估算方法，对于像欧盟、OECD 这样市场化程度较高的区域，完全可以直接对租赁住房租金进行调查，并通过租金法间接估算自有住房的虚拟租金。然而，对于像中国这样的发展中国家来说，其住房的市场化程度并不高，没有充足的样本来收集相关类型住房的租金，这时就要采用用户成本法来估算自有住房租金。本节将从三个方面分析住房服务支出估算中的重难点。

1. 面对住房类型的多样性，应如何选择权数以聚合住房服务支出

在 ICP 中，住房被分为现代住房和传统住房，其中现代住房又被进一步细

分为独居家庭住房和公寓两大类型，这两大类型依据各个国家的实际住房情况，可以由国家协调人进行再次细分。例如，"公寓"在中国可以分为一居室、二居室及三居室等。那么对于不同的住房类型，只要其在所调查区域存在，就不应该被排除在调查对象之外。为了满足调查对象的普遍性，面临的第一个重要问题就是如何确定各类型住房支出的权数。这也是 ICP 中住房服务支出估算的一个难点。

关于权数的确定，国际上建议可以从消费者价格指数、住户支出调查、人口及住房普查的相关资料中获得，且至今还不存在一个统一可行的方法，从这些资料中获取的可行性还值得进一步研究。值得一提的是，在 2005 年的 ICP 中，参与比较的西亚各国利用他们的消费者价格指数确定了各类型住房支出的权数，这一方法值得进一步研究和借鉴，本书未能进行深入研究。

2. 租金法估算住房支出时，如何确保调查所得租金数据的有效性

租金法的本质就是对各种类型住房的租金进行调查，从而估算出国际比较所需要的住房支出数据。其适用于市场化程度较高的地区，对各种类型租赁住房的租金进行调查，利用搜集来的充分的租赁住房样本构成各类型租金矩阵，从而使用该矩阵估算出相似的自有住房虚拟租金。这些自有住房租金与租赁住房租金通过一定方法整合后，产生住房服务支出。因此，能否准确有效地对租赁住房租金进行调查，是租金法估算住房支出的重要基础环节。

市场化程度在调查中是很难判断的，即使在市场化程度高的国家，也会存在非市场化的租金。例如，雇主为了吸引人才，为雇员提供了只收取象征性租金的住房，或是政府出面干预了住房的租赁市场。当遇到这样的情况时，则需要调查员对这样的数据进行调整，使租金符合市场租金的要求。因此，对于调查数据的有效性而言，除了 5.2 节论述的数据检验方法外，还需要调查体系的完善和调查员知识素质的完备。调查所得数据是否有效，不仅是租金法估算住房支出的重难点，也是整个 ICP 在搜集其他数据时的重难点。

3. 用户成本法估算住房支出时的重难点总结

在世界范围内，市场化程度不高的国家仍然占到大多数，在租金法失去其有效性时，全球办公室建议使用用户成本法。用户成本法通俗地说就是，对自有住房成本的一种核算方法。从 5.2 节的论述中可知，这些成本包括中间消耗、其他生产税、固定资本消耗和实际营业盈余净额。在这四类成本中，固定资本消耗和实际营业盈余净额的估算是用户成本法估算住房支出的重难点，因为要完成对固定资本消耗和实际营业盈余净额的估算，需要当前市场价格下的住房存量价值、房屋折旧率及实际回报率。而这三者的确定本身就是难点。同时，还需要注意的

是，住房价值和土地价值的分离，以及用户成本法在现代住房和传统住房上应用的差别，这在前文已经论述，这里不再赘述。

在估算住房存量价值时，涉及住房增长率，在国际上有一个普遍认为比较合理的假设是住房增长率与人口增长率是相同的，而计划生育在中国仍然是一项基本国策，与此同时中国的房地产事业却蒸蒸日上，所以，这一假设在中国是否适用，值得思考。从 5.2 节的论述还可以知道，住房增长率的正确与否，还会影响到估算住房存量价值的另一个指标——按住房使用年龄折旧后的住房净价格。因此，对住房增长率的确定是整个估算最为重要的环节。对于房屋的折旧率而言，在论述中提到一个平衡比率，这个平衡比率能否正确确定，直接影响到折旧率的确定。在欧洲和北美确定的数据是 1.6，但对于中国而言，这个数字还需要结合自身相关住房数据进行深入研究。

这里对住房服务支出估算方法的重难点进行了简单梳理，旨在对这些方法有一个更为明确的认识。住房服务支出是消费支出的重要组成部分，在对其进行估算时，首先，明确住房的类型是租赁住房还是自有住房；其次，对于租赁住房而言，可以采用租赁调查估算住房服务支出；最后，对于自有住房而言，根据各国租赁市场化程度不同，选择虚拟租金法还是用户成本法。在使用用户成本法对自有住房服务支出进行估算时，要注意区分现代住房和传统住房在估算上的差异。

5.2.4　小结

住房服务支出估算是住房 ICP 中最重要的一个环节。在明确住房分类的基础上，对不同类型的住房进行支出估算。住房被分为租赁住房和自有住房，在估算住房支出时，租赁住房支出数据的获得比自有住房容易，这里的难点就是自有住房支出数据的获取。本节主要阐述了支出估算的两种方法，一种是租金法；另一种是用户成本法。前者主要应用于市场化程度较高的国家或地区，对自有住房支出的估算采用虚拟租金法，是间接获取自有住房支出的方法；后者则用于市场化程度相对不高的国家或地区，对自有住房支出采用直接估算的方式。

在市场化程度较高的国家，通过租赁调查可以获取租赁住房的租金信息。在获取租金信息时，需要对偏离市场价格的住房进行调整，也就是说，获取的租金信息必须是在市场价格下才是有效的。同时，对于这些国家的自有住房支出则采用相似住房类比得到，也就是虚拟租金法。住房之间的相似程度通过住房类型、位置及住房内的便利设施来判断。虽然使用这种方法估算出的支出准确度较高，但是在实施的过程中存在很多弊端。例如，某些国家传统住房所占比例较高，但这种类型住房通常不会出租，因此也就无法通过类比估算虚拟租金。

本节据此重点阐述了第二种方法——用户成本法。用户成本法的基本思想是,假定自有住房业主将房屋出租给别人时按市场价格估算的所有成本。这些成本包括中间消耗、其他生产税、固定资本消耗及实际营业盈余净额。在核算成本时的难点是住房资本存量、折旧率及实际回报率的估算,前文中已经详述,这里不再赘述。在使用该方法时,需要区分现代住房与传统住房的差异。在测算出住房服务支出的基础上,可以进一步计算出住房服务的 PPP,那么如何测算住房服务 PPP,将是后文重点论述的内容。

5.3　住房服务 PPP 的估算方法

在测算了住房服务支出权重以后,ICP 提供了三种方法来计算住房 PPP,分别是标准 SPD 法、修正 SPD 法及物量法。其中,标准 SPD 法要求测算各类住房的 PPP;修正 SPD 法是以全面租金调查数据为基础测算住房 PPP,与标准 SPD 法相比,该方法注意到各国租金调查所得基本信息会有较大差异,所以,对住房类型的限定更为宽泛;物量法是一种间接测算 PPP 的方法,通过比较各国住房物量,测算出相对物量,进而得到间接 PPP。

5.3.1　SPD 法估算住房 PPP

住房租金 SPD 法与其他大多数商品和服务的 SPD 法相比,多了很多选项[①]。住房租金 SPD 法对建筑类型、提供的便利设施及住房地理位置等做了详细描述,因为这些因素是决定住房租金的关键因素。例如,在住房租金 SPD 法中,地理位置包括邻里类型(富裕、中产、贫穷等)、地区类型(城市、农村等),以及是否邻近高速公路、商场、公交系统等;此外,住房租金 SPD 法对便利设施的描述,涵盖了烹饪设施、房间数目及种类、洗浴及卫生设备、供暖系统、用于供暖和烹饪的燃料类型,以及空调等信息。

但是标准 SPD 法在 2005 年的 ICP 中已经不再使用,主要是因为影响住房租金的因素太多,使得住房租金具有极端可变性。而正是这种可变性,要求在调查的过程中收集大量的各种类型住房租金信息,以便测算出准确的 PPP。这给住房服务支出的调查带来了极大困难。如果各国能够提供各类住宅的权重,就可以在一定程度上减少采价的数目,但是到目前为止还没有数据验证这一方法的可行性。

修正 SPD 法可以应用于有广泛租金信息的国家,这里的广泛性是指调查信息涵盖了全国所有或大多数的住房类型,以及国内所有或大多数住房的地理位置。

---

① 可参考 2005ICP 手册第十节附录。

由于居民 CPI 也需要住房租金信息，许多住房租金市场发达的国家，在 2011 年 ICP 之前已经开始了广泛的租金调查，如欧盟、OECD。租金调查的操作并没有统一的标准，而且各类租赁住房信息的可获得性也会因为国家的不同而具有显著差异。因此，在使用修正 SPD 法时，需要降低对各类住宅描述的详细程度，以调整各类住房之间的差异，从而获得租金信息。为达到这个目的，修正 SPD 法舍弃了标准 SPD 法中的许多住房特征。尽管修正 SPD 法使用了较宽泛的共同定义，但是各国仍然需要做一些近似修正，以便从租金调查中得到符合标准分类的信息。

使用修正 SPD 法计算住房服务的 PPP 的过程与其他服务的相似，PPP 通过相关平均价格获得，这里的相关平均价格是指每个国家相同或十分相似的住房租金。这一过程在那些租赁住房具有代表性或是该国的统计部门收集了全国大部分地区的各种不同类型住房租金信息的国家有效。在 2011 年的 ICP 中，所有参与比较的国家使用租赁调查问卷提供住房的租金信息，通过这个问卷可以为参加国际比较的国家提供各种不同类型住房的平均租金。这些住房类型正是前文描述的独居家庭住房或是公寓，同时区分在这两类住房中的便利设施情况，便利设施也就是前文描述的电、私人卫生间、自来水等。另外，因为地理位置也是住房租金的一个决定因素，所以统计的租金信息应该区分是农村区域还是城市区域。

虽然在 2011 年的 ICP 中所有国家要尽可能地完成租赁调查问卷的所有部分，但是有些国家可能因为租赁市场化程度不够，并不能完成租赁调查问卷。对于可以完成租赁调查问卷的国家，来自租赁调查问卷的租金信息将用于计算住房服务 PPP。因为这些国家拥有各种不同类型的租赁住房，同时国家的统计部门可以对这些住房进行全国性的调查，所以可以从租赁调查问卷中获取表 5.9 所需要的住房平均租金。而对于不能完成租赁调查问卷的国家，可以采用后文介绍的物量法间接计算住房服务的 PPP。

表 5.9　全国不同类型住房平均租金汇总表（部分）

| 全球住房分类体系 | | | | | | | | 观测汇总值 | |
住房类型	面积	电	水	私人卫生间	私人厨房	空调或集中供暖	建筑年龄	年度租金	位置
独栋家庭住房	150	有	有	有	有	有	<5		
连排家庭住房	100	有	有	有	有	有	<5		
单间公寓	25	有	有	有	有	有	<5		
单卧室公寓	50	有	有	有	有	有	<5		
双卧室公寓	70	有	有	有	有	有	<5		
典型传统住房	50	有	有	有	有	有	<5		

注：完整汇总表见世界银行 ICP 网站，并且本表中的面积是简化以后的

由 ICP 网站上完整的汇总表可以知道，在 2011 年的 ICP 中，用于不同住房类型的八个大类将住房分成了 64 个小类。其中，这八个大类就是表 5.9 提供的，分别是：住房类型、面积、电、水、私人卫生间、私人厨房、空调或集中供暖及建筑年龄。这里可以看出，用于各国住房特征描述的大类是比较少的，这是因为如果用更细的分类体系，有些国家将不能提供住房的平均租金信息。表 5.9 中的面积是参考面积，表示应该提供平均租金的住房面积，在完整的汇总表中第一列表示面积的参考范围，只要收集的住房面积落在某个参考面积范围内都是可以汇总的。位置信息不是作为修正 SPD 法的一个大类，而是单独作为一列由国家协调人填写。理想的情况是，各国提供所有位置的住房租金信息。但是在多数情况下，为了获得有效的租金信息，许多国家提供的租金信息可能不会考虑住房的位置信息。

对于表 5.9 中建筑年龄是五年的理解，这一年龄分类是在 TAG 会议讨论后被提出来的。另外，对于建筑年龄的设定是可以依据区域情况进行调整的，也就是说表 5.9 中的分类体系需要通过区域协调人的进一步复查。例如，某个区域可以考虑"小于 10 年"和"大于 10 年"的分类。由于租金数据不用于区域连接，对于表 5.9 中的类别体系可以是区域化的，也就是说，区域协调人可以选择这种分类中与他们区域相关的部分，同样可以自己定义对租赁住房的描述类别。

通过表 5.9 可以获得 64 个小类的住房平均租金，若将这些租金再次聚合为全国或区域的住房服务租金就需要知道各类型住房在总租赁住房中的比例，表 5.10 是各类型住房在总租赁资本中的权重汇总表。对于表 5.10 中权重估计的可能来源是 CPI、人口与住房普查、居民消费支出调查及租赁调查等。例如，在 2005 年的 ICP 中，西亚就是从 CPI 租赁调查中获得的近似权重。在权重数据有效获得的情况下，每个国家都需要报告各类型住房在全部租赁资本中的权重。

表 5.10　各类型住房在总租赁资本中的权重

住房类型	在总租赁资本中的权重
独栋家庭住房	
连排家庭住房	
公寓	
典型传统住房	

对于修正 SPD 法的应用需要注意，只有当实际支付租金对整体住房服务（包括租赁住房和自有住房）具有代表性时，才能使用修正 SPD 法。在住房服务支出

估计部分提到用户成本法使用的规则，而用户成本法的使用正是因为实际支付的租金不具有代表性，所以修正 SPD 法的使用规则为：①一个国家的租赁住房占所有住房的比例不低于 25%；②不足 50% 的租赁住房被外国人占有、政府雇员占有或是其他支付很少租金的雇员占有；③租赁住房在全国的分布均匀。如果不能同时满足这三条规则，则要使用后文介绍的物量法估算住房服务 PPP。同时，需要注意一个租赁调查的发起、测试和审核过程需要经历的数载，如果某国没有正在开展的、能提供广泛租金信息的租赁调查，就不能使用修正 SPD 法，这时也需要使用物量法。

5.3.2　物量法估算住房 PPP

物量法不需要关于租金的任何信息，因为物量法比较的不是各国的租金，而是租赁住房和自有住房的住房服务总量。但是需要注意的是，使用物量法的国家仍然需要提供住房服务支出信息，也就是租赁住房租金和用户成本法估算的自有住房租金的总和。这是因为物量法是通过用相对价值除以相对物量来间接估算 PPP 的，这里的相对价值是各国住房服务支出的比率；相对物量是各国住房服务量的比率。其表达式如下所示：

间接 PPP=相对价值/相对物量=各国住房服务支出比率/各国住房服务量比率

通常情况下，用这种方法测算的 PPP 数据质量较差，它们在不同时期会有较大变化，而且与其他商品或服务的 PPP 相比也会出现较大差异。出现这种情况可能是由于计算住房服务支出时用到的住房数量和物量法使用的住房数量不相同，或者是由于计算住房服务支出时使用的价格数据错误造成的。但是 ICP 的基本目标是在国家间进行可靠的物量比较，而不是计算 PPP，因此，在缺乏有效的租金信息时，物量法仍然是得到住房服务物量比较的最好方法。

物量法主要是要构建物量指数，其通过住房服务问卷收集到住房的定量和定性数据。对于定量数据的选择，按照优先顺序分别是：住房的可用面积、房间数、住房数。从这三个可选数据中选择一个作为住房的数量指数。对于定性数据而言，主要收集的是所拥有便利设施的住房所占百分数，这些便利设施是前文描述的电、水、私人卫生间、私人厨房空调或集中供暖。这些分别拥有各种便利设施的住房所占的百分比平均后得到一个质量指数。例如，假设一个国家有 100 套住房，其中拥有电的有 100 套，拥有水的有 80 套，拥有私人卫生间的有 60 套，则该国拥有电的住房占比为 100%，拥有水的住房占比为 80%，拥有私人卫生间的住房占比为 60%，简单平均后得到的质量指数为 80%。用质量指数乘以数量指数即可以得到物量指数，这一指数表示的是各国住房服务的相对量，也就是前文提到的相对物量。下面引入一个例子对物量指数的计算过程进行详细阐述。

假设在 A、B 两国的现代住房中，A 国住房的可用面积是 2.40 亿平方米；B 国住房的可用面积是 3.75 亿平方米，则可以计算 B 国相对于 A 国的数量指数为 375/240 = 1.56。如果要估算出 B 国相对于 A 国的物量指数还缺少质量指数，计算质量指数的数据如表 5.11 所示。表 5.11 中涉及的便利设施包括电、水和私人卫生间，A 国拥有这些便利设施中的一种及以上的住房总数有 290.0 万；B 国拥有这些便利设施中的一种及以上的住房总数有 763.2 万。经过计算得到，A 国拥有这些便利设施的住房数的比例为 98%，B 国拥有这些便利设施住房数的比例为 64%，因此，B 国相对于 A 国的质量指数为 64/98 = 0.65。综上可以估算出 B 国相对于 A 国的物量指数为 1.56×0.65 = 1.01。

表 5.11　构造质量指数的数据

便利设施	拥有给定便利设施的住房数/万		拥有给定便利设施的住房数比例/%	
	国家 A	国家 B	国家 A	国家 B
电	290.0	641.1	100	84
水	286.3	450.3	99	59
室内卫生间	272.9	373.9	94	49
总计	290.0	763.2	98	64

对于表 5.11 中每种便利设施对应的住房数，需要注意的是，如果一个住房同时拥有电和水，则这个住房将被记录两次——一次是作为拥有电的住房，另一次是作为拥有水的住房。因此，这里的总计是至少拥有三种便利设施中的一种的总住房数。通过这个例子可以看出，虽然 B 国的住房可用面积显著高于 A 国，但 B 国的住房质量却低于 A 国。所以，当使用各自的质量指数分别调整两国的住房可用面积后，两国的住房服务物量指数变得几乎相同。虽然本例只是涉及两个国家，但是由此得到的物量指数在多边比较中具有传递性。

一般来说，传统住房基本不出租，所以有必要使用物量法。在大多数国家的传统住房，几乎不具备前文提到的各种便利设施。这意味着很多国家的质量指数可能是 0，这样就无法测算物量指数。因此，这里的处理方法是，将传统住房的质量指数，设定为 1 加上配有各种便利设施住房比例的平均值。这样，对于所有传统住房均拥有上述三类便利设施的国家而言，其质量指数就等于 2，物量指数是数量指数的 2 倍。对所有传统住房均不拥有上述任何一种便利设施的国家而言，其质量指数就等于 1，物量指数等于数量指数。经过这样处理以后，各国传统住房的物量指数的范围即为 1~2。

下面给出一个示例详细说明在 2005 年的 ICP 中使用物量法估算间接 PPP 和

物量比率的过程。表 5.12 给出了估算所需要的基本数据，即 A、B、C 三国计算间接 PPP 所需的相关指标值，这些数据通过住房服务问卷都可以获得。

表 5.12　估算间接 PPP 所需数据

指标	A 国	B 国（基准）	C 国
总人口数	1 800 000	16 000 000	18 000 000
总房间数	950 000	8 900 000	10 000 000
名义租赁支出（LCU）	950	410 000	380 000
汇率（基准=1）	0.01	1	1
拥有电的住房比率	0.22	0.47	0.51
拥有水的住房比率	0.21	0.15	0.28
拥有私人卫生间的住房比率	0.38	0.07	0.14

第一步，估算质量指数。在上面两个国家的例子中，质量指数是通过电、水及私人厕所拥有率的加权平均获得的。受实际调查的限制，给予每一个便利设施的比例都是相同的，这里有三个指标，所以分别赋予 $\frac{1}{3}$ 的权重。可以得到 A、B、C 三个国家的质量指数，如表 5.13 所示。

$$质量指数 = \frac{1}{3} \times （电的拥有率+水的拥有率+私人卫生间的拥有率）$$

表 5.13　各国质量指数的计算结果

指标	A 国	B 国（基准）	C 国
质量指数	0.27	0.23	0.31

第二步，用总房间数对质量指数进行调整。调整后的指数也就是上例中的物量指数，只是这里用的是总房间数进行调整，而上例用的是住房的可用面积。这里需要注意的是，为了使计算简化，将三个国家的总房间数统一改为以百万为单位，如 A 国的总房间数为 0.95。由于后面计算的都是比率，这样处理不会影响间接 PPP 的结果。可以得到 A、B、C 三个国家的物量指数，如表 5.14 所示。

$$物量指数 = 房间数的质量调整 = 总房间数 \times 质量指数$$

表 5.14　各国物量指数的估算结果

指标	A 国	B 国（基准）	C 国
物量指数	0.256 5	2.047 0	3.100 0

第三步，估算人均住房产出。人均住房产出的估算是通过第二步的调整后的质量指数除以总人口数得到的。需要注意的是，这里的总人口数与前面的总房间数作同样的处理，即转化为百万为单位进行计算。可以得到 A、B、C 三个国家的人均住房产出的估算结果，如表 5.15 所示。

人均住房产出=住房调整的质量指数/总人口数

表 5.15　各国人均住房产出的估算结果

指标	A 国	B 国（基准）	C 国
人均住房产出	0.142 5	0.127 9	0.172 2

第四步，估算基于基准国的各国人均住房产出比率。住房产出比率是通过每个国家的人均住房产出除以基准国的人均住房产出得到的。可以得到 A、B、C 三个国家的住房产出比率的估计值，如表 5.16 所示。

人均住房产出比率=人均住房产出/基准国人均住房产出

表 5.16　相对于基准国的人均住房产出比率

指标	A 国	B 国（基准）	C 国
住房产出比率	1.113 8	1.00 0	1.346 1

第五步，估算人均租赁支出比率。在估算人均支出比率之前，首先，利用汇率将租赁支出转化为基准国货币表示的租赁支出额；其次，用统一货币单位的支出额除以各国的总人口数，得到人均支出；最后，用各国的人均支出除以基准国的人均支出，即可得到人均租赁支出比率。可以得到 A、B、C 三个国家的人均支出比率估计值，如表 5.17 所示。

人均租赁支出比率=（租赁支出/汇率/总人口数）/基准国的人均租赁支出

表 5.17　相对于基准国的人均租赁支出比率

指标	A 国	B 国（基准）	C 国
租赁支出（基准货币）	95 000	41 000	380 000
人均租赁支出	52 777	25 625	21 111
人均支出比率（基准=100）	205.962 0	100.000 0	82.384 8

注：三个国家的人均支出比率均乘以了 100

第六步，估算间接 PPP。在前文中的式（5.5）给出了间接 PPP 的计算公式，即相对价值除以相对物量。因此可以得到

间接 PPP=人均租赁支出比率/人均住房产出比率

这里人均租赁支出比率是第五步计算的结果，而人均住房产出比率是第四步计算的结果。估算的间接 PPP 结果如表 5.18 所示。

表 5.18　估算的间接 PPP 的结果

指标	A 国	B 国（基准）	C 国
间接 PPP（基准=100）	184.914 2	100.000 0	61.200 6

表 5.18 中的结果表明，A 国的单位货币所能购买到的住房服务约是 B 国单位货币所能购买的 1.85 倍，同样可以计算出三国之间两两比较的结果。

5.3.3　ICP 中住房服务 PPP 估算的重难点分析

本节前部分对计算住房服务 PPP 的方法进行了详细论述，修正的 SPD 法只适用于实际住房租金对整体住房存量具有代表性的国家，也就是可以使用租金法估算住房服务支出的国家。而这一方法的缺陷是要求被调查国具有较高的市场化程度，以及具有可以提供广泛租金信息的持续数载的租赁调查。物量法却不需要关于租金的任何信息，因为其比较的是租赁住房与自有住房的服务总量，需要的是住房服务的支出，也就是用户成本法核算的租赁住房与自有住房支出的总和。本部分将从两个方面对住房服务 PPP 计算方法的重难点进行总结分析。

第一，物量法计算住房服务 PPP 时，准确确定质量调整权重的重要性。物量法主要是构造物量指数，包括由定量数据计算得到的数量指数和定性数据加权计算得到的质量指数。这里的定性数据主要是包括电、水、私人卫生间、私人厨房、空调或集中供暖的便利设施，这些分别拥有各种便利设施的住房所占总住房数的百分比加权平均后得到质量指数。在 5.3.2 节的例子中为了简便起见，每一种便利设施的百分比都是按照相同权数计算的，这在实际应用中可能与现实情况出现偏差。因此，确定一个准确的质量调整权重是至关重要的，同时也是比较困难的。

在国际上已经有了这方面的相关研究，但还不是很深入，可以参考《世界经济规模测度》[①]一书。其中，论述了住房质量调整和两国及多国 PPP 估算，证明了在一些国家使用特有权数进行质量调整要优于相同权数。然而，更为准确的质量调整权数还需要更完整的物量和便利设施数据，并且在国民经济核算的物量上附上相应的支出。这些支出如果是在房屋类型、地理位置等明细上区分将会更有利于权数的确定。

---

① 世界银行. 2013. 世界经济规模测度[M]. 世界银行印刷部.

第二，住房服务总体 PPP 的计算，即各区域的连接。在 ICP 中，关于 PPP 的估算可以分为三个层次，分别是单个产品的 PPP、基本类 PPP 和综合 PPP。其中，单个商品的 PPP 就是该商品在两个参加国价格的比值，而基本类和综合的 PPP 都涉及比较复杂的方法，主要有 EKS 法、GK 法、CPD 法等。在 2005 年的 ICP 中，除 OECD/欧盟使用 EKS 法外，其他地区住房服务 PPP 的连接方法主要是采用 CPD 法，所以下面对 CPD 法做一个简要的论述，不进行深入探讨[①]。

CPD 法由 Robert Summers 于 1973 年提出，最初用于填补缺失的价格数据，后来用于估计基本类 PPP。其基本思路是：假设一个基本类中某种规格品的价格比主要由该基本类综合价格比决定，此外还受到一些次要因素的影响，使其实际取值围绕基本类 PPP 指数波动，这些次要因素通过随机误差项综合，从而利用多元回归方法来计算所有国家的基本类 PPP。

在 2005 年的 ICP 中，为了处理住房服务不完整的数据，对如下形式的 CPD 法方程进行了多元回归估计：

$$\ln(\text{indicating log})\left(\frac{\text{Exp}}{Q_{ij}}\right) = \alpha + \beta_i R_i + \delta_j \text{VT}_j + \lambda(M_k) \tag{5.6}$$

其中，$\dfrac{\text{Exp}}{Q_{ij}}$ 表示在区域 i 中某个国家每单位物量测量类型 j 下的经过质量调整的住房物量。当时有 106 个国家和四个住房类型的测量——单元数、房间数、卧室数和占地面积。式（5.6）右边的三个虚拟或分类变量分别为，R 表示已划分区域中的一个；VT 和 M_k 表示物量类型；M_k 的脚注 k 表示该国家在高、中、低三个组中的哪一组，组是基于每个国家住房存量的现代化程度来划分的。

关于住房服务 PPP 的难点可能还有很多，本部分只是概括性地提出这两点，且都未能进行深入研究。而关于住房服务 PPP 的基本计算方法，在本节前部分进行了比较仔细地论述。两种方法各有其优点和不足，本身 PPP 也会因为各国数据收集统计能力的差异而存在不足，但该方法目前是国际上公认比较理想的方法。

5.3.4　小结

住房服务国际比较的第三步是计算 PPP，本节主要阐述了两种 PPP 的计算方法，分别是修正的 SPD 法和物量法。并对住房服务 PPP 估算的重难点进行了总结

---

① 对于该方法及其进展的深入探讨请参见张迎春《中国距离全面参与国际比较还有多远》的第六章第三节。

分析，同时指出本书未能对区域之间的连接进行深入研究。

在计算住房服务 PPP 的两种方法中，修正的 SPD 法对应于可以使用租金法估算住房服务支出的国家，在这样一个 SPD 表中拥有比较宽泛的住房分类，依据租赁调查获得的数据可以得出大多数住房服务的支出，从而整合计算出住房服务的PPP。这种方法的不足是，要求被调查国家的租赁市场具有较高的市场化程度，并可以提供需求租金信息的持续数载的租赁调查。

虽然物量法估算出的 PPP 数据质量较差，但是这一方法弥补了修正 SPD 法的缺陷。因为物量法比较的是租赁住房与自有住房的服务总量，所以其不需要关于租金的任何信息，所使用的是用户成本法核算的住房服务成本。通过定量数据计算得到的数量指数和定性数据加权计算得到的质量指数构造物量指数，从而依据5.3.2 节的内容计算得出住房服务的间接 PPP。

本节阐述的两种计算住房服务 PPP 的方法，是针对单个产品而言的。住房服务综合 PPP，即各区域的连接问题，本书未能进行深入研究，仅在 5.3.3 节中进行了简单论述。

5.4　住房服务国际比较的结论与建议

中国已然是世界上第二大经济体，然而随着经济的高速发展，人民生活水平差距的加大是不得不面对的问题。特别是国家内区域发展不平衡，使各区域人民生活水平存在一定差距。人民生活水平体现于衣、食、住、行等各个方面，为了实现中华民族伟大复兴的中国梦，中国必须深刻认识自身在世界民族之林的优势与劣势，充分发挥自身优势，改变自身劣势，所以中国应更加积极地研究和参加ICP。

5.4.1　住房服务国际比较的结论

住房服务国际比较是 ICP 的一部分，本书详细论述了住房服务国际比较从住房分类到住房支出，再到住房 PPP 计算的各个步骤，对每个步骤都进行了深入分析和讨论。通过本书的研究，可以让我们对住房服务国际比较有一个比较清晰地认识，从全书来看可以总结为以下几点。

（1）明确住房分类，依据不同的住房类型，采用特定的住房支出估算方法对其支出进行估算，再依据不同的支出估算方法，采用特定的方法估算住房服务PPP。这三个部分是紧密相连、相辅相成的，其中方法选择的关键就是该区域的市场化程度。这三个部分的简要概括如表 5.19 所示。

表 5.19　住房服务国际比较方法总括

住房类型	住房支出估算方法	住房 PPP 估算方法
租赁住房	租金法	基于住房类型和大小的租赁调查
自有住房	等价租金法	租赁调查
	用户成本法	物量法

注：等价租金法也就是虚拟租金；租赁调查实际是 SPD 法

　　（2）住房分类最为明显的两类就是自有住房和租赁住房，然后就是现代住房和传统住房，自有和租赁两类在国际上有比较明确的分类标准，这里不再赘述。对于现代住房的进一步划分是独居家庭住房（house）和公寓（apartment）。对于住房的细分主要是为了服务于租赁调查及采用何种方法估算住房服务支出和 PPP。

　　（3）对于住房服务支出的估算而言。在市场化程度较高的区域可以采用租金法，通过租金法可以估算租赁住房的支出，同时也可以收集到足够的样本来估算自有住房的虚拟租金。而对于市场化程度不高，或是没有足够类型的租赁住房用于调查的区域，可以使用用户成本法来完成住房支出的估算。

　　（4）对于住房服务 PPP，本书主要论述了两种。一种是修正的 SPD 法，也就是直接 PPP 的计算方法，其依赖于租赁调查；另一种是物量法，是间接 PPP 的计算方法，虽然是通过质量调整的住房量的比较，但仍然需要依赖于用户成本法的住房服务支出数据，这里不再赘述。

　　（5）在 2011 年的 ICP 中，国际上对于使用用户成本法对住房服务支出进行估计，或使用物量法估算住房服务的间接 PPP，都有如下三条参考标准：①一个国家的租赁住房占到所有住房的比例少于 25%；②一半以上的租赁住房被外国人占有、政府雇员占有或是其他支付很少租金的雇员占有；③租赁住房在全国的分布不均匀。当任何一个国家或地区满足其中的一条，则建议使用用户成本法对住房支出进行估算，同时使用物量法估算住房的间接 PPP。

　　基于对住房服务国际比较方法的研究，本书形成了以上五点结论，但仍旧存在一些不足。例如，本书未能对住房服务支出聚合权数的确定及质量调整权数的确定做更深入的研究，以后在这方面还有很大的研究空间。本书只是对住房服务国际比较联系较为紧密的几个方面做了比较深入的研究和讨论，使我们对住房服务国际比较有了一个清晰的认识，住房服务国际比较涉及的其他内容，还需要进一步的研讨。

5.4.2　住房服务国际比较的改进建议

　　基于本书的研究结论和我国参与 ICP 的现状，提出以下三点建议。

　　（1）完善住房分类体系，注重聚合住房支出权重。住房分类是住房服务国际比较最为基础和重要的一部分，在进行分类时，以全球办公室提供的分类为基础，再结合我国的实际情况进行分类。依据我国现在部分参与国际比较的现状，我国应该是现代住房中的公寓式住房较多，所以在聚合各类型住房支出时，要选择合适的权重，从而提高住房服务支出的准确性。

（2）因地制宜——选择合适的住房服务国际比较方法。我国参与 ICP 比较晚，且在 2011 年的 ICP 中只是在每个省选取了部分城市进行比较。对于这些城市应该分为几大类分别采用不同的方法，因为我国区域发展不平衡，那么各个城市住房租赁市场的发展程度也就不同。例如，在北京、上海等城市，其租赁市场的市场化程度可能比较高，其租赁住房所占的比例也会高于其他城市。因此，我国需要在各类城市选择合适的住房服务国际比较方法。

（3）提高统计调查的能力。住房服务国际比较的数据大多来自调查，数据调查的准确性及有效性会直接影响住房比较的结果。我国在住房数据调查方面可能还存在一些不足，可以让各类型住房比较所需数据融合于 SNA 中，从而使住房服务 ICP 更为顺利地完成。

参 考 文 献

巩斌. 2003. 对我国参与国际比较项目的思考[J]. 统计与咨询，5：16-17.

蒋萍，等. 2014. 国民经济核算理论与中国实践[M]. 北京：中国人民大学出版社.

李晓超，余芳东，石婷，等. 2004. 2004 年国际比较项目对 GDP 支出数据的基本要求[J]. 中国统计，07：55，60.

李晓超，余芳东，石婷，等. 2004. 新一轮国际比较项目中亚太地区的活动计划[J]. 中国统计，06：53-54.

石婷，范超. 2011. 国际比较项目（ICP）对中国统计改革的启示[J]. 调研世界，1：57-59.

吴娟娟. 2010. 论我国全面参与国际比较项目的利弊[J]. 东方企业文化，18：29.

余芳东. 2000. 当前全球国际比较项目的现状、问题及建议[J]. 统计与预测，3：25-28.

余芳东. 2007. 当前全球国际比较项目（ICP）的进展及其基本方法[J]. 统计研究，1：59-65.

余芳东. 2008. 关于世界银行 2005 年 ICP 结果、问题及应用的研究[J]. 统计研究，6：3-10.

余芳东. 2010a. 2011 年一轮国际比较项目的进展和创新[J]. 统计教育，8：4-6.

余芳东. 2010b. 国际比较项目数据质量评估框架[J]. 统计教育，6：4-6.

余芳东. 2011a. 2011 年新一轮国际比较项目（ICP）方法改进[J]. 统计研究，1：11-16.

余芳东. 2011b. 我国参加国际比较项目的过程、方法和结果[J]. 中国统计，6：16-18.

余芳东. 2012. 我国参加国际比较项目（ICP）的演变历程[J]. 统计研究，8：108-112.

袁卫，邱东，任若恩，等. 2008. 专家诠释 ICP[J]. 统计研究，6：11-15.

张迎春. 2007. 中国距离全面参与国际比较项目还有多远[D]. 大连：东北财经大学博士论文.

张迎春. 2008a. 关于国际比较项目的争论[J]. 中国统计，5：19-21.

张迎春. 2008b. 世界银行的购买力平价体系研究[J]. 统计教育，7：7-13.

张迎春. 2013. 世界经济统计研究新动向及对中国的启示[M]. 北京：社会科学文献出版社.

Blades D. 2010. Owner occupied housing in ICP 2011: issues to be resolved[R]. Washington: presented at the TAG Meeting, 2nd Technical Advisory Group Meeting.

Diewert W E, Hendriks R. 2011. The decomposition of a house price index into land and structures components: A hedonic regression approach[J]. The Valuation Journal, 6 (1): 58-105.

Garner T I, Verbrugge R. 2009. Reconciling user costs and rental equivalence: Evidence from the US consumer expenditure survey[J]. Journal of Housing Economics, 18 (3): 172-192.

Garner T I, Verbrugge R. 2009. The puzzling divergence of us rents and user costs, 1980-2004: Summary and extensions[J]. Price and Productivity Measurement, 1: 125-146.

Global Office. 2010. Housing-Quantity Method: Questionnaire[R]. To be presented at the TAG Meeting, 2nd Technical Advisory Group Meeting.

Global Office. 2010. ICP Dwelling Questionnaire Volume of Housing in 2008[R]. 2nd Regional Coordinators Meeting.

Global Office. 2010. Dwelling Services in ICP 2011[R]. Operational Material.

Global Office. 2010. Guidelines for the User Cost Method to calculate rents for owner occupied housing[R]. Operational Material.

Global Office. 2010. Validation of Dwelling Services[R]. Operational Guide.

Heston A, Hamadeh N. 2010. Owner occupied housing: housing in western Asia[R]. Washington: presented at the TAG Meeting, 2ndTechnical Advisory Group Meeting.

Heston A, Nakamura A O. 2009. Questions about the equivalence of market rents and user costs for owner occupied housing[J]. Journal of Housing Economics, 18 (3): 273-279.

World Bank. 2010. Owner Occupied Housing: Final report on land price separation study[R]. Presented at the TAG Meeting, 2nd Technical Advisory Group Meeting.

Verbrugge R. 2008. The puzzling divergence of rents and user costs, 1980–2004[J]. Review of Income and Wealth, 54 (4): 671-699.

附　　录

Questionnaire for Quantity Method

Country ＿＿＿＿＿＿＿＿＿＿＿＿

The questionnaire is in two parts:

- Part 1 collects background information on the housing market in your country. This information is needed to determine how PPPs for dwelling services can best be calculated for your country.

- Part 2 collects the information needed to apply the *Quantity Approach* for the measurement of dwelling services in the ICP.

Part 1　Background information on the market for dwellings

	Tick whichever box applies	
What percentage of dwellings is rented?	less than 25%	25% or more
What percentage of rented modern dwellings is occupied by foreigners?	less than 50%	50% or more
Are modern dwellings available for rent in all or most parts of the country?	yes	No

Part 2　Information Needed to Apply the Quantity Approach

	Urban areas	Rural areas	All dwellings
Quantity Indicators			
Number of dwellings（thousands）			
Number of rooms（thousands）			
Useable floor space（thousand square metres） （Specify here if a measure other than square metres has been used _____）			
Quality indicators			
Number of dwellings with：（thousands）			
Electricity			
Inside water			
Inside toilet			
Population			
Year to which data refer：_____			

Explanatory notes

Urban and Rural areas. Use your own national definition of urban and rural areas

Rooms include bed-rooms，sitting rooms，dining rooms，study rooms，play rooms and kitchens that also serve as dining rooms but exclude halls，utility rooms，shower rooms，bathrooms toilets and kitchens that are only used for cooking.

Useable surface is the floor area of living rooms，kitchens，utility rooms，shower rooms，bathrooms，toilets and halls，*minus* the wall thickness and door and window recesses. Stairs，open balconies and terraces，cellars and lofts（when not equipped as useable premises）are not included. In the case of attics，only the section with a ceiling height of at least 1.7 metres is included. In practice，few countries have housing statistics that use this exact definition but near approximations can be accepted.

You are requested to provide information on useable surface area of dwellings in square meters. You may also report in square feet or other measure but，if so，please specify the units on the questionnaire.

Electricity will usually be *mains electricity* supplied by a generating company. But electricity may also be generated by the household itself from a diesel generator，solar panels or wind power.

Inside water is either running water that is piped into the dwelling itself or water from an underground spring or well that is for the exclusive use of the household. A dwelling that takes water from a communal standpipe or well should not be counted as a dwelling with inside water.

Inside toilets may be either water-flushing WC-type or chemical toilets. They must be located within the exterior walls of the dwelling.

Questionnaire completed by：

　　Mr/Mrs/Ms_____

　　Job title_____

　　e-mail_____

　　Telephone_____

　　Address_____

　　Date_____

资料来源：世界银行. 2013. 世界经济规模测度[M]. 世界银行印刷部